青海大学综合实力工程"人才培养和团队建设"项目资助

中国国民党
中政会研究

1924—1937

STUDY ON
THE CENTRAL POLITICAL COUNCIL
OF KUOMINTANG
(1924-1937)

卢艳香 著

社会科学文献出版社
SOCIAL SCIENCES ACADEMIC PRESS (CHINA)

序　言

在 20 世纪上半叶中国政治演进的进程中，中国国民党扮演了主要的角色。尤其是自 20 世纪 20 年代孙中山先生在南方组织发起国民革命以来，国民党的势力很快由广东进入两湖、闽赣、江浙，继而挺进中原、华北，进占京津，几年之内"横扫千军如卷席"，定都南京，由"军政"而入"训政"，成为中国历史上第一个名副其实的"执政党"。由是，"国民党"成为当时社会政治话语中的第一热词，是这段历史不可或缺的缔造者和见证人。与此相应，与"国民党"相关的著述可谓汗牛充栋。但是，长期以来海峡两岸关于国民党中政会的著作，一直付诸阙如，这不能不说是民国史研究、国民党史研究领域的一大空白。中政会曾经是国民党中央的政治指导机关和党国体制的核心运作者，在治民国史、国民党史者看来，如果不知晓中政会的组成情况和运作情况，恐怕很难真正把握"国民党中央"的实际架构，无法了解党国体制之下"党"是如何"治国"和"驭政"的。正因为如此，即将问世的卢艳香博士的著作《中国国民党中政会研究（1924—1937）》，势将引起相关学者的关注，同时也必然引起诸多读者的兴趣。

这部 20 余万字的专著，是以作者在复旦大学历史学系的博士学位论文为基础，经补充修订，终于成书，凝聚了作者攻读学位期间和获得学位之后不止步的艰辛努力。作为卢艳香攻读博士学位的导师，我也是本书的第一位阅读者，有责任也非常愿意把自己了解的情况与感想，与读者分享。

历史学首先是关于史料的学问，史学著述的前提是掌握相关的史料，尤其是关于重大历史对象的书写，在史料的发掘、整理方面的投入，往往决定着相关著述的学术含量甚至成败。本书的作者把对中政会的研究置于扎实的史料基础之上，不仅充分掌握了多种已刊档案和其他文献，还前往中国第二历史档案馆和内地多家档案馆、台湾地区的"党史馆"、"国史馆"，发掘整理了大量未刊档案资料，甚至辗转获得美国斯坦福大学所藏民国政要人物的档案、日记等珍贵史料。在对档案资料充分占有之前提下，作者对中政会的历史做了细致的研究。同时注重对前人研究成果的吸收，在与前人研究进行对话的同时，提出自己的观点，把中政会研究推向更为深广的领域。就此，本书可谓迄今最为翔实、系统的中政会专著。目前，本书无论在篇幅、研究范围、重大问题探究的深度，还是在历史的完整性和准确性等方面，都较以往研究有了很大的进步。

本书的价值，首先在于较全面地梳理中政会自1924年国民党"一大"创设运作，到1937年抗战爆发后停止活动的历史。十来年的时间，在"百年老店"国民党的历史上并不算很长的时期，却经历了国民党从在野的革命党向执政党的转变、党国体制从构想走向了现实的重要阶段。本书较清楚地叙述了在此期间中政会从名称、属性、主要制度、基本组成人事等方面的沿革，结合考察国民党在时局嬗替中的定位，把中政会自身历史的演变划分为三个阶段：中政会的刍设、常设及在训政时期的演变；又进一步沿着中政会名称变化的脉络，揭示了中政会在国民党内地位的形塑过程：孙中山生前初设中政会时，其名称应为"中央政治委员会"，是与中央执行委员会并行的机关；孙中山去世之后，中政会全称为"中央执行委员会政治委员会"，中政会隶属于中执会，即为中执会所特设之政治指导机关，对中执会负责；1926年7月开始北伐之际，演变成与中常会一同开会的"中央执行委员会政治会议"，旋即发生了"中央执行委员会政治委员会"和"中央执行委员会政治会议"之间的争议,实际上这也是日后宁汉对峙的端倪;而随着宁汉合流、蒋介石的下野又复出,出现了"中央执行委员会政治会议"(简称为"中央政治会议"),一直维持到1935年,在国民党五届一中全会上改组为"中央执行委员会政治委员会";1937年抗战爆发后,中政会暂行停止其职权,由国防最高会议代行。本书在并不太长的篇幅里,把这一时期中政会繁杂历史的来龙去脉梳理得十分清楚。

作为第一部关于国民党中政会的研究专著,本书没有停留在历史线索的梳理上,而是在揭示中政会历史的丰富内涵方面下了很大功夫。作者既注意到了中政会各时期名称和职能之差别,又把握住其人事和职能的延续性;既考察了处于中央层级的中政会,又把研究的视野扩展到了差异甚大的各地政治分会。另外,作者没有孤立地研究中政会,表现为既注重了时间顺序的纵向考察,又注重中政会与其他机构间的横向关系,即将其置于整体意义的国民党组织体系中加以考察,立体地考辨了中政会与国民党各重要机关的关系,力图通过与国民党全国代表大会、中执会、中常会乃至中央党部的比较,来揭示中政会的特别之处,从中分析其在国民党体制中的角色和功能。在对中政会职权和职能的分析中,本书既有制度文本的解读,又有运作过程的观察,还有一些典型案例的展示,体现了多角度论证的特色。正是在多视角、多维度的视野下,国民党中政会各历史阶段的进程得以全方位的揭示和呈现。

当然,关于国民党中政会的历史,还有不少问题有待更深入的专门性研究。目前,本书对于中政会的制度尤其是制度文本的梳理着力较多,这当然是必要的。但从实际运作情况而言,如同国民党全国代表大会、中执监会、中常会等机构一样,中政会的存在和发挥作用,在一定意义上是通过"开会"体现的,据我所知,作者对于历次中政会的会议记录有着全面的掌握,对于中政会的会议可列专题叙述,对于特别重要的会,似可做案例分析。又如,本书关于"人"的部分较显薄弱,事实上,从孙中山到汪精卫、胡汉民,再到蒋介石，都与中政会的历史密切相关，但具体是什么关系，各人之间的异同又如何，是当写而又能够写的。至于中政会与国民党中央内政和外交重大政策的制定和实施之间的关系，也可以有专门的研究。希望本书问世后，卢艳香博士在对包括中政会在内的国民党制度史的研究和民国史的研究中继续前行，为学界也为诸多的读者，提供更好的成果。

吴景平

2015年6月于复旦大学光华楼

目　录

绪　论 / 1

第一章　中政会之刍设（1924—1925） / 18

　　第一节　中政会的成立 / 20

　　第二节　孙中山逝世后的中政会演变 / 36

　　第三节　孙中山逝世后的中政会权力纷争 / 48

　　小　结 / 66

第二章　中政会之常设及"政治会议"与"政治委员会"
　　　　争议（1926—1927） / 69

　　第一节　中政会成为常设机关 / 69

　　第二节　"政治会议"与"政治委员会"争议 / 84

　　第三节　特委会与中政会的短暂取消 / 111

　　小　结 / 121

第三章　中政会在训政时期的演变（1928—1937） / 123

　　第一节　法理上的最高政治指导机关 / 123

　　第二节　实际运作中的中政会——以"顾案"为中心 / 143

　　第三节　中政会的改组与暂行停止职权 / 157

　　小　结 / 181

第四章　政治分会（1926—1929）／ 183
　　第一节　政治分会的设立及其纷争 ／ 184
　　第二节　个案研究：上海临时分会 ／ 207
　　小　结 ／ 227

结　语 ／ 230

中政会大事记（1924—1937）／ 244

主要参考文献 ／ 285

绪 论

一 选题缘起

政党是人类社会政治文明发展到近代的产物，并日益成为决定着一个国家的政治、经济、外交等方面发展的政治主体。在政党及以其为主体形成的政党政治已经成为世界普遍存在的社会政治现象的今天，有关政党和政党政治的研究，成为具有普遍性、时代性及现实意义的命题。

英国政治家柏克讲："政党是一群人根据彼此同意的某些原则，共同努力，以求增进国家民族的利益而组织的团体。"① 这可以看成对政党较早的定义。虽然之后不同的学者或民族对政党的解释会有不同，但对政党是"寻求政治权力、合法控制政府人事及政策的结合或组织"② 的认识大抵相同。由此可见，党政关系是政党政治的一个基本范畴，执政是政党从事政治活动的最高形式。

20世纪初，中国同盟会成立，标志着现代意义上的政党在中国出现，政党政治亦成为中国政治制度发展的方向。此后，中国同盟会不断改组演变，1919年改组为中国国民党。随着1924年中国国民党第一次全国代表大会的召开，中国国民党政党组织形态进一步发展，北伐后由议会制度下的政党演变成垄断政权的政党，成为执政党。"政党建设"和"国家建构"成为中国国民党需要解决的一体两翼的问题。在面对同"运"不同"命"的"政党"与"国家"

---

① 王云五主编《云五社会科学辞典》第3册，台湾商务印书馆，1973，第224页。
② 王云五主编《云五社会科学辞典》第3册，第203页。

时，中国国民党引入"以党治国"的理念，逐渐建立起"党国体制"，并在党政之间，以中政会作为"唯一之连锁"、转承之枢纽。

本书以中国国民党中政会为研究对象，试图通过对中政会的研究，探究中国国民党在政党建设与国家建构上的作为及其实际成效。

在讨论中政会之前，首先需要对"政党政治"、"政党制度"、"党国体制"等做简要说明和概念界定。

政党政治 政党的概念在前文已有论述，所谓的政党政治是随着政党的产生、发展及其在社会政治生活和政治体制中发挥越来越大的作用而逐渐形成的。其定义为"由某个政党或政党联盟组织政府，执掌国家权力，管理国家事务的一种政治形式"。① 可以说，政党功能的核心是实行政党政治。

政党制度 "制度是作为一个实体活动的结构严密、协调一致的社会互动作用整体"，② 具有规范性、可预见性和强制性。政党制度的含义，"可以从广义和狭义两个层面予以认识。广义上的政党制度即政治学意义上的政党制度，指的是一个国家关于政党地位、政党结构及政党活动规范的总称，所反映的是政党在国家政治生活中的地位以及政党自身、政党与政党、政党与政权、政党与社会间的关系模式及其运行机制；狭义上的政党制度即政党学意义上的政党制度，指的是有关政党自身的意识形态、政治纲领、组织原则、组织体系以及活动规范等各项制度安排"。③ 本书所讨论的政党制度，主要是指政党学意义上的政党制度，其行为主体或行为者就是政党。

党国体制 党国体制是一种特殊的政党政治，在这种政体中，执政党是唯一拥有国家权力的政党，并统一行使权力。党国体制萌芽于法国大革命时期雅各宾党人的专政。因"在进行现代化的国家

---

① 施雪华：《政治现代化比较研究》，武汉大学出版社，2006，第150页。
② 〔法〕莫里斯·迪韦尔热：《政治社会学——政治学要素》，杨祖功、王大东译，东方出版社，2007，第177页。
③ 王韶兴主编《政党政治论》，山东人民出版社，2011，第195页。

中，一党体系往往比多元政党体系更稳定"，① 党国体制成为传统社会建立现代国家的一种政体选择。中国在探索民族救亡的道路上，政党、政党制度等概念被陆续引入。在对政体做选择时，孙中山认为："要改造国家，非有很大力量的政党是做不成功的；非有很正确共同的目标，不能够改造得好的。我从前见的中国太纷乱，民智太幼稚，国民没有正确的政治思想，所以便主张'以党治国'"，② 也即在中国建立"党国体制"，由党掌握国家政权，决定国家权力的组织，确立国家的基本制度，支配国家权力的运行，孙中山称为"党在国上"。③ 这种体制在中国国民党训政时期得以确立。

中政会 作为本书研究对象的中政会，早在广州国民政府成立前即已成立，其名称数度变化。而每次名称的变化，对于中政会的发展均有不同的意义，由于名称变化频繁，时人亦多含糊称谓，在已有的民国史相关研究中，在涉及中政会时，常见混用或错用中政会名称的情况。为了更清楚地把握中政会发展脉络，下面以中政会名称变化为主线，对中政会的演变做简单梳理。

第一，"中央政治委员会"。中政会于1924年7月11日成立时，并未公布其职权，至7月14日，在中央执行委员会上，胡汉民做《政治委员会对中央执行委员会之权限案》报告："一、关于党事，对中央执行委员会负责，按照性质由事前报告，或事后请求追认；二、关于政治及外交问题，由总理或大元帅（即孙中山——引者注）决定办理。"④ 从该决议案来看，其职权涉及党事、政治和外交，其中政治和外交是其主要职权，与《中国国民党总章》所规定的中央

---

① 〔美〕塞缪尔·P.亨廷顿：《变动社会的政治秩序》，张岱云等译，上海译文出版社，1989，第455页。
② 《国民党第一次全国代表大会开幕词》，荣孟源主编《中国国民党历次代表大会及中央全会资料》（上），光明日报出版社，1985，第4页。
③ 中国社会科学院近代史研究所中华民国史研究室等编《孙中山全集》第9卷，中华书局，1986，第122页。
④ 《第四十三次会议》（1924年7月14日），"中央委员会"秘书处印《中国国民党第一届中央执行委员会会议记录汇编》，1954，第85页。

执行委员会"执行本党之通常或非常党务"①职权不同。另按中政会第十次会议决议：中政会"为唯一讨论政治之机关，至于实行，则一方面由于政府，一方面于中央执行委员会"，②中政会成为最高政治机关，中央执行委员会和政府成为执行机关。可见，在中政会成立之初，其与中央执行委员会并非隶属关系。从留存的中政会会议记录来看，各次会议均直接采用"政治委员会"×次会议或×次议事录，③留存档案标题所采用的"中央政治委员会"，④更为准确地标明其性质及隶属。所以，在已有的研究中，认为中政会从成立之日起就隶属于中央执行委员会的观点，是值得商榷的，本书认为在中政会刍设期，其名称应为"中央政治委员会"，是与中央执行委员会并行的机关。

第二，"中央执行委员会政治委员会"。孙中山逝世后，中政会于1925年6月14日召开会议，决议："在中国国民党中央执行委员会内，设政治委员会，以指导国民革命之进行"，⑤首次明确了中政会和中央执行委员会的隶属关系，至中国国民党第二次全国代表大会召开，在对《中国国民党总章》的修订中，新增条目："中央执行委员会遇必要时，得设特种委员会（如政治委员会等）。"⑥这就以党的根本大法的形式明确了中政会的性质，标志着中政会成为常设机关。在随后召开的中国国民党二届中央执行委员会第一次全体会议上，为了进一步明确中政会的性质、职权，通过了《中央执行委员会政治委员会组织条例》，该条例规定："政治委员会为中央执

---

① 《中国国民党党章》（1924年1月28日第一次全国代表大会通过），荣孟源主编《中国国民党历次代表大会及中央全会资料》（上），第24页。
② 《中央政治委员会第1至100次会议记录》，台北，"党史馆"藏，档案号：会00.1/29。
③ 《中央政治委员会第1至100次会议记录》，台北，"党史馆"藏，档案号：会00.1/29。
④ 《中央政治委员会第1至100次会议记录》，台北，"党史馆"藏，档案号：会00.1/29。
⑤ 《中央政治委员会第1至100次会议记录》，台北，"党史馆"藏，档案号：会00.1/29。
⑥ 荣孟源主编《中国国民党历次代表大会及中央全会资料》（上），第159页。

行委员会特设之政治指导机关，对于中央执行委员会负其责任。"①此时的中政会全称为"中央执行委员会政治委员会"，在留存档案、历史文献及时人研究中，亦多见简称为"中央政治委员会"。

第三，"中央执行委员会政治会议"。1926年7月4日国民党召开中央执行委员会临时全体会议，做出"政治委员会应于中央与常务委员同开一政治会议，以代政治委员之会议"②的决议，此即"中央执行委员会政治会议"的由来。在留存档案、历史文献及时人研究中，亦多见简称为"中央政治会议"。

第四，"中央执行委员会政治委员会"与"中央执行委员会政治会议"。因在"中央执行委员会政治委员会"改组为"中央执行委员会政治会议"前不久，即同年5月，中国国民党二届二中全会决定，"中央执行委员会因革命进行之需要，暂设本会常务委员会主席一人"，③从而中常会改委员制为主席制，张静江被选为主席。此后，张静江借足疾辞去中常会主席一职，蒋介石通过票选继任。蒋同时得以出任中政会主席。至此，蒋介石身兼国民革命军总司令、中央常务委员会主席（张静江代）、中政会主席（谭延闿代），集军权、党权、政权于一身。至中国国民党二届三中全会召开，出席会议的中央执监委有感"党权旁落，只见个人意志不见党的意志"，"政治会议与常务会议平行并列，尤易供黠者操纵"。④1927年3月10日通过的《统一党的领导机关决议案》，取消中央常务委员会的主席制，并将中央常务委员会和中政会重新分割，规定"在中央执行委员会全体会议前后、两会之间，由全体会议互选之常务委员九人组织中央执行委员会常务委员会，对党务、政治、军事行使最终

---

① 《中央执行委员会政治委员会组织条例》，台北，"党史馆"藏，档案号：部1526。
② 中央政治会议秘书处编印《政治总报告》（1929年3月15日），上海市档案馆藏，档案号：D4-0-331。
③ 《中国国民党第二届中央执行委员会第二次全体会议记录》，"中华民国"史事纪要编辑委员会编《中华民国史事纪要（初稿）——中华民国15年（1926）1—12月份》，台北，"国史馆"，1978，第413页。
④ 荣孟源主编《中国国民党历次代表大会及中央全会资料》（上），第298—299页。

议决权","在中央执行委员会下,设政治委员会"。① 13日出台的《修正政治委员会及分会组织条例》明确规定"政治委员会为中央执行委员会下之最高政治领导机关",② 即中政会由蒋所主持的"中央执行委员会政治会议"改组为"中央执行委员会政治委员会"。但蒋由于对二届三中全会的决议并不接受,所以其所主持的"中央执行委员会政治会议"仍然存在,并在定都南京前召开的"中央执行委员会政治会议"第七十三次会议上做出"继续南昌中央政治会议"③ 的决议。直至宁汉合流,中央特别委员会成立,议决于10月1日前"中央执行委员会政治委员会,或称政治会议,及各地方政治分会,一律取消"。"其职务属于党部者,仍由中央,或省党部执行,属于政府者,仍由国民政府或省政府执行",④ 从而结束了"中央执行委员会政治委员会"和"中央执行委员会政治会议"的争议。

第五,"中央执行委员会政治会议"。随着蒋介石下野复出,1928年1月11日,中政会在经过四个月的短暂取消后,召开第一二四次会议,决议"政治会议业经开始办公,应通知各机关,一切提案,均查照向例办理"。⑤ 2月7日,蒋介石"往开政治会议",被推定为该会议主席,⑥ 后因蒋北伐出战在即,经中政会决议,"推谭延闿同志代理中央政治会议主席"。⑦ 此后至1935年中政会改组前,中政会名称为"中央执行委员会政治会议",亦多见简称为"中央政

---

① 荣孟源主编《中国国民党历次代表大会及中央全会资料》(上),第316—317页。
② 中国第二历史档案馆编《中国国民党第一、二次全国代表大会会议史料》(下),江苏古籍出版社,1986,第776页。
③ 《中国国民党中央执行委员会第七十三次政治会议记录》,台北,"党史馆"藏,档案号:会00.1/33。
④ 《中国国民党中央特别委员会第三次会议速记录》,台北,"国史馆"藏"汪兆铭史料",档案号:118-010100-0006-009。
⑤ 《时报》(上海)1928年1月12日。
⑥ 黄自进、潘光哲编《蒋中正总统五记:困勉记》(上),台北,"国史馆",2011,第139—140页。
⑦ 《请另推政治会议主席或另推委员代理案》,〔美〕胡佛研究所藏,档案号:Central Political Council Archives zheng 4, reel 7。

治会议"。

第六,"中央执行委员会政治委员会"。1935年中国国民党五届一中全会召开,通过《中央执行委员会组织大纲案》,按照该案规定,中央政制有了重大改革。《中央执行委员会组织大纲案》规定:"中央执行委员会设政治委员会",① 即将"中央执行委员会政治会议"改组为"中央执行委员会政治委员会",并于12月12日第五次中央常务委员会上通过《中央执行委员会政治委员会组织条例》,② 直至1937年11月17日中政会遵照中常会第五十九次会议决议:"中央政治委员会暂行停止其职权,由国防最高会议代行,国防最高会议应在军事委员会委员长所在地","即日办理结束",③ 从而结束职权。虽战后中政会有所重开,但其性质、职权与战前已大为不同。

本书以中政会为研究对象,因其名称数度变化,为了行文方便,本书除引用和需要说明的地方外,通篇采用"中政会"。研究时段为自1924年7月11日中政会召开的第一次会议始,至1937年11月职权被国防最高会议代行(特委会时期曾短暂取消)止,即1924年至1937年。

二 研究概况

早在20世纪三四十年代,法政学者在对法治、政治制度研究中对中政会机构的沿革、组织、职权等就有所述及。如刘燡元等编《民国法规集刊(第23集)》(民智书局,1931)、桂林圃著《中山先生的国家本体讲》(出版社不详,1935)、杨幼炯著《近代中国立法史》(商务印书馆,1936)、谢瀛洲著《中国政府大纲》(韶关大光报营业部,1942)、许崇灏著《中国政制概要》 (商务印书馆,

---

① 荣孟源主编《中国国民党历次代表大会及中央全会资料》(下),第386页。
② 《中央执行委员会政治委员会组织条例》,台北,"党史馆"藏,档案号:特30/120.1。
③ 《国防最高会议代行中政会职权》,台北,"国史馆"藏"国民政府档案",档案号:001-070000-0044。

1943)、钱端升和萨师炯等合著《民国政制史》（商务印书馆，1945)、萨孟武著《宪法提要》（大东书局，1946)、陈之迈著《中国政府》（商务印书馆，1946)、王世杰和钱端升著《比较宪法》（商务印书馆，1946)、董霖著《中国政府》（商务印书馆，1947)、谢振民编著《中华民国立法史》（正中书局，1948）等都设有专章或专节对中政会进行介绍。以上著述均为民国著述中的卓著，且著述者多为法政专家、时政的亲历者，有的还直接参与政治体制设计，设有专章或专节论述，由此可见中政会在国民党党政体制中的重要地位。

1949年后，中政会研究曾一度停滞，直至80年代，随着民国史研究兴起，尤其是国民党政治制度研究热潮的到来，对中政会的研究遂出现在政治制度研究著作中。其中，韦庆远主编《中国政治制度史》（中国人民大学出版社，1989)、陈瑞云主编《现代中国政府》（吉林文史出版社，1989)、袁继成等主编《中华民国政治制度史》（湖北人民出版社，1991，主要介绍抗战胜利后中政会恢复的情况）、王永祥著《戊戌以来的中国政治制度》（南开大学出版社，1991)、储考山等编《中国政治制度史》（三联书店，1993)、孔庆泰等著《国民党政府政治制度史》（安徽教育出版社，1998)、王奇生著《党员、党权与党争——1924—1949年中国国民党的组织形态》（上海书店出版社，2003）等均设有专章或专节论述中政会。

纵观中政会研究，大致有以下几个特点。

（1）研究尚属初步，仍无专著。20世纪三四十年代，法治史、政治制度史的研究，侧重于对中政会的组织、职能的简要介绍，而并无深入探讨；80年代以来，在研究国民党政党体制时，必然会涉及中政会，但由于资料等限制，对中政会的叙述更为简略，大多为片段研究，并没有整体认识。

（2）20世纪三四十年代的研究奠定了中政会研究的基础，尤其是一些结论性的观点，为今人研究所承袭。然而今人必须警惕时人观点受"身在庐山"所囿，在因承这些结论性观点时，更须谨慎，应重新进行分析、判断。如对中政会初建时性质的阐述，民国时的法政学者大多持有中政会在成立时为孙中山的"咨询机构"、对总理负责的观点。① 今人研究著述对此亦多因承,如斯彦、② 关志钢、③ 彭厚文、④ 王建科和刘守仁、⑤ 陈雷、⑥ 刘维开、⑦ 陈瑞云⑧等。虽王奇生从实际运作出发,指出"它一开始即是一个比中执会更核心的权力机构",⑨ 杨奎松亦注意到中政会是孙中山为了"进一步加强中央集权"而设立的,⑩ 但并未对中政会设立的原因及设立之初的权限进行深入研究。可见,关于中政会成立的原因及权限问题亟须进一步廓清。本书在第一章中,通过对中政会成立时的制度文本解读,及其实际运作情况的分析,认为中政会在成立之初,与中执会并非直属关系,从权限上讲,中执会主管党务,中政会侧重于政治和外交,但对党务亦有权限。在运行中,由于孙中山的独特地位及其对中政会的重视,中政会成为比中执会更为核心的权力机关。已有研

---

① 桂林圃:《中山先生的国家本体讲》,第 183 页;陈之迈:《中国政府》第 1 册,第 94 页;杨幼炯:《近代中国立法史》,第 334 页;谢振民编著《中华民国立法史》,第 234 页;钱端升、萨师炯等:《民国政制史》(上),第 165 页。
② 斯彦:《国民党中央政治委员会简介》,《历史教学》1987 年第 4 期。
③ 关志钢:《1927—1937 年国民党"中政会"刍议》,《近代史研究》1990 年第 4 期;《国民党"中政会"述评》,《深圳大学学报(人文社会科学版)》1995 年第 1 期。
④ 彭厚文:《国民党中央政治委员会的演变述略》,《湖北大学学报(哲学社会科学版)》1993 年第 4 期。
⑤ 王建科、刘守仁:《国民党"中政会"辨析》,《江海学刊》1994 年第 4 期。
⑥ 陈雷:《国民党"中政会":1924—1928》,《安庆师范学院学报(社会科学版)》2002 年第 3 期。
⑦ 刘维开:《训政前期的党政关系(1928—1937)——以中央政治会议为中心的探讨》,中国社会科学院近代史研究所民国史研究室等编《1930 年代的中国》(上),社会科学文献出版社,2006,第 79 页。
⑧ 陈瑞云:《关于中政会在国民党中央体制中地位的探讨》,《史学集刊》2008 年第 4 期。
⑨ 王奇生:《中政会与国民党最高权力的轮替(1924—1927)》,《历史研究》2008 年第 3 期。实际上王奇生在 2003 年出版的《党员、党权与党争——1924—1949 年中国国民党的组织形态》一书中,也因承了中政会为"咨询机构"的观点,参见氏著《党员、党权与党争——1924—1949 年中国国民党的组织形态》,第 154 页。
⑩ 杨奎松:《国民党的"联共"与"反共"》,社会科学文献出版社,2008,第 47 页。

究将其成立原因归为"分理",权限为"咨询",是不准确的。

（3）对中政会的研究，学人多侧重于纵向研究，即对中政会的发展、变化等有所关注，而横向研究甚少，如中政会在党政体制中，与中执会、中常会、国民政府等的关系，亟须厘清。

（4）关于中政会与立法的关系问题，杨幼炯认为，"自国民党改组以后，全国代表大会为全国政治最高权力机关。大会闭会期间中央执行委员会实为指挥与监督之最高机关，而其动力仍在中央政治会议"。"在国民党军政与训政之两大时期中，国家权力完全属于国民党。国民党之最高权力机关，亦即为国家'法律主权'之所寄，而党治下裁可法律之权，遂属于中央执行委员会所附设之政治会议。"① 谢振民亦持"中央政治会议，亦俨然为党治下行使立法职权之机关"的论断。② 中政会与立法的关系问题，对研究"党治"体制下的中政会非常重要，但在今人的研究中，这一点并未受到重视，未见相关著述。

（5）随着两岸交流的深入，史料的进一步公开，学者对中政会的研究日益深入，如刘维开《训政前期的党政关系（1928—1937）——以中央政治会议为中心的探讨》和王奇生《中政会与国民党最高权力的轮替（1924—1927）》二文，对中政会会议记录和速记录等史料的运用使得论述更加深入、具体、鲜活，加上一些国民党政要的档案、日记的解密、公开，中政会的研究势必会更加丰富。

鉴于此，在前人研究的基础上，本书坚持"论从史出"，爬梳已刊档案文献，充分利用未刊档案资料。首先，对中政会进行整体性研究，以期完整呈现中政会的发展演变过程；其次，在整体性研究基础上，着重廓清中政会的性质、地位、职权，关注其与党、政各主要机关、机构的关系，如与中执会、中常会、国民政府、五院等的关系；最后，尝试透过中政会，探讨中国国民党所建构的"党国

---

① 以上叙述参见杨幼炯《近代中国立法史》，第334、344页。
② 谢振民编著《中华民国立法史》，第243页。

体制"下的党政关系以及中国国民党在"政党建设"中的问题。

三 史料状况

关于中政会的史料,主要分为未刊档案史料和已刊档案史料、文献。

1. 未刊档案史料

中政会研究是民国史研究的重要组成部分,是深入民国政制、国民党党政关系研究的独特视角,对其深入研究,必须有赖于对民国政治、经济、军事、文化等各领域档案资料的积累和占有。而近年来,海内外档案资料的不断公开,为中政会研究提供了较好的契机。

首先,台湾所藏档案史料中,与中政会直接相关或间接相关的档案数量极其丰富。"党史馆"所藏"中政会会议记录"、"中政会会议速记录"、"中政会工作报告"、"中常会会议速记录"、"历次代表大会会议记录"等,可谓中政会研究的直接且核心的资料。而此部分档案史料保存较完整、数量庞大,尤其是"中政会会议速记录",不仅能够反映出国民党某些重大决策在中政会讨论通过的真实情形,而且记录了国民党政要在面临决策时所持的观点及相互的争论,是中政会研究得以深入、生动、鲜活的重要档案史料。与此同时,"党史馆"所藏"汉口档案"、"特种档案"、"吴稚晖档案"、"五部档案"、"环龙路档案"中也含有丰富的中政会资料,尤其"汉口档案"对研究武汉时期的中政会有着重要意义,据了解,该档案现在在中国社会科学院近代史研究所藏有大部。除"党史馆"所藏有关中政会档案外,"国史馆"、中研院、台湾政治大学等档案馆或科研机构所藏,亦是研究中政会不可或缺的资料。尤其"国史馆"所藏"蒋中正总统文物"(本书引注中采用惯称"蒋介石档案")、"国民政府"、"汪兆铭史料"、"外交部"、"特交档案"等,对研究中政会的实际运作情况非常重要。

其次,海外各大档案馆、科研机构所藏民国史档案数量甚丰。受条件所限,本书主要搜集和利用了斯坦福大学胡佛研究所所藏的

"中国国民党档案"、"蒋介石日记手稿"、"张嘉璈日记手稿"等。其中,蒋介石曾担任过中政会主席,并长时间担任中政会常委,对中政会的运作和发展影响较大,其日记手稿对研究中政会不可或缺。

最后,国内各大档案馆典藏、研究机构所藏相关档案史料。本书主要利用了上海市档案馆、中国第二历史档案馆及武汉市档案馆馆藏资料。其中上海市档案馆所藏有关上海临时政治分会的档案史料,为本书进行政治分会研究提供了鲜活的案例;中国第二历史档案馆所藏"广州国民政府时期和武汉国民政府时期档案",存有中政会致国民政府的函件,对认识此时期中政会与国民政府关系有莫大帮助;武汉市档案馆馆藏"国民党党务机构档案"中,虽"中国国民党中央执行委员会及其政治委员会(第一次国共合作武汉国民政府时期)"(全宗号21)受密级所限,未能查看,但浏览爬梳此时期其他相关档案史料,对深入认识、了解武汉时期的中政会不无裨益。

2. 已刊档案史料、文献

除未刊档案史料外,已出版的档案史料文献堪称丰硕,为研究中政会提供了丰富的材料,也是学人研究的基础。

第一类为各大档案馆典藏、研究机构整理出版的档案史料汇编。如中国第二历史档案馆自1981年开始,在编辑修订1956年《中国现代政治史料汇编》(油墨本)基础上出版的《中华民国史档案资料汇编》(共5辑)第四辑、第五辑政治部分;1986年编的《中国国民党第一、二次全国代表大会会议史料》,内有1927年3月14日至28日中政会会议记录和1927年3月30日至8月15日中政会会议速记录;1994年出版的《国民党政府政治制度档案史料选编》,在"事实上的权力总枢——中央执行委员会政治会议(政治委员会、国防最高会议、国防最高委员会)"目下,收录有自二届四中全会至六届二中全会的部分中全会、中执会有关中政会的重要决议案;2000年出版的《中国国民党中央执行委员会常务委员会会议记录》,收录有自1926年4月至1948年12月的中央执行委员会常务委员会会议日程、会议记录(纪要)等,对于研究中政会与中常会的关系有重要价值;1985年出版的荣孟源主编的《中国国民党历次代表大会及中央全会资料》，2004年出版的郑自来、徐莉君主编的《武汉临时联席会议资料选编》等为中政会研究提供了全代会、中全会、联席会议的视野；台北"国史馆"编辑出版的《中华民国史事纪要》，在收录大量的报刊、已刊资料、已出版书籍和部分档案的基础上以编年体形式逐月逐日地记述重要史事，内有中政会会议记录、决议案等，成为研究中政会不可或缺的重要资料；秦孝仪等主编的《革命文献》、《中华民国重要史料初编》，"国史馆"出版的《蒋中正总统档案——事略稿本》、《蒋中正总统五记》等资料，对研究中政会弥足珍贵。

第二类为现已刊印的国民政府时期大量的公报及现存的民国时期报刊资料。公报类如《国民政府公报》、《国民政府资源委员会公报》、《国民政府外交部公报》、《国民政府行政院公报》、《国民政府考试院公报》、《国民政府经济部公报》、《国民政府立法院公报》、《中央党务月刊》等；民国时期报刊资料主要有《申报》、《民国日报》、《大公报》、《中央日报》、《东方杂志》等，均为本研究不可或缺的史料。

第三类为回忆录、日记、文集等已出版文献。诸如《孙中山全集》（中华书局，1984）、《蒋介石言论集》（中华书局，1964年未刊稿）、《先总统蒋公全集》（台北中国文化学院出版部，1984）、《文史资料选辑》（中国文史出版社）等，而程思远的《政坛回忆》（广西人民出版社，1983）、《李宗仁回忆录》（广西人民出版社，1988）、《王世杰日记》（台北中研院近代史研究所，1990）、《邵元冲日记》（上海人民出版社，1990）、张国焘的《我的回忆》（东方出版社，1991）、《冯玉祥日记》（江苏古籍出版社，1992）、《王子壮日记》（台北中研院近代史研究所，2001）、陈公博的《苦笑录》（东方出版社，2004）、《陈克文日记》（台北中研院近代史研究所，2012）等相继出版，为民国史研究提供了丰富、鲜活的史料，为中政会研究的进一步深入提供了丰富的养料。

从中政会研究的史料状况来看，史料分散，数量庞大，除造成收集工作的繁重外，还易造成对中政会研究片面、缺乏整体认识等问题。鉴于此，要想对中政会深入研究，必须在充分掌握史料的基础上进行。所以本书的研究方法主要以史料的收集为主。而较系统的、直接的中政会史料现多藏于台湾，客观上增加了史料收集的难度。为此，笔者曾两次赴台湾收集、抄录与中政会有关的档案史料，但必须承认的是，史料收集工作仍任重而道远。

史料分为直接史料和间接史料。由于中政会这一研究对象的独特性，直接相关的档案、史料、原始著述非常多，而间接史料，包括一切有助于扩大研究视野，加深了解研究对象的史料更是无处不在。然而，若非在充分掌握史料的前提下，对此研究对象的认识必定有偏颇，所以本书首先立足于史料的收集、整理和辨析。

但若研究仅为史料的辑录，势必会减损主题思想的阐发，所以在立足史料基础的同时，归纳演绎法必不可少。史料收集中不可避免地会出现诸多问题，若史料阙如，客观上必然造成对研究对象论证不充分、不能形成结论等情形；若史料是单一的，就会造成指向不明、举证无力等状况；若史料多样，又会造成史料间互相抵牾，致使史实复杂难辨；即使是多种史料同一指向，也必须警惕史料的客观性，注重其内在逻辑。所以，面对浩如烟海的史料，必须对史料进行分类整理、归纳总结，并在充分占有史料的基础上，进行深入的分析研究。

对中政会进行研究，摆脱陈旧的说教式叙述，灵活地运用典型案例将会使论证更为鲜活，也使论证更为有力。因此，在中政会研究过程中，要注意适当地选取具有代表性的事件，运用丰富的直接史料，结合间接史料，将事件放在中政会框架下进行分析；对于复杂难辨的某些情势，则可以通过具体实证将其梳理清楚，厘清认识。

四 本书结构

本书除"绪论"及"结语"外，主体部分共分为四章：第一章，中政会之刍设（1924—1925）；第二章，中政会之常设及"政治会议"与"政治委员会"争议（1926—1927）；第三章，中政会在训政时期的演变（1928—1937）；第四章，政治分会（1926—1929）。

第一，刍设时期的中政会研究，应该是中政会研究中成果较为丰富的部分，尤以王奇生所撰《中政会与国民党最高权力的轮替（1924—1927）》为代表。① 按照本书"绪论"对中政会演变梳理的关于其成立时的名称分析，此时应为"中央政治会议"，其职权涉及党事、政治和外交，其中政治和外交是其主要职权，与中央执行委员会的关系更非隶属关系。这与大多学者认为中政会成立之初的性质是"咨询机关"，并隶属于中央执行委员会的观点有所相背。鉴于此，在第一章中，本书主要探讨了中政会的成立及职权，孙中山逝世后的中政会演变及此时期围绕着中政会国民党高层间的权力纷争等问题。

第二，正如中政会演变梳理中所讲，中国国民党"二大"通过修订《中国国民党总章》，首次以党的根本大法的形式将中政会确定下来，自此中政会成为常设机关。与此同时，中央常务委员会亦在此届全会设立，由此引发对中政会与中常会关系的讨论，随着北伐的推进，国民党高层间因首府选址问题发生争议，而中政会此时亦因宁、汉双方所需，出现"中央执行委员会政治会议"和"中央执行委员会政治委员会"的争议。这种争议的实质，是对孰为正统、何为法理的争议，至特委会成立，以宁、汉、沪三方的和解，结束了这场争议，但由于特委会自身的困境，其所做的"取消中政会"的决议，不久就因自身的瓦解而烟消云散。在第二章中，主要围绕着中政会在国民党"二大"后的演变、与迁都之争的关系及在特委会期间被短暂取消等问题展开讨论。

第三，随着军政时期的结束，国民党开始构建一党专政的政治体制，进入训政时期，中政会成为党政唯一连锁机关，其职权不断扩大，成为法理上的最高政治指导机关，但在实际运作中，体制内的制度权限和体制外的人事矛盾相互纠葛，共同作用于中政会的运作。然而中政会自成立伊始，关于其存废的争论不时发生，虽然

---

① 王奇生：《中政会与国民党最高权力的轮替（1924—1927）》，《历史研究》2008年第3期。

《训政纲领》明确了中政会成为新的负责决策的最高机关，为全国训政发动与指导机关，但中政会仍一再遭到质疑，尤其随着中政会委员人数的不断增多，机构臃肿，加之蒋、汪、胡国民党要员间的矛盾，又常出现负责无人的局面，至国民党五届一中全会，在对国民党中央政制进行改革的同时，对中政会进行了改组，缩减委员、设立正、副主席。虽然如此，中政会仍存在事权不统一等弊病，随着中日战事的不断升级，紧迫的战争环境对中国政治走向提出新的要求，至国防最高会议这一国防决策机关的出现，将党、政、军权集于一体，主席也更具便宜之权。在此形势下，中政会暂停其职权，由国防最高会议代行。在第三章中，主要围绕着训政时期中政会法理上的地位、实际运作及其改组和暂行停止职权等问题，进行探讨。

第四，政治分会或类似于政治分会的临时政治分会，是国民党分设的政治指导机关。从1926年3月1日北京分会成立，至1929年3月15日开封、武汉、广州等政治分会裁撤为止，三年多的时间里，全国各地先后出现了北京分会、广州分会、福建临时分会、浙江临时分会、武汉分会（曾出现两次以武汉分会为名称的政治分会：1927年在迁都过程中，以蒋介石为首的南昌中央政治会议决议在武汉组织政治分会，遭武汉临时联席会议拒绝，实际并未成立；1927年8月以汪精卫为首的武汉中央政治委员会议决设立武汉政治分会）、上海临时分会、西安分会、开封分会、太原分会、北平临时分会、东北政治分会等政治分会。政治分会的出现，是由于在北伐过程中，地方在克复后亟须有一指导机关，是军事兴起的产物，但客观上形成了中央与地方之龃龉，因此派系间的斗争、妥协贯穿始终，对于其成立、斗争、裁撤的过程，在第四章中有详细论述。

如前文所述，至今尚无专门的中政会史料汇编或文献，相关史料分散于政治、军事、经济、财政等档案之中，致使研究者无法了解中政会之全貌。加之，中政会的会议记录、会议速记录等直接资料均藏于台北"党史馆"，造成大陆学者在研究过程中史料之障碍，遂使得大陆现有对中政会做研究的学者中，仅有少数学者在研究中使用过中政会的会议记录、速记录等史料,这也是中政会研究滞缓的主要原因。鉴于此,首先,本书的研究重点是在对中政会的整体研究上,力图利用台北"党史馆"所藏中政会会议记录、中政会会议速记录、中政会工作报告、中常会速记录、历次代表大会记录等档案史料,结合"国史馆"藏"蒋中正总统档案"、"国民政府"档案,及国内各大档案馆、研究机构所藏,对中政会的发展脉络进行廓清。其次,在纵向把握中政会的基础上,注重横向比较研究,将中政会与国民政府、中央执行委员会、中央常务委员会等关系在不同时期的文本制度和实际运作中进行比较,而这也是中政会研究中亟须解决的问题。通过厘清关系,不仅使中政会的性质、地位、作用得以展现,更可以使本书收到有的放矢之效。

中政会是透视国民党政党建设和国家建构的较好视角,也正因为如此,研究该选题势必要突破单纯的机构研究,突破单纯的政党史研究,而触及民国政治、经济、军事、外交、文化等领域,欲深入该研究,除对民国史有准确把握外,更应以政治学、经济学、金融学、法学等学科理论作为指导。笔者由于学识有限,无论是对理论的掌握,还是对民国史各研究领域的把握,都存在极大的欠缺,致使本选题研究多偏重于史实的梳理与考辨。

总之,对中政会的研究,本书尚属初步,有待继续深入。

第一章
中政会之刍设（1924—1925）

中国国民党自其以政党形式出现，就存在着组织涣散、缺乏内聚力等问题，尤其在革命实践中，党权不彰的问题更为严重，所以在中国国民党改组前，有"中国不存在政党本身含义上的那种政治党派"，"国民党的组织在多数情况下只是一群对自己领袖孙中山抱有个人信仰的人的结合体"① 的说法。

1924年1月20日，中国国民党第一次全国代表大会在广州开幕。孙中山致开幕词，称"这是本党自有民国以来的第一次，也是有革命党以来的第一次"，盛赞这场盛会开辟了"中华民国的新纪元"。② 从孙中山饱含热情的致辞中，不难感受到孙希冀通过此次改组使国民党得以重获新生。"此次国民党改组，有两件事：第一件是改组国民党，要把国民党再来组织成一个有力量有具体的政党；第二件就是用政党的力量去改造国家。"③ 就政党史而言，1924年的确称得上是国民党"划时代的民国十三年"，④ 政党组织形式日臻完善，"此后政治中所争的将由'法'的问题变为'党'的问题了"。⑤

有感于"十年来（国民党）党务不能尽量发展，观之俄国，吾

---

① 安徽大学苏联问题研究所、四川省中共党史研究会编译《苏联〈真理报〉有关中国革命的文献资料选辑》第1辑，四川省社会科学院出版社，1985，第54页。
② 《开幕词——革命成功在乎革命党员有团体》（1924年1月20日），"中华民国"史料研究中心编印《中国国民党第一次全国代表大会史料专辑》，1984，第65页。
③ 《中国国民党第一、二次全国代表大会会议史料》（上），第6页。
④ 黄季陆：《划时代的民国十三年》，《中国国民党第一次全国代表大会史料专辑》，第194页。
⑤ 李剑农：《最近三十年中国政治史》，上海太平洋书店，1930，第531页。

人殊有愧色!"①国民党"一大"不仅仿行俄共（布）②的会议形式、规程，同时仿照俄共（布）的组织模式，建立起从中央到地方的各级代表大会，全国代表大会为最高权力机关。③时为中共代表参加国民党"一大"的张国焘感慨："国民党党章草案"，"无异是各国共产党党章的'译本'，其中根据民主集中制所拟订的中央和各级机构的职权、党员应受的纪律等等，无一不与共产党的原则相同"。④

但在师法俄国时，又非全盘俄化，如在仿行俄共（布）组织的委员制时，中国国民党创造性地加入了党首制，即在《中国国民党总章》中列有"总理"一章，明确规定："本党以创行三民主义、五权宪法之孙先生为总理；党员须服从总理之指导，以努力于主义之进行；总理为全国代表大会之主席；总理为中央执行委员会之主席；总理对于全国代表大会之议决，有交复议之权；总理对于中央执行委员会之议决，有最后决定之权。"⑤此章是对孙中山权威地位的肯定，但也表明国民党最高权力归属不明，这为以后国民党在失

---

① 陈锡祺主编《孙中山年谱长编》（下），中华书局，1991，第1707页。
② 苏联共产党的名称有一个变化过程：1898年3月，俄国社会民主工党正式成立；1903年7月，在俄国社会民主工党第二次代表大会上，该党分裂为列宁领导的布尔什维克（多数派）和马尔托夫领导的孟什维克（少数派）；1912年第六次党代表会议将孟什维克取消，清除出党；1918年3月，布尔什维克第七次代表大会决定把党的名称改为"俄国共产党（布尔什维克）"，简称"俄共（布）"；1925年12月，俄共（布）第十四次代表大会通过的《全联盟共产党（布尔什维克）章程》决定，把俄共（布）改称为"全联盟共产党（布尔什维克）"，简称"联共（布）"；1952年10月，联共（布）第十九次代表大会决定将联共（布）改称为"苏联共产党"，简称"苏共"。关于苏联共产党名称的变化过程，详见姚金果、苏杭、杨云若《共产国际、联共（布）与中国大革命》，福建人民出版社，2002，第8页。本书述及1925年12月以前的内容时，用"俄共（布）"，述及1925年12月以后的用"联共（布）"。同时为了叙述的方便，在非特指的情况下，则使用"联共（布）"。
③ 《中国国民党总章》（1924年1月28日第一次全国代表大会通过），荣孟源主编《中国国民党历次代表大会及中央全会资料》（上），第23页。
④ 张国焘：《我的回忆》（上），东方出版社，2004，第293页。
⑤ 《中国国民党总章》（1924年1月28日第一次全国代表大会通过），荣孟源主编《中国国民党历次代表大会及中央全会资料》（上），第25页。

去唯一的"总理"后，各派系展开权力角逐，留下隐患。

第一节 中政会的成立

1924年7月11日，在中国国民党第一次全国代表大会召开后不到半年，孙中山亲自主持召开了中政会第一次会议，① 标志着中政会的正式成立。中政会成立后，不断发展、演变，成为法理上的最高政治机关，在实际运作中，与中央执行委员会、中央常务委员会关系难辨，时常跃居其上，成为最高决策机关。若追本溯源，在中国国民党"一大"通过的《中国国民党总章》所设计的党的组织系统中，是没有中政会相关设计的，并且在中政会成立之前与当日，也未见有关中政会性质、职权等的说明。由此，中政会成立的原因及其成立之初的权限，是需要廓清的问题。

一 中政会成立的原因

关于中政会成立的原因，在以往的研究中，所述并不详尽。虽非因中政会成立初期"很秘密"，② 但现确实可见的中政会成立过程中的文件、资料相当有限。

国民党方面对中政会成立原因较早的表述，可见的有1926年1月汪精卫在国民党"二大"上发表的讲话，此时孙中山逝世已逾半年，中政会成立已近一年半。汪精卫称："政治委员会之设立，因为前年中央执行委员会虽有海外部、工人部、农民部、妇女部……各部，但因没有政治指导机关，究未完备。因此，总理提出应设立政治委员会，辅助总理计划政治的方针。"③ 此外，在1929年3月提交国民党"三大"的《政治总报告》称："政治会议或称政治委员会，

---

① 《政治总报告》（1929年3月15日），上海市档案馆藏，档案号：D4-0-331。
② 《中国国民党第二次全国代表大会会议记录》（1926年1月6日），《中国国民党第一、二次全国代表大会会议史料》（上），第195页。
③ 《中国国民党第二次全国代表大会会议记录》（1926年1月6日），《中国国民党第一、二次全国代表大会会议史料》（上），第194页。

其第一次会议在十三年七月十一日举行,当时总理以军、政、党务须分工办理,故政治委员会成立,而军事委员会继之。"① 这两则史料在陈述中政会成立的原因时,均认为是因孙中山有感于"军、政、党务须分工办理","但因没有政治指导机关",所以"提出应设政治委员会",来辅助他"计划政治的方针"。也正因这两则材料所具有的"权威",② 20 世纪三四十年代的法政学者在著述中多采用此种说法,如桂林圃在所撰的《中国国民党的中央政治会议》一文中,称"中山先生最初设立政治委员会的目的,是在使军、政、党三方面能够分工办理,而政治委员会专负责办理政治事件的大任";③ 杨幼炯在《近代中国立法史》中称,"孙中山先生以军、政、党务须分工办理,故政治委员会先成立,而军事委员会继之";④ 谢振民在《中华民国立法史》中称:"中国国民党自改组后,党务进展甚速。总理孙中山先生以党务军政均关重要,乃先成立政治委员会,继成立军事委员会。"⑤ 之后,中国国民党甚至在"官方"所出的书刊中也多采用此种说法,如由罗家伦主编的《国父年谱》在述及中政会成立时,记有:"中国国民党中央执行委员会,虽有海外部、工人部、农民部、妇女部等之设立,然乏政治指导机关,究未完备。孙总理遂提出应成立政治委员会,以辅助先生计划政治之方针",⑥ 台北"国史馆"编撰的《中华民国史事纪要》也采用了同样的叙述。⑦ 可见上述两则材料,尤其是汪精卫在中国国民党"二大"上所发表的讲话,影响之深。

今人的研究,亦多因承此说法。但 20 世纪 80 年代末以来,在

---

① 《政治总报告》(1929 年 3 月 15 日),上海市档案馆藏,档案号:D4-0-331。
② 这两则材料均系在中国国民党代表大会上的文件,加之中国国民党"二大"的报告人又是时任中政会主席、国民政府主席等要职的汪精卫。
③ 桂林圃:《中国国民党的中央政治会议》,《国衡》第 1 卷第 12 期,1935 年。
④ 杨幼炯:《近代中国立法史》,第 334 页。
⑤ 谢振民编著《中华民国立法史》,第 234 页。
⑥ 罗家伦主编《国父年谱》,中国国民党党史会,1965,第 1103 页。
⑦ "中华民国"史事纪要编辑委员会编《中华民国史事纪要(初稿)——中华民国 13 年(1924)7—12 月份》,台北,"国史馆",1983,第 53 页。

中政会研究时，学人有了一些新的认识，是需要注意的。如斯彦提出，"1924年1月，中国国民党一大召开，虽然实现了第一次国共合作。然而中国国民党内外的斗争却异常尖锐。为适应复杂多变的形式，孙中山决定成立中央政治委员会，专门处理重大政治问题"；① 彭厚文认为，"当时国内政治形势复杂多变，国民党中央执委会对一些政治上的重大事件，往往不能及时做出反应，表明自己的立场和主张，因而难以发挥政治领导作用。在这种情况下，孙中山认为国民党'军政党务须分工办理'，因此提出设立政治委员会，辅助他'计划政治的方针'"；② 王奇生"鉴于40余人的中央执行委员会（中执委24人，候补中执委17人）对当时复杂多变的国内政治局势难以及时作出反应，以发挥政治领导作用，加之孙中山有意削减中执会内一批保守的国民党'老同志'的掣肘，乃提出'军政党务须分工办理'，先设立政治委员会，旋即又设立军事委员会"；③ 杨奎松"注意到党内纷争的白热化和各地反对派风起云涌，特别是张继、谢持来到广州后，中央执行委员会会议也难免发生争吵的情况，倒使孙中山感觉到进一步加强中央集权，从而摆脱那些或明或暗的反对新政策的老党员干扰的必要性。因此，在鲍罗廷的建议下，孙中山于7月11日干脆宣告设立一中央政治委员会，以辅助他来筹划大政方针和重要人事之任免"。④ 这些阐述，为我们打开了不同的认识图景。那么，中政会产生的原因究竟是什么呢？

中政会的成立，发生在中国国民党改组的大背景下。中国国民党通过"一大"的召开，以改组的方式，实现了国共合作。跨党的中共党员在此次改组中取得了重要地位。在中国国民党"一大"通过的24名中央执行委员、17名候补中央执行委员中，中央执行委员

---

① 斯彦：《国民党中央政治委员会简介》，《历史教学》1987年第4期。
② 彭厚文：《国民党中央政治委员会的演变述略》，《湖北大学学报（哲学社会科学版）》1993年第4期。
③ 王奇生：《党员、党权与党争——1924—1949年中国国民党的组织形态》，第154页。
④ 杨奎松：《国民党的"联共"与"反共"》，第47页。

谭平山、李守常（即李大钊）、于树德和候补中央执行委员沈定一、林祖涵、毛泽东、于方舟、瞿秋白、韩麟符、张国焘为加入中国国民党的中共党员，约占中国国民党执委总人数的1/4。在中国国民党"一大"闭会的翌日，即1924年1月31日，在首次召开的中央执行委员会全体会议中，谭平山成为三位常务委员①之一，在新建立的中央党部中，在已确定人选的一个秘书处和七个部中，跨党的中共党员又取得了组织部、农民部两个部的部长职位和组织部、工人部、农民部三个部的秘书席位。② 这里需要说明的是，中央执行委员会的委员、候补委员和常务委员都是由孙中山提出，大会通过的。可见，此时孙中山的确有意倚靠俄共（布）及作为共产国际一部的中共，以实现对中国国民党进行彻底的改组。

但在实际改组工作中，两党之间矛盾不断发生，按张国焘的说法，"国共两党离奇的结合关系，实是中国前途上的一个大暗礁，也是一切纠纷的焦点"。③ 这种状况是可以想见的，"中国共产党是无产阶级政党，其民主革命的目标虽与中国国民党国民革命的目标有吻合之处，但其进一步的奋斗目标是要推进社会主义革命，最终实现共产主义。与共产党强调阶级、国际、共产、专政不同，中国国民党标榜的是全民、民族、私有、民主。国民党从不认为自己仅仅代表哪个特定阶级的利益，宣传自己是各个阶级共同利益的代表，因而它不主张实施某个特定阶级的'专政'，而主张以'民主'的方式实施社会统治。在对外问题上，它所信奉的不是国际主义而是民族主义。在所有制问题上，尽管孙中山意识到私有制的种种弊端，却不主张用共有制度取而代之，只主张对之进行改良，以救其弊而存其利"。④ 虽然孙中山在改组过程中力图规避"主义"之争，而着

---

① 在国民党一届一中全会上，推定廖仲恺、戴季陶、谭平山为中央执行委员会常务委员，处理日常事务。《中国国民党第一次全国代表大会史料专辑》，第139页。
② 名单详见荣孟源主编《中国国民党历次代表大会及中央全会资料》（上），第67页。
③ 张国焘：《我的回忆》（上），第297页。
④ 杨奎松：《国民党的"联共"与"反共"》，第39页。

力于组织建设，但仍无法避免两党间矛盾的不断升级。

中国国民党"一大"召开期间，国民党员对共产党员"跨党"问题就提出质疑。广州特别区代表方瑞麟在大会讨论时提出，应将"本党党员不得加入他党"明文写进党章，① 即意味着"跨党"分子"必须在下列两条路当中选择一个：一是脱离共产党的党籍，二是脱离国民党党籍"。② 为此，李大钊以"党章审查委员会"委员和共产党员代表的身份发言，并提交了意见书，声明："我们加入本党，是一个一个的加入的，不是把一个团体加入的，可以说我们是跨党，不能说是党内有党。""我们来参加本党而兼跨固有的党籍，是光明正大的行为，不是阴谋鬼祟的举动。不过我们既参加了本党，我们留在本党一日，即当执行本党的政纲，遵守本党的章程及纪律；倘不遵守本党政纲、不守本党纪律者，理宜受本党的惩戒。"③ 最终，大会决议："党员不得加入他党不必用明文规定于章程，惟申明纪律可也。"④ 由此结束了这场讨论。

此次争议，已经暴露了国共两党合作中的诸多问题。首先，共产党员虽以个人身份加入中国国民党，但仍坚持其组织上的独立地位，及政治上的领导地位，实际上，在中国国民党内的"跨党"分子的确从事着自己的"党团活动"。正如李大钊所说："从北京到广州，存在这样一种气氛：我们共产党人加入国民党，却不打算支持它，而只想利用它。"⑤ 其次，中国国民党内对于"联共"政策已产生分歧，而之所以这种分歧被压制下来，完全因孙中山的个人权威，按照黄季陆的记载，胡汉民是害怕"不许跨党案若被通过"，无法向

---

① 《中国国民党第一、二次全国代表大会会议史料》（上），第51页。
② 黄季陆：《划时代的民国十三年》，《中国国民党第一次全国代表大会史料专辑》，第195页。
③ 《李守常对共产分子加入国民党之声明》，《中国国民党第一次全国代表大会史料专辑》，第524、525页。
④ 《中国国民党第一、二次全国代表大会会议史料》（上），第54页。
⑤ 〔俄〕中共中央党史研究室第一研究部编译《联共（布）、共产国际与中国国民革命运动（1920—1925）》，北京图书馆出版社，1997，第468页。

第一章 | 中政会之刍设（1924—1925）

总理交代而对此案反对的。①

此后国共之间的矛盾日益加剧，不断有国民党员检举共产党员违反党纪的事件。至1924年6月18日，中国国民党中央监察委员提出弹劾案，使国共合作的矛盾表面化。中国国民党"一大"除设立了一整套从中央到地方的执行委员会外，亦设立了监察委员会。②邓泽如、吴稚晖、李石曾、张继、谢持5人由孙中山指定为中央监察委员。③在一届一中全会通过的《关于监察委员会之决议案》中，明确指出："监察委员专监察各地党部及党人行动调查事，开列报告于中央执行委员会或各地执行部"，并且"监察委员一人亦可行使监察职权"，④可见监察委员职权之大。所以当邓泽如、张继、谢持等在各地搜集到《中国社会主义青年团第二次大会议决案及宣言》、《团刊》以及《新青年》、《向导》等共产党党团刊物中大有"中国共产党员及中国社会主义青年团员之计入本党为党员者，实以共产党党团在本党中活动，其言论行动皆不忠于本党，违反党义，破坏党德，确于本党之生存发展，有重大妨碍"⑤的内容时，当即联名向国民党中央执行委员会提出弹劾案。6月19日，该案交由中执会讨论，但因"各方间有争辩，建议待下次再加讨论"。⑥张继回忆，"与总理谈此事，甚不悦。惟总理目已发红，久不退，余已不忍多辩"。⑦

---

① 黄季陆：《划时代的民国十三年》，《中国国民党第一次全国代表大会史料专辑》，第199页。
② 详见《中国国民党总章》（1924年1月28日第一次全国代表大会通过），荣孟源主编《中国国民党历次代表大会及中央全会资料》（上），第22—34页。
③ 《第一届中央执监委员名单》，荣孟源主编《中国国民党历次代表大会及中央全会资料》（上），第63页。
④ 《关于监察委员会之决议案》（1924年1月31日第一届中央执行委员会第一次全体会议通过），荣孟源主编《中国国民党历次代表大会及中央全会资料》，第65页。
⑤ 《中央监察委员会弹劾共产党案》，《中国国民党第一次全国代表大会史料专辑》，第545页。
⑥ 《邵元冲日记》，上海人民出版社，1990，第20页。
⑦ 张继：《张溥泉先生回忆录·日记》，沈云龙主编《近代中国史料丛刊》第3编第3辑，台北，文海出版社，1985，第15页。

6月25日，谢持、张继就"共产党及社会主义青年团在国民党内组织党团"问题与俄顾问鲍罗廷进行了长谈。但此次长谈并不愉快。鲍罗廷直言"国民党已死，国民党已不成党"，"只可说有国民党员，不可说有国民党"，共产党"见国民党不振作，中央执行委员会提不起来，并有许多右派分子加杂其中，乃不得不组织党团"，并"希望右派、左派相争，发生一中央派，作党之中心"。① 可见，这次长谈对解决国共合作间的矛盾没有起到丝毫良性作用。

7月3日，在中央执行委员会第四十次会议上，针对谢持提出的《请将前次监察委员会提案详细讨论案》，做出三项决议："须有表示态度宣言；开中央执行委员会全体会议；呈请总理决定"，并指定汪精卫、邵元冲负责起草宣言。② 7月7日，中央执行委员会召开第四十一次会议，邹鲁、邵元冲、王法勤、谭平山、胡汉民、林祖涵、邓泽如、廖仲恺、李宗黄、杨希闵到会，由胡汉民主持，会议通过《中国国民党关于党务之宣言》："本党既负有中国革命之使命，即有集中全国革命分子之必要，故对于规范党员，不问其平日属何派别，惟以其言论行动，能否一依本党之主义政纲及党章为断。如有违背者，本党必予以严重之制裁，以整肃纪律。同时又为谋慎重的及周密的解决起见，特呈请总理在短期内召集中央执行委员会全体委员会议，以期讨论周详，妥求解决。仍望我诸同志在此时期中，继续努力，本革命之精神，为主义而奋斗，屏除疑惑，奋励进行，以静待全体委员会议之解决。"③ 从此声明来看，的确如《邵元冲日记》所记："众对于发表对共产党问题之宣言，多方增减，成为一不痛不痒之文字，而表示其欲言而又不敢之态度。"④

---

① 《谢持、张继与俄人鲍罗廷谈话纪要》，《中国国民党第一次全国代表大会史料专辑》，第554页。
② 《中央执行委员会第四十次会议记录》（1924年7月3日），《中国国民党第一届中央执行委员会会议记录汇编》，第79页。
③ 《第四十一次会议》（1924年7月7日），《中国国民党第一届中央执行委员会会议记录汇编》，第82页。
④ 《邵元冲日记》，第28页。

邵元冲所说的中国国民党众人"欲言而又不敢"的态度，恰如鲍罗廷曾做的分析："在孙面前任何一个人都没有足够的勇气说他们根本不同意国民党的新政策。"但也正如鲍罗廷所言，"那些广州以外的国民党人却不是这样的胆小鬼。他们将会同左派进行斗争"。① 所以自弹劾案提出后，各地反共的国民党员纷纷"上书"，要求革除"跨党"分子的国民党党籍。"截至八月十日止，中央执行委员会收到的各方检举共党之案件计十五宗"，② "连署者至少1328人"。③

随着国共矛盾公开化、激烈化，国民党"一大"所确立的联俄政策受到威胁。争取俄援是孙中山采行联共政策的重要原因之一。中国国民党在联俄联共期间究竟获得多少俄援？据韦慕庭研究，俄援可分为武器、金钱和俄顾问人员三方面。在顾问人员方面，除鲍罗廷以外，在黄埔军校开学时，1924年5月，有俄国军事教官4人，其后陆续增加至30人。在1925年2—3月，黄埔军校的学生参加第一次东征时，加伦（原名 Vasilii K. Blücher，在中国称其为 Galin，或 Galen，或 Galents）率领20名俄国军官参加。在是年10—11月二次东征时，各师参谋部多有俄国军官参加。据统计，在1926年1月，广州地区有140余名俄国军官。在金钱方面，1923年3月，苏俄表示要援助广州政府200万元。1924—1925年，苏俄曾援助270万元（300万卢布）建黄埔军校，援助1000万元建立中央银行。在武器方面，1924年10月7日第一批运抵黄埔的武器有大炮、机枪和8000余支步枪（亦有称1.2万支）；12月运来的有飞机9架、步枪弹药500万夹、机枪20架、大炮58门，另有机枪子弹及炮弹等。④

---

① 关于鲍罗廷的叙述，参见《代表大会以后的孙逸仙和国民党》，〔俄〕《联共（布）、共产国际与中国国民革命运动（1920—1925）》，第447页。
② 李云汉：《从容共到清党》（上），台北，中华学术著作奖助委员会，1966，第12页。
③ 张玉法：《中国现代史》，台北，东华书局，1977，第393页。
④ 张玉法：《中国现代史》，第388—389页。

此次弹劾案直指孙中山所定的联共政策，而联共与联俄系一体问题。孙中山一再明确表示："在我成立广州政府以后，英、美、日三国一有机会就给我制造困难，特别是英国。幸好，今天，今天俄国给我们派人来了，还有用一切物资支援我们。这并不是说俄国对我们特别友好，他是想通过国民党来贯彻它在中国的政策。我们从外交考虑，愿意同俄国结成联盟，藉以威胁英、美、日。如果英、美、日改善同我们的外交关系，我们为什么只同俄国结成同盟呢？联俄的基础是容共。虽然共产党都加入了国民党，你以为这是真心诚意的吗？我知道，并不像他们所说的那样！"① 同时，孙亦非常清楚，如此的表白，并不能使一再抨击联共政策的行为有所收敛，此时孙中山感觉到有必要进一步加强集权。

在这种情况下，一直为指导中国革命的最高决策机关的联共（布）中央政治局②成为孙中山仿行的对象。联共（布）中央政治局是因当时俄共中央委员人数众多、缺乏决策力而成立的，与之一同成立的还有组织局。二者分别负责政治和党务，不久这两个机构便取代了中央委员会，而政治局权力又逐渐超出组织局，最终成为联共（布）中央的最高权力机构。③ 从"现有新的档案资料反映出，大革命时期，莫斯科给其驻华代表、中共中央乃至国民党中央和国民党人的电报、信函，绝大多数直接出自于联共（布）中央政治局；另外有一部分是经联共（布）中央政治局决定后，再以共产国际的名义发出的；真正由共产国际执委会直接发出的指示，只有一小部分"。④

与此同时，鲍罗廷一直有感于中国国民党"中央执行委员会，实际上不能做党之中心"，⑤并认为"在组织上，即在关于由谁来主

---

① 林玲玲：《廖仲恺同联俄容共政策之探讨》，《近代中国》第90辑，1982年。
② 唐宝林：《重评共产国际指导中国大革命的路线》，《历史研究》2000年第2期。
③ 〔英〕夏皮罗·伦纳德：《一个英国学者笔下的苏共党史》，徐葵等译，东方出版社，1991，第269页。
④ 姚金果、苏杭、杨云若：《共产国际、联共（布）与中国大革命》，第10页。
⑤ 《中央监察委员会弹劾共产党案》，《中国国民党第一次全国代表大会史料专辑》，第554页。

宰全党的命运和对它进行实际改组的问题上，孙虽然吸收几个左派进入中央，但他支持右派和中派"。"每一个作为中央委员还是监察委员会委员的国民党右派在被责成执行党的路线时都会使党的路线化为乌有。"① 虽然鲍罗廷曾认为"从国民党清除老朽的角度来看，组织一个新党会带来很大的好处。它不仅将在国民党内部推行更加明确的路线，而且将推动孙向左转，并迫使他更加果断地去致力于自己党的改组工作"，② 但组建新党并非易事，缺乏可行性。面对国民党党内的纷争，鲍建议成立中国国民党的"政治局"，实则意图成立由左派组成的政治局，③ 从而使孙中山摆脱右派和中派的影响。正如谭平山在中国国民党中央执行委员会第四十次会议上与张继辩论时称："国民党内发生的麻烦事并不是因为共产党员加入的缘故，而是因为缺乏组织性。"④ 孙中山也认为，"俄国组织的方法对我们来说是最好的典范"。⑤

从某种意义上讲，中政会是中国国民党改组的产物，更是孙中山对于中国国民党党内纷争不断，联俄政策受到威胁，尤其是中央执行委员会决断力不强的状况，所做出的进一步加强集权的举措。但欲以新设机构——中政会来解决最高权力机关——中央执行委员会的决断力问题，在体制上应如何安排？

---

① 《代表大会以后的孙逸仙和国民党》，〔俄〕《联共（布）、共产国际与中国国民革命运动（1920—1925）》，第446页。
② 《代表大会以后的孙逸仙和国民党》，〔俄〕《联共（布）、共产国际与中国国民革命运动（1920—1925）》，第448页。
③ 《鲍罗廷给瞿秋白的信》（1924年7月18日于广州），〔俄〕《联共（布）、共产国际与中国国民革命运动（1920—1925）》，第510页。
④ 《国民党中央执行委员会第40次会议情况通报》（此文件为一位不知姓名者的记录稿，此人可能是1924年7月3日国民党中央执行委员会会议的参加者，对记录稿还有简要的评论。根据记录稿和评论的内容推断，应是某个讲广东方言的中国共产党党员记录的。这里保留了俄文原件的风格），〔俄〕《联共（布）、共产国际与中国国民革命运动（1920—1925）》，第501页。
⑤ 《孙逸仙在国民党中央全会最后一次会议上的讲话》（1924年8月30日），〔俄〕《联共（布）、共产国际与中国国民革命运动（1920—1925）》，第525页。

二 中政会成立之初的体制安排

关于中政会成立之初的体制安排是什么？如同中政会成立的原因一样，解读的不同，使得对中政会成立之初，其在体制中的地位的认识产生歧义。

汪精卫在中国国民党"二大"上称，中政会的成立是为了"辅助总理计划政治的方针"。① 这种说法对学人认识中政会在体制中的地位的影响，如对其成立原因认识的影响一样深远。

20世纪三四十年代的法政学者大多认为中政会是"咨询机关"，如陈之迈即持"政治委员会当时只是总理的一个咨询机关"②的观点。而后学者大多因袭这种观点，如董霖的《战前之中国宪政制度》："当时政治委员会议决党务案件甚少，关于政治外交，则事实上仅供孙先生之咨询或顾问。"③ 韦庆远编的《中国政治制度史》："早在孙中山在广州设立大本营时，就有政治委员会的组织。当时它只是大元帅孙中山的一个咨询机构。"④ 王永祥的《戊戌以来的中国政治制度》："政治会议原称政治委员会，发轫于广州国民政府成立之前。1924年7月11日举行第一次会议时，成员仅为孙中山先生所指派的17人，所议党务、政治和外交问题，主要供总理和大元帅孙中山参考。"⑤ 陈瑞云主编的《现代中国政府》："它是孙中山的政治咨询机关，但对于政府已有一定的指导作用。"⑥ 储考山等编的《中国政治制度史》："中政会仅是孙中山关于内政、外交的咨询机构。"⑦ 王奇生的《党员、党权与党争——1924—1949年中国国民党的组织形态》："在孙中山去世前，中政会之上实际有两个节制和领

---

① 《中国国民党第一、二次全国代表大会会议史料》（上），1986，第194页。
② 陈之迈：《中国政府》第1册，第94页。
③ 董霖：《战前之中国宪政制度》，台北，世界书局，1968，第81—82页。
④ 韦庆远主编《中国政治制度史》，第499页。
⑤ 王永祥：《戊戌以来的中国政治制度》，第154页。
⑥ 陈瑞云主编《现代中国政府》，第131页。
⑦ 储考山等编《中国政治制度史》，第326页。

导者：一是中执会，一是总理，故其权力尚有限，一般认为它只是孙中山的一个政治咨询机构。"① 除此之外，在现已发表的学术论文中，如斯彦、② 关志钢、③ 彭厚文、④ 王建科和刘守仁、⑤ 陈雷、⑥ 刘维开⑦等学者，也大都认为中政会成立时为孙中山的咨询机构。

近年来，学者开始有了新的看法，如王奇生一改"政治咨询机构"说，撰文提出中政会在实际运作中"一开始即是一个比中执会更核心的权力机构"；⑧ 杨奎松虽然没有明确地提出中政会成立时的权限，但他认为中政会是孙中山"注意到党内纷争的白热化和各地反对派风起云涌"，为了"进一步加强中央集权"而设立的。⑨

综上可见，对中政会成立之初的体制安排之认识，亟须廓清。那么中政会成立之初的地位、职权究竟为何？我们不妨走从制度文本解读到实际运作分析的路径。

第一，关于中政会成立时的制度文本解读。

中政会在1924年7月11日成立时，并未对外公布其权限。在三天后召开的中央执行委员会第四十三次会议上，胡汉民提出《政治委员会对中央执行委员会之权限案》，决议："一、关于党事，对中央执行委员会负责，按照性质由事前报告，或事后请求追认；二、

---

① 王奇生：《党员、党权与党争——1924—1949年中国国民党的组织形态》，第154页。
② 斯彦：《国民党中央政治委员会简介》，《历史教学》1987年第4期。
③ 关志钢：《1927—1937年国民党"中政会"刍议》，《近代史研究》1990年第4期；《国民党"中政会"述评》，《深圳大学学报（人文社会科学版）》1995年第1期。
④ 彭厚文：《国民党中央政治委员会的演变述略》，《湖北大学学报（哲学社会科学版）》1993年第4期。
⑤ 王建科、刘守仁：《国民党"中政会"辨析》，《江海学刊》1994年第4期。
⑥ 陈雷：《国民党"中政会"：1924—1928》，《安庆师范学院学报（社会科学版）》2002年第3期。
⑦ 刘维开：《训政前期的党政关系（1928—1937）——以中央政治会议为中心的探讨》，《1930年代的中国》（上），第79页。
⑧ 王奇生：《中政会与国民党最高权力的轮替（1924—1927）》，《历史研究》2008年第3期。
⑨ 杨奎松：《国民党的"联共"与"反共"》，第47页。

关于政治及外交问题，由总理或大元帅（即孙中山——引者注）决定办理。"① 单从此决议案来看，中政会之权限涉及党事、政治与外交各项。在党事上受中央执行委员会节制，在政治、外交上受孙中山节制。那么问题是，中政会与中央执行委员会的关系到底是什么？是否如已有的研究所称，中政会是"中央执行委员会的下属机构"？这个问题至关重要，如果解答不清楚这个问题，就无法对中政会的地位做进一步讨论。

首先，"前言"已经交代，按照《中国国民党总章》规定，"国民党最高权力机关为全国代表大会，但闭会期间为中央执行委员会"；总理"对于全国代表大会之议决，有交复议之权"，"对中央执行委员会之议决，有最后决定之权"。② 也即是说，总理居于最高权力机关之上，成为实际拥有最高权力者。而中政会除党事向中央执行委员会负责外（按性质，又分事前报告和事后请求追认），政治和外交是对总理负责，从这点上看，称中政会的权限与中执会似有交叉，但若称其权力所属为中央执行委员会似乎不通。

其次，按照《中国国民党总章》规定，"中央执行委员会得分设各部，执行本党之通常或非常党务"。③ 按此规定，中执会的权限在于国民党党务，而中政会不仅处理党务，更多的权限在于政治和外交，从这点上看，称中政会为中央执行委员会下属机构似为不妥。

最后，中政会第十次会议议决："本会为唯一讨论政治之机关，至于实行，则一方面由于政府，一方面于中央执行委员会。"④ 按此

---

① 《第四十三次会议》（1924年7月14日），《中国国民党第一届中央执行委员会会议记录汇编》，第85页。
② 详见《中国国民党总章》（1924年1月28日第一次全国代表大会通过），荣孟源主编《中国国民党历次代表大会及中央全会资料》（上），第23—25页。
③ 详见《中国国民党总章》（1924年1月28日第一次全国代表大会通过），荣孟源主编《中国国民党历次代表大会及中央全会资料》（上），第24页。
④ 《中央政治委员会第1至100次会议记录》，台北，"党史馆"藏，档案号：会00.1/29。

会议决议，中政会俨然成为最高政治机关，中央执行委员会和政府系执行机关。

第二，从中政会成立时的实际运作情况分析。

首先，从人员构成上看。中政会成立时，主席由孙中山亲自担任，① 指派"胡汉民、汪精卫、廖仲恺、戴季陶、谭平山（因谭辞职，改由瞿秋白任②）、伍朝枢、邵元冲做委员"，鲍罗廷为高等顾问。③ 在孙中山北上前所举行的12次会议里，孙中山共出席会议8次，鲍罗廷以高等顾问的身份出席12次，伍朝枢12次，胡汉民11次，廖仲恺9次，汪精卫7次，邵元冲6次，瞿秋白5次，除此之外，以列席身份出席的有宋子文1次，王法勤1次，丁惟汾1次，白云梯1次，阮永钊1次，卜世畸1次，谭延闿1次。④ 此时由7人组成的中政会相较41人的中央执行委员会，从某种意义上，政治运作更加灵敏，而由于孙中山亲自主持，其决策也更为权威。加之，自中政会成立后，孙中山就不再出席中执会，⑤ 权力的中心明显转移到人数更少的中政会。

其次，从中政会成立之初所讨论和议决的事项来看，重要议决案有"派胡汉民、廖仲恺、伍朝枢审查省行纸币计划"、"派许崇

---

① 《中央政治委员会第1至100次会议记录》，台北，"党史馆"藏，档案号：会00.1/29。
② 《鲍罗廷给瞿秋白的信》（1924年7月18日于广州），〔俄〕《联共（布）、共产国际与中国国民革命运动（1920—1925）》，第510页。
③ 《中国国民党第一、二次全国代表大会会议史料》（上），第194页。
④ 以上数据根据《中央政治委员会第1至100次会议记录》（台北，"党史馆"藏，档案号：会00.1/29）统计。本书统计数据与王奇生的统计有出入。按王奇生的统计，孙中山亲自出席并主持8次，胡汉民11次，汪精卫7次，廖仲恺9次，伍朝枢10次，邵元冲6次，瞿秋白6次，鲍罗廷12次。王奇生：《中政会与国民党最高权力的轮替（1924—1927）》，《历史研究》2008年第3期。
⑤ 金永信：《西山会议派之研究》（未刊稿），台湾政治大学历史所博士学位论文，称："1924年7月11日，政治委员会第一次会议在大本营开会，同年11月孙中山北上之前，中央政治委员会共开会12次，孙中山出席8次，最后出席的是第12次会议。而中央执行委员会会议，孙出席第25次会议后，到北上之前再也不出席了。"

智、杨希闵、刘震寰、谭延闿、樊钟秀、胡汉民、廖仲恺、蒋中正、伍朝枢为军事委员,高和罗夫为顾问"、"派古应芬、甘乃光、澎湃为农务调查委员,鲍罗廷为顾问"、"派廖仲恺、汪兆铭、伍朝枢为商务调查委员"、"派邹鲁、宋子文、邓召荫、朱则为税制调查委员,鲍罗廷为顾问"、"中央执行委员会移交美国三藩市关于华侨人赴美案"、"沙面罢工事,着陈友仁复沙面领事,罢工工人不允西山巡捕,嗣后如彼来接洽,交由交涉署办理"、"广州民国日报,由中央执行委员会宣传部管理,并派总编辑,国民周刊合并在内,派汪精卫为总编辑,由党给与津贴,使成最良善及最贱价之报纸"、"总理离粤北上宣言,谓统一中国事,先往上海发表主义,如北方能统一,然后与之合作"等,① 决策范围相当广,含财政、军事、外交、内政等项。

在经过对制度文本的解读、实际运作情况的分析后,典型的案例将有助于我们了解中政会与中执会的关系。

第三,个案分析——监察委员所提弹劾案之处理。

前文已述,1924 年 6 月,邓泽如、谢持、张继等所提的《中央监察委员会弹劾共产党案》,一直悬而不决。

1924 年 8 月 13 日,中政会举行第五次会议,对中国国民党内关于共产党员纠纷一事进行讨论。出席的中政会委员有胡汉民、汪精卫、廖仲恺、瞿秋白、伍朝枢,顾问鲍罗廷列席。经过一番讨论后,议决"关于中央执行委员会全体会议之议案,本会主张设联络部以免纠纷。设联络部之方法,由本会决定举代表一人,第三国际代表一人,中国共产党代表一人,协同商议后报告本会呈准总理,然后派出代表,赴全体会议陈述"。② 中央执行委员会全体会议于 8 月 15 日开幕,19 日开始讨论监察委员提出的对共产党员弹劾的问题。到

---

① 《中央政治委员会第 1 至 100 次会议记录》,台北,"党史馆"藏,档案号:会 00.1/29。

② 《中央政治委员会第 1 至 100 次会议记录》,台北,"党史馆"藏,档案号:会 00.1/29。

会的中央执行委员有胡汉民、邹鲁、谭延闿、李烈钧、廖仲恺、柏文蔚、覃振、于树德、丁惟汾、王法勤、恩克巴图、谭平山12人,候补委员有于方舟、瞿秋白、张苇村、韩麟符、傅汝霖、沈定一、白云梯7人,由廖仲恺主持,原提案人监察委员张继、谢持出席说明提案本意,仅张继、覃振、恩克巴图、王法勤与瞿秋白发言,尚系交换意见性质。20日继续开会,由胡汉民主持,发言者有张继、谢持、瞿秋白、沈定一、傅汝霖、丁惟汾、覃振等7人,但均未获任何结论。

20日,中政会召开第六次会议,由孙中山亲自主持,胡汉民、廖仲恺、瞿秋白、伍朝枢、鲍罗廷出席。对"共产派问题"进行讨论,议决通过"国民党内之共产派问题及中国国民党与世界革命运动之联络问题,两草案通过,作为本委员会之意见,提交中央执行委员会全体会议",① 作为解决的章本。前案之主旨,在以国民党之纪律约束共产党员,后案则主张设立国际联络委员会,直接与第三国际及各国革命组织联络。其原案包括五条:"一、在中国国民党中央执行委员会政治委员会内设国际联络委员会;二、国际联络委员会受政治委员会之管辖;三、国际联络委员会之委员由总理任命之;四、国际联络委员会之职务于下:1. 与世界各国平民革命运动联络;2. 与世界各国内被压迫民族革命运动联络;3. 与第三国际联络;五、国际联络委员会与第三国际之联络,其概要的方法如下:1. 协商中国国民的革命协商中国国民革命与世界无产阶级革命运动的联络方法;2. 协商中国共产党之活动与中国国民党有关系者之联络办法。"②

8月21日,中央执行委员会全体会议继续开会,由胡汉民主持。汪精卫在会上提出中政会通过的两件草案,称:"政治委员会所拟两

---

① 《中央政治委员会第1至100次会议记录》,台北,"党史馆"藏,档案号:会00.1/29。
② 《中国国民党与世界革命运动之联络问题决议案》,转引自李云汉《从容共到清党》(上),第327—328页。

件草案，系贡献于全体会议，为根本解决党内纠纷，促进党务发展的意思，综合现在党内纠纷情形约有三派：（甲）认共产派合作为有害。（乙）认共产派合作为有益。（丙）认共产派跨党无害，而有秘密党团作用则有害，若能使这个秘密公开，则党团准此三点观察，症结所在甚属明瞭，爰拟就是案请讨论。再有须注意者，共产党与共产党员不同，共产党员为共产党守秘密是当然的，只有本党直接与第三国际从联络方面来协商，庶彼此不致误会，无所容其秘密矣。"① 胡汉民提议对此两件草案进行表决，经多数同意，获得通过，轰动一时的监察委员弹劾案，遂告解决。

由上可知，中政会成立之初，其与中央执行委员会关系，并非直属关系，而是另立于中执会之外的并行决策机关。从职权上讲，中执会主管党务，中政会侧重于政治和外交，党务亦有所权限；在实际运作中，由于孙中山的党首地位，对中政会的重视，加之此时由7人所组成的中政会较41人所组成的中央执行委员会，政治运作更加灵敏，使得中政会成为比中执会更为核心的权力机关。而这一点，是需要研究者注意的。

第二节　孙中山逝世后的中政会演变

1925年3月12日，孙中山逝世，对中国国民党影响极大。中国国民党不仅失去了"领袖"，更失去了法理上和实际上的最高权力机关，党政体制发生重大变革。此时对于中国国民党来说，不仅要解决"领袖"继承人问题，更要解决由"党首制"② 向"委员制"过渡问题。正如汪精卫所言："总理若在，大家都愿意听他的独裁，总

---

① 《中国国民党第一届第二次中央执行委员会全体会议记录》，转引自李云汉《从容共到清党》（上），第328页。
② 至1938年国民党临时全国代表大会，在《总章》中列"总裁"，恢复了党首制，但"总裁"与"总理"仍有区别。

理不在之后,实无人能够承继他的,则委员制实为适应时势的要求。"① 而此时的中政会更是面临着巨大的演变。

一 中政会在政党体制中的演变

1925年6月14日,② 中政会召开第十四次会议,出席委员有胡汉民、廖仲恺、汪精卫、伍朝枢及顾问鲍罗廷。在做出成立广州国民政府③决议的同时,还议决:"一、在中国国民党中央执行委员会内,设政治委员会,以指导国民革命之进行;二、政府定名为国民政府,设内政、外交、财政、教育、建设、商务、农工、军事、关税各部,每部设部长一人,各部联席会议另推主席一人,关于政治之方针,由政治委员会决定,以政府之名义执行之。"④ 在已有的研究中,学者多认为中政会权限是根据此两项决议,由"政治咨询"

---

① 罗家伦主编《革命文献》(第19至21辑精装合订本),台北,"中央文物供应社",1978,影印本,总第3862页。
② 关于中政会成立国民政府的决议,王奇生在《中政会与国民党最高权力的轮替(1924—1927)》(《历史研究》2008年第3期)一文中提出:关于广州国民政府的成立是6月14日政治委员会第十四次会议做出的决定,此说有误,而应是6月19日中政会第十六次会议决定的。经查台北"党史馆"藏《中央政治委员会第1至100次会议记录》(档案号:会00.1/29),1925年6月14日政治委员会第十四次会议的记录,的确记有"政府定名国民政府,设内政、外交、财政、教育、建设、商务、农工、军事、关税各部,每部设部长一人",另,6月19日政治委员会第十六次会议,记为"设中央政府定名国民政府,以委员若干人组织会议,并于委员中推举一人为主席,关于政治之方针由政治委员会决定,以国民政府之名义执行之"。由此可推测,王奇生应系未见政治委员会第十四次会议内容,而产生了误解。无论是《政治总报告》(上海市档案馆藏,档案号:D4-0-331),还是台北"党史馆"藏《中央政治委员会第1至100次会议记录》(台北"党史馆"藏,档案号:会00.1/29),均显示了成立广州国民政府的决定是6月14日政治委员会第十四次会议做出的,此说无误。
③ 《政治总报告》(1929年3月15日),上海市档案馆藏,档案号:D4-0-331;《中央政治委员会第1至100次会议记录》,台北,"党史馆"藏,档案号:会00.1/29。
④ 《中央政治委员会第1至100次会议记录》,台北,"党史馆"藏,档案号:会00.1/29。

机关而成为"党政重要机关"的。① 是否如此？对这两项决议，该如何解读？

首先，根据前文对中政会成立的原因及其权限的探讨可知，中政会的成立是孙中山面对紧张的局势而设立的意欲在中执会之外成立一个直属孙中山的、权力更加集中的政治中心，其职权涉及党事、政治和外交，其中政治和外交是其主要职权，而对其与中央执行委员会的关系未做明确界定，只针对党事部分做了限定。正如前文所述，加之此时中政会系由孙中山亲自主持，孙较为重视，权力中心逐渐向中政会转移。而由6月14日的第十四次会议中所议决的两项议案来看，它首次明确了中政会与中央执行委员会的关系，中政会隶属于中央执行委员会，对其负责。从这个意义上讲，中政会的法理地位有所降低。

其次，在明确中政会与中央执行委员会隶属关系的前提下，此两项决议指出中政会负指导国民革命之责，为政治决策机关，政府为其执行机关。而一改中政会在第十次会议所做的决议："本会为唯一讨论政治之机关，至于实行，则一方面由于政府，一方面于中央执行委员会，其讨论结果对于本会会员有拘束效力。"② 对党事中政会明显再无涉及之职权。从这层意义上讲，中政会权限并非如学者

---

① 相关研究参见钱端升、萨师炯等的《民国政制史》（上）（第165页）："迨总理逝世后，建立国民政府时，政治委员会议决两条：（一）在中国国民党中央执行委员会内，设政治委员会，以指导国民革命之进行。（二）关于政治之方针，由政治委员会决定，以政府名义行之。由是政治会议，成为党政重要机关。嗣后对其权力，屡有扩张"；陈之迈的《中国政府》（第1册）（第94页）："这个政治委员会当时只是总理的一个咨询机关。孙先生逝世后，情形便大不相同了。"彭厚文的《国民党中央政治委员会的演变述略》[《湖北大学学报（哲学社会科学版）》1993年第4期]："1925年3月，孙中山在北京逝世。此后，中政会'其制遂变'，权限发生了很大变化。1925年6月14日，中政会开第十四次会议，决定建立国民政府，同时决定（一）在中国国民党中央执行委员会内，设政治委员会，以指导国民革命之进行。（二）关于政治之方针，由政治委员会决定，以政府名义行之。中政会由一个咨询性质的机关一变而成为政治上的决策机关"。

② 《政治委员会第10次会议记录》（1924年10月22日），台北，"党史馆"藏，档案号：会00.1/29。

研究中所指的有所"扩大",而是有所"缩减"。

比较图1-1和图1-2,可以清楚地看到中政会在此两项决议案出台前后变化。

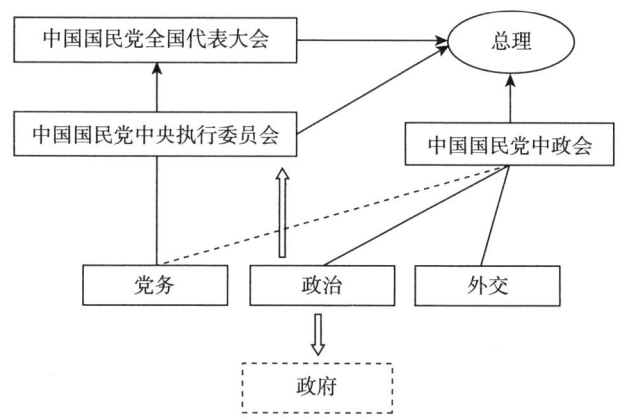

图1-1 两项决议案前的国民党政党体制

图例说明:"→"表示对谁负责;"——"所有权限;"----"表示非完全权限;"⋯⋯"并未成立;"⇨"由谁执行

资料来源:《中国国民党总章》(1924年1月28日第一次全国代表大会通过),荣孟源主编《中国国民党历次代表大会及中央全会资料》(上),第24页;1924年7月14日中央执行委员会第四十三次会议通过的《政治委员会对中央执行委员会之权限案》,《中国国民党第一届中央执行委员会会议记录汇编》,第85页。

从图1-1和图1-2的变化中不难发现,中政会在两项决议案后,在中国国民党政党体制中的地位发生巨大变化。实质上即是孙中山逝世给中国国民党党政体制带来的巨大影响。但就中政会而言,其与中央执行委员会之间的关系更为明确。

在这里仍有两个问题需要解决:一为中政会为什么会隶属于中央执行委员会;二为中政会自身的赓续问题。

第一,中政会隶属中央执行委员会,是政党体制的客观要求,亦是对孙中山"党国"理念的继承。

首先,中政会在成立之初,因在孙中山的主持下,国民党员对其的认可度极高,有存续的必要。而孙中山逝世,中政会失去直接归属机关,如要存续,则必须有所归属;同时,在孙中山去世后,中国国民党全国代表大会作为最高权力机关的性质是毋庸置疑的,其闭会期间以中央执行委员会作为最高权力机关,所以从归属上讲,此时的中政会只能隶属于中央执行委员会,受其指导。其次,按照孙中山的"党国"理论,是将"党"置在"国"上,走"以党建国"、"以党治国"的路线,而将中政会隶属于中央执行委员会,正是"以党驭政"的体现,在次日即6月15日的中央执行委员会上,强调"中国国民党中央执行委员会为最高机关",① 也是此意。虽然从法理上明确了中政会隶属于中央执行委员会,但在实际运作中,中政会有着较大的权限,对中政会所做的一些重要议决案,中央执行委员会只能追认。关于这一点,在下文探究成立广州国民政府决议案时即有实际表现。

第二,中政会的赓续。

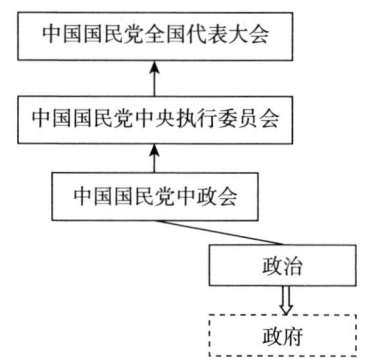

图1-2 两项决议案后的国民党政党体制

图例说明:"→"表示对谁负责;"——"所有权限;"┅┅"并未成立;"⇨"由谁执行

资料来源:根据1925年6月14日中政会第十四次会议议决案绘制。《政治总报告》(1929年3月15日),上海市档案馆藏,档案号:D4-0-331

在孙中山北上之际,胡汉民留守广州,为代理大元帅。② 孙中山

---

① 罗家伦主编《革命文献》(第19至21辑精装合订本),总第3898页。
② 蒋永敬编著《民国胡展堂先生汉民年谱》,台湾商务印书馆,1981,第313页。

北上之后，中政会暂时停开。未料因病，孙"到北京以后，已不能接见宾客和处理事务；因而他立即指派在北京的中国国民党中央执监委员组织一个中国国民党中央政治会议"。① 关于在北京期间的中政会与广州暂停的中政会之间的关系，说法不一。汪精卫在中国国民党"二大"的报告，称："先生入医院几月，总理说应再在北京加委些政治委员，就派于右任、吴稚晖、李石曾、李大钊等为政治委员，都是鲍罗廷先生做顾问。"② 张国焘回忆亦称："据汪精卫宣布，这个政治会议是临时性质的，代替先生在医病期内处理一切政治事务。其名单以汪精卫为首，包括李石曾、吴稚晖、于右任、丁惟汾、王法勤、李大钊和我等十余人（后来联席增加了几个到北京的国民党中央执监委员）。"③ "不少参加者"，因感到在北京的中政会"缺乏组织"，"都要求汪精卫担任这会议的临时主席"，但都被汪推托，"有人指出，汪精卫所以不愿负其责任，是因为广州还有一个常设的政治会议，由胡汉民代理孙先生任主席。孙先生虽在北京，但国民党中央机构却在广州。北京的政治会议只是临时性质，不好撇开广州处理一切"。④ 按照此两种说法，北京的中政会属临时性质，委员是临时加委的，此种认识似被中国国民党员所接受，如1927年4月17日在南京召开中政会时，蒋介石有感于人员不足，就借"总理北上时，因北京时局紧张，曾加添中央政治委员会委员数人，在北京开会。现在在武汉之中央同志未来，北伐方在进行，客观的需要与总理北上时相同"，⑤ 临时加派委员。值得注意的是，1925年1月26日汪精卫曾致信吴稚晖，称"顷奉总理命令将广州中央执行委员会政治委员会，移至北京"。⑥ 在该信中，汪用的是"移

---

① 张国焘：《我的回忆》，第349页。
② 《中国国民党第一、二次全国代表大会会议史料》（上），第194页。
③ 张国焘：《我的回忆》，第349页。
④ 张国焘：《我的回忆》，第349页。
⑤ 《中国国民党中央执行委员会第七十三次政治会议记录》，台北，"党史馆"藏，档案号：会00.1/33。
⑥ 《汪精卫致吴稚晖函》，台北，"党史馆"藏"吴稚晖档案"，档案号：稚07565。原档无年份，年份是本书作者根据信的内容补充的。

至"，对此，王奇生认为"北京政治委员会是'临时'机构之说不能成立"。① 但若是"移至"，广州中政会自应取消，显然事实并非如此。1925年2月19日，在广州的中政会开会，由胡汉民主持，根据"汪兆铭来电北京政治委员会拟议，师座若不讳，广州政府改合议制"等语，决议"广州政府应改为合议制"，② 可见此时的广州中政会仍存续，而且接续孙中山北上前中政会所开12次会议，定为第十三次会议。加之，孙因病重，并不能亲理北京的中政会，虽然"大家心目中都以汪精卫为会议的中心；因为他是这会议与孙先生之间的惟一联络人物。可是他却百般谦让，不肯负起领导这个会议的责任"。③ 所以，北京的中政会处于缺乏领导、"缺乏组织"④ 的状态，从这一点看，其属临时性质应该是不错的。在广州重开中政会时，续孙中山北上前的12次、1925年2月19日的第十三次会议，1925年6月14日召开的即为第十四次会议。

二 中政会在政治体制中的演变——成立广州国民政府

成立国民政府之议，早在中国国民党"一大"召开之际，孙中山便已提出。当时因发生海关冲突，在与各国交涉时，广东地区的国民政府因被指为"地方政府"，而引发孙中山急欲"成立建设性的（全国）政府"。⑤ 在《组织国民政府案之说明》中，孙中山指出："现在的政府，为革命政府，为军事时期的政府。"⑥ 海关之事，"实缘我们没有正式组织，没有明明白白与北方脱离关系，故组织国

---

① 王奇生：《中政会与国民党最高权力的轮替（1924—1927）》，《历史研究》2008年第3期。
② 《政治委员会第13次会议记录》（1925年2月19日），台北，"党史馆"藏，档案号：会00.1/29。
③ 张国焘：《我的回忆》，第349页。
④ 张国焘：《我的回忆》，第350页。
⑤ 《对建设性（全国）政府问题的讨论》，〔俄〕《联共（布）、共产国际与中国国民革命运动（1920—1925）》，第480页。
⑥ 《组织国民政府案之说明》（1924年1月20日），《中国国民党第一次全国代表大会史料专辑》，第71页。

民政府实为目前第一问题"。① 但是，由于"这一期间，广东地区国民党是国内较弱的政治势力，处境困难，内有地方军阀的排挤，外有北洋军阀的压迫，财政尤其困难，不能不力图借助外力，配合军事北伐，打开局面"。② 所以中国国民党在不断寻求俄、德等国支持的同时，实与段祺瑞（皖系）、张作霖（奉系）亦结成了反对直系军阀的同盟关系。而此时孙提出建立全国政府，是"没有'顾及'自己'同盟者'段祺瑞、张作霖等人"，"这对党将是有害的"。在俄顾问鲍罗廷及中国国民党员的劝说下，最终"只限于由代表大会表示赞成有必要成立全国政府，并向党发出指示，在群众中为全国政府口号进行强有力的宣传鼓动工作"。③ 所以，"中国国民党的改组暂时尚未直接引发出政权的改组，这时的政权仍是陆海军大元帅大本营，大元帅总揽军务与政务，没有任何民主议政机关，一切部门都是大元帅意志的执行者"。④

孙中山病危之际，胡汉民与廖仲恺、伍朝枢等商议，有意"将大元帅府根本改组为政府，并采用委员制"。⑤ 孙中山逝世后，因顾及杨希闵、刘震寰势力，加上谭延闿的劝阻，国民党高层认为"不宜于军事紧急之际，为改组指挥中枢之议"，⑥ 遂搁置。

1925年6月14日，讨伐杨、刘的军事行动宣告结束，当日下午，胡汉民即主持召开中政会第十四次会议，商组国民政府。到会委员汪精卫、廖仲恺、伍朝枢及顾问鲍罗廷，决定："政府定名为国民政府，设内政、外交、财政、教育、建设、商务、农工、军事、关税各部。每部设部长一人，各部联席会议，另推主席一人，关于

---

① 《组织国民政府案之说明》（1924年1月20日），"中华民国"史料研究中心编《中国国民党第一次全国代表大会史料专辑》，第72页。
② 吕芳上：《国民党广州时期的发展》，《中央研究院近代史研究所集刊》第22期（上），1993，第319页。
③ 以上叙述参见《对建设性（全国）政府问题的讨论》，〔俄〕《联共（布）、共产国际与中国国民革命运动（1920—1925）》，第480、485、487页。
④ 徐矛：《中华民国政治制度史》，上海人民出版社，1992，第177页。
⑤ 蒋永敬编著《民国胡展堂先生汉民年谱》，第323页。
⑥ 李云汉：《从容共到清党》（上），第373页。

政治之方针,由政治委员会决定,以政府之名义执行之,其各部事务由各部及各部联合会议主持之。"① 次日即 6 月 15 日,中央执行委员会召开全体会议,接受中政会决议,"改组大元帅府为国民政府"。②

6 月 19 日,中政会开第十六次会议,议决:"设中央政府定名为国民政府,以委员若干人组织会议,并于委员中推举一人为主席。关于政治之方针,由政治委员会决定,以国民政府之名义执行之。"③ 6 月 22 日,中政会开第十七次会议,讨论国民政府的人选问题。④

6 月 24 日,胡汉民发表通电,宣布设置国民政府掌理全国政务,⑤ 将国民政府成立之本意与性质通告中外。6 月 30 日,中政会将《政府改组决议案》及国民政府委员名单送请中央执行委员会审议。7 月 1 日,广州国民政府宣告正式成立。

细梳上述事件,明显存在时间逻辑的问题:中央执行委员会是在 6 月 30 日审议中政会呈送的《政府改组决议案》,而胡汉民发表通电称中央执行委员会接受《政府改组议决案》是在 6 月 24 日。细查中央执行委员会会议记录,在 6 月 30 日举行的第九十一次会议决议,记为:"此案已发表始交议,只能作为追认。"并有附记:"该案当日因送来迟滞,致发表之后本会始行收到。邹委员提议:此等重要法案,应先送表决,而后发表,不能以紧急事件为诿。此种错误已过者无可如何,但未来者须努力注意,众赞成。并声明将此节

---

① 《政治委员会第 14 次会议记录》(1925 年 6 月 14 日),台北,"党史馆"藏,档案号:会 00.1/29。
② 罗家伦主编《革命文献》(第 19 至 21 辑精装合订本),总第 3918 页。
③ 《政治委员会第 16 次会议记录》(1925 年 6 月 19 日),台北,"党史馆"藏,档案号:会 00.1/29。
④ 《政治委员会第 17 次会议记录》(1925 年 6 月 22 日),台北,"党史馆"藏,档案号:会 00.1/29。
⑤ 韩信夫、姜克夫主编《中华民国史大事记·第 4 卷(1925—1927)》,中华书局,2011,第 2247 页。

载明议案中。"①

邹鲁在《回顾录》中亦详述此段:"(邹鲁——引者注)起来责问:'今天《民国日报》公布国民政府成立,说是根据中央执行委员会的决议,究竟这个决议是那里来的,大家晓不晓得?'汪兆铭立起来答复:'这是政治会议议决的。'同时他声明:'政治会议议决的紧急事件,是可以先发表的。'邹鲁反驳:'虽然政治会议对于紧急的事件决议后,可以先发表,但是国民政府的成立,是重大的,不是紧急的。如果这种重大的事件,可以由政治会议议决,立即发表,那末是抹煞中央党部了。'"② 陈公博在《苦笑录》中对这一段的描述是:"在国民政府成立之前两日,我在中央党部办公室,接到中央监察委员会对于中央政治委员会的弹劾文,说国民政府成立是一件非常大大事,中央执监两会事前并不与闻,此举实为违法。弹劾文的领衔人是邓泽如先生,这个弹劾显然的给将近出台的国民政府一个大打击。"为此陈公博致电廖仲恺,商量如何处理,陈提出,"因弹劾是对中政会的,不是对个人的",请胡汉民出面劝邓泽如撤回弹劾。正如陈所言:"我心知这事情并不那样简单,若中执会没有委员同意,邓先生这个老实人绝不会擅自提出这种重大问题,并且非有大力的委员主使,邓先生也没有那样胆量提出弹劾。"③

实际上,这一段争议已触及中政会与中执会的关系、中政会与国民政府之间的关系。

虽然中政会在第十四次会议决议,明确了其与中央执行委员会的隶属关系,但在实际运作中,中政会仍掌有极大的权限,如议决国民政府改组案,在未经送请中央执行委员会即先行发表,后由中央执行委员会追认。除此之外,从中政会自身决议中亦看出其权限之广,如中政会在7月8日召开第三十一次会议,议决:"党与政府

---

① 《第九十一次会议》(1925年6月30日),《中国国民党第一届中央执行委员会会议记录汇编》,第140页。
② 邹鲁:《回顾录》,岳麓书社,2000,第141页。该文记述的时间为7月1日,从已存的会议记录来看,应该是6月30日。
③ 陈公博:《苦笑录》,第10—11页。

及军事之政策，未经政治委员会讨论以前，无论何项机关都不能决议；如有决议，即认为无效。"① 可见此时的中政会的权限之广，对党、政、军各务均有涉及。

而就中政会与广州国民政府而言，从议决成立、通过组织法、委派人员到宣布国民政府改组案，均发自中政会决议。从法理上讲，中政会在国民政府成立之前，为中国国民党唯一的政治机关，但国民政府成立，即标志着中国国民党有了"掌理全国政务"的机关，那么中政会与国民政府的关系又是如何呢？

为了探究这个问题，可以从中国国民党所通过的《国民政府组织法》（即《广州国民政府组织法》）内容来看。"国民政府受中国国民党之指导及监督，掌理全国政务。国民政府以委员若干人组织之，并于委员中推定一人为主席。国民政府设置常务委员五人，处理日常政务，常务委员于委员中推定之。公布法令及其他关于国务之文书，由主席及主管部部长署名；其不属于各部者，由常务委员多数署名，以国民政府名义行之。国务由委员会议执行之，委员会议出席委员不足半数时，由常务委员行之。国民政府委员会议于国民政府所在地行之。国民政府设置军事、外交、财政各部，每部设部长一人，以委员兼任之；有添部之必要时，经委员会议议决行之。各部长依其职权，得发命令。"② 从《组织法》内容来看，有三点需要注意：第一，实行"党治"原则，即"国民政府受中国国民党之指导及监督，掌理全国政务"，在国民政府举办的第二次全国代表大会欢迎宴会上，汪精卫致辞："当今年七月一日国民政府成立，已经明白规定是受党的指挥监督，实行总理以党治国的政策的，故在第二次全国代表大会未开会之前，指导国民政府的是中央执行委员会，

---

① 《中央政治委员会第1至100次会议记录》，台北，"党史馆"藏，档案号：会00.1/29。
② 《中华民国国民政府组织法》（1925年7月1日中国国民党中央执行委员会议决交国民政府公布），罗家伦主编《革命文献》（第19至21辑精装合订本），总第3805—3806页。

第一章 中政会之刍设（1924—1925）

现在既开大会，就全靠此次大会的指导了。"① 第二，采用委员制。第三，对国民政府的职权并无规定，行政、立法、司法、考试、监察各权并不独立行使，亦无分设机关。②

从中央执行委员会会议记录来看，此时期有关国民政府的决议，均出自中政会。如在中央执行委员会第九十一次会议上，中政会临时提出，"推定汪兆铭、胡汉民、张静江、谭延闿、许崇智、于右任、张继、徐谦、林森、廖仲恺、戴传贤、伍朝枢、古应芬、朱培德、孙科、程潜为国民政府委员"；中央执行委员会决议"通过"。③ 在第九十二次会议上，中政会报告："议决派汪兆铭、胡汉民、伍朝枢、廖仲恺、朱培德、谭延闿、许崇智、蒋中正为军事委员会委员，请通过案。"该决议获得"通过"。④ 第九十三次会议上，中政会决议"推定谢持、林祖涵、黄昌谷、甘乃光、陈秋云五人为监察院委员，徐谦、邓泽如、林翔、邹鲁、林云陔五人为惩吏院委员"、"聘鲍尔汀先生为国民政府委员会高等顾问，加伦将军为军事委员会高等顾问"等案，议决"分别追认通过"。⑤ 连中山县县长都由中政会选委。⑥ 可见，此时中政会直接指导国民政府。也正因《组织法》对国民政府职权并未明确规定，所以此时期的政治事务，实由中政会决策，"党的政治委员会实有主要部分的立法政权，国民政府不过承转执行机关而已"。⑦ 可以说，究其本质，中政会与国民政府的关

---

① 《中国国民党第一、二次全国代表大会会议史料》（上），第149页。
② 参见陈之迈《中国政府》第1册，第144—145页；谢振民编著《中华民国立法史》，第241页。
③ 《第九十一次会议》（1925年6月30日），《中国国民党第一届中央执行委员会会议记录汇编》，第141页。
④ 《第九十二次会议》（1925年7月3日），《中国国民党第一届中央执行委员会会议记录汇编》，第141页。
⑤ 《第九十三次会议》（1925年7月7日），《中国国民党第一届中央执行委员会会议记录汇编》，第142页。
⑥ 《第九十四次会议》（1925年7月10日），《中国国民党第一届中央执行委员会会议记录汇编》，第143页。
⑦ 刘振铠编《中国宪政史话》，沈云龙主编《近代中国史料丛刊续编》第81辑，台北，文海出版社，出版时间不详，第112页。

系是决策者与实施者的关系。①

从上述中政会与中央执行委员会的关系、中政会与广州国民政府的关系来看，中国国民党虽然在当时试图建立"党权至上"的党政体制，但在实际运作中，中政会与中央执行委员会关系不明，几乎出现中政会越居其上的情况，这表明中国国民党自身的政党体制之不完善；而广州国民政府成立后，从《国民政府组织法》来看，在"形式上俨成一个立法、行政、司法等权的综合体"，② 其政制亦不完备。谭延闿曾有语："举凡一切党政、省政均由政会核定，故以有以太上政府目之者。"③ 在这种政党体制、政制均不完备的情况下，中国国民党刚建立起来的"党国"体制危机重重。

第三节 孙中山逝世后的中政会权力纷争

通常一个政党在其创立或取得政权的过程中，会出现一个领袖，该领袖拥有的魅力与权威，是公认的。一个成熟的政党的表征，是政党体制健全。当该领袖离开时，政党仍可以实现平稳过渡。显然，中国国民党在孙中山逝世时，并不是一个成熟的政党。

中国国民党在唯一的"总理"孙中山逝世后，试图调整政党体制，从而实现从"党首制"向"委员制"过渡。但在过渡过程中，暗潮汹涌。中政会因其独特的地位，或成为中枢权力之争的阵地，或成为反对派另立中央党部的标靶。

一 以中政会为阵地的中枢权力角逐

孙中山逝世后，一场中枢权力之争，首先在胡汉民和汪精卫之间展开。胡汉民和汪精卫均为孙中山生前所倚重，而胡汉民在孙中

---

① 徐矛：《中华民国政治制度史》，第180页。
② 陈之迈：《中国政府》第1册，第145页。
③ 《中国国民党中央执行委员会政治会议第一二九次会议记录》（1928年2月22日），台北，"党史馆"藏，档案号：中央0129。

山北上时以"代帅"留守广州,又以代理主席主持中政会,① 似乎成为孙中山继承人的不二人选。孰料,在中政会做了成立广州国民政府的决议后,有11位在粤的国民政府委员出席的、在广州国民政府成立当日所举行的首次会议上,汪精卫竟以全票当选国民政府主席。由此,这场胡、汪之争正式拉开帷幕。

陈公博记述此段时称:

> 胡先生为什么不被推为国府主席呢?也有近因,也有远因。那近因即是在这次杨刘之役,胡先生只赞成打杨而不打刘,现在杨刘既同被敉平,即是主张同打杨刘者得了胜利,而胡先生算是主张上失败者。加以在战争期中,胡先生似乎太过于冷淡,杨刘既灭,人望更是不归。至于远因则说起来很长,那是胡许的交恶。
>
> 这次统一东江和敉平杨刘,粤军第一军都建有殊勋,许先生是第一军名义上的主帅,这次改组国府他倒成为一个重要角色。他于是结合了一般将领的力量,得了最高干部的同意,内外合力,共同拥汪,遂使胡先生失却了把握中的国府主席。
>
> 以上的远因和近因都是胡先生的致命伤,除此之外,胡先生素来好骂人,他的词锋尖酸刻薄,经他批评,身受者都有些像挖心之痛。当时军队的数量以许先生的粤军为最多,军队的素质以黄埔的党军为最锐,其次谭祖安的湘军,朱益之的滇军,对于胡先生皆恶感多而好感少,在这种错综复杂情形之下,大家对于国府主席皆瞩望于汪先生了。②

在汪精卫这方面,因"孙先生到北京以后,已不能接见宾客和处理事务;因而他立即指派在北京的国民党中央执监委员组织一个中国国民党中央政治会议。据汪精卫宣布,这个政治会议是临时性

---

① 蒋永敬编著《民国胡展堂先生汉民年谱》,第333页。
② 陈公博:《苦笑录》,第12—13页。

质的，代替孙先生在医病期内处理一切政治事务。其名单以汪精卫为首，包括李石曾、吴稚晖、于右任、丁惟汾、王法勤、李大钊和我（即张国焘）等十余人（后来陆续增加了几个到北京来的国民党中央执监委员）"。① 在北京随伺总理之时，其在主持中政会的表现，使得"本来人们心目中只认为汪是随孙中山北上办外交的，还轮不到他做孙中山的继承人；现在觉得他能容忍持重，气度大于胡汉民。这些观感也许对汪以后的当权有关系"。② 加之，汪回到广州时，主动与军方人物交好，如汪精卫在1925年5月8日亲往潮州会见蒋介石，在与蒋谈话时，极其诚恳，"回忆往事，伤心悲痛，泪下涔涔不能止，妄议党事与其调人行止，欲余一言而决"。这使蒋受宠若惊，"同志（汪精卫——引者注）对余如此亲爱，愧感交集"，③ 5月10日，蒋日记中又记有，"上午季新兄来信，以彼此心心相应，如结为谊交"。④ 汪精卫之后在酝酿国民政府委员名单时，表示要"和汝为、介石他们斟酌斟酌"。⑤ 据《蒋介石日记》记载，当时汪想推蒋为国民政府委员，但因蒋力辞而打消，"余力辞加入政府，以为政府直接指挥者，不宜加入政府委员之内，季新韪余言，故去之"。⑥

仅从以上数点，就可看出汪、胡之争孰胜孰败。其实以上数点，也仅是观感，客观条件上的确汪占有一定的优势，但这并不是底定的关键。在汪、胡这场权力之争中，广州当时的局势，是汪得以毫无疑义地以全票出任国民政府主席的关键。

当国民政府成立之前夕，那真是危难四面，局促一隅。蒋先生由东江回师之时，陈炯明的军队又占领了东江，重要城镇

---

① 张国焘：《我的回忆》，第349页。
② 张国焘：《我的回忆》，第352页。
③ 《蒋介石日记》，〔美〕斯坦福大学胡佛研究所藏（以下不再标明藏所），1925年5月8日。
④ 《蒋介石日记》，1925年5月10日。
⑤ 蒋永敬编著《民国胡展堂先生汉民年谱》，第333页。
⑥ 《蒋介石日记》，1925年6月21日。

第一章 中政会之刍设（1924—1925）

的惠州且告失陷；南路则为邓本殷所据，渐渐迫近了江门。尤其困苦的是六月二十三日的沙基惨案，省港罢工，英法兵舰云集广州，差不多随时可以惹起严重外交，颠覆政府。①

从陈公博的记载中，不难发现，此时摆在中国国民党员面前的局势异常紧张，一方面陈炯明、邓本殷等军队迫近；而另一方面因沙基惨案的发生，外交问题成为燃眉之急。中国自进入近代以来，始终受到国际局势的影响，而对于积贫积弱的国情，尚在幼年期的政党能够得到外人的支持，是事半功倍的捷径。而自孙中山接受俄援，及对国民党改组以来，俄国顾问鲍罗廷在中国国民党内有着重要的地位。所以在这场胡、汪之争中，鲍罗廷成为关键人物。

鲍罗廷是于1924年10月抵达广州的，成功地推动了孙中山重启中国国民党改组，被孙委任为中国国民党组织教练员，②并在中政会成立时被聘为高等顾问。③ 在北京中政会存续期间，因"迫于段祺瑞政府的压力"，"使多数国民党人觉得非继续联俄容共不可"，"就在这种情形之下，鲍罗庭在国民党内的地位愈显重要了"。④ 在孙中山北上时，鲍罗廷"比孙中山早到北京，以国民党政治顾问的身份，参加我们的政治会议；他小心翼翼的不使自己卷入是非的漩涡，不多发言；他的几次重要的提案，都先征得孙先生的同意，并估计在会议上能够通过，才要言不烦的提出来。因此，他的提案多获得会议的一致支持。这样，渐渐也使参加者觉得重要的事还是要鲍顾问出来说话，才易于解决"。⑤ 而"鲍罗廷在孙中山逝世后，权威日隆"，⑥ "鲍之权力影响，又驾胡汉民、汪兆铭、

---

① 陈公博：《苦笑录》，第13—14页。
② 陈锡祺主编《孙中山年谱长编》（下），第1708页。
③ 《中国国民党第一、二次全国代表大会会议史料》（上），第194页。
④ 张国焘：《我的回忆》，第353页。
⑤ 张国焘：《我的回忆》，第353页。
⑥ 张国焘：《我的回忆》，第404页。

廖仲恺诸人之上。举凡重要案之处理，鲍皆先有布置"。① 鉴于"国民党失去了孙先生，由一个外国人来负实际领导责任，能发生平衡作用，不能算是一个坏现象"。② 此时沙基惨案发生，中国国民党更倚赖鲍罗廷来建立与俄国的外交。可见其在中国国民党内的地位日益崇隆。

汪精卫与鲍罗廷一直保持着良好的关系，如在中国国民党中央执行委员会第四十次会议上，张继、谢持等人提出反对鲍罗廷任中政会顾问，就此，张继和谭平山发生争论，汪精卫就批评"张继说了许多多余的话"，并称"鲍罗廷同志对于中国革命来说确实很宝贵，他在援助工作中是忠于革命的。张继所讲的话对他是很不公正的"。③ 在北京主持中政会时，汪氏在赢得孙中山及国民党人信任的同时，更得到了鲍罗廷的信任。鲍亦坦承"同汪精卫的关系很好"。④ 在孙中山病危期间，加拉罕和鲍罗廷便知会汪精卫到苏俄大使馆谈话，对汪说："孙先生的病已经绝望了，今后中国国民党的领袖，除了你更有谁敢继承呢？"听了此话，汪欣喜之态可想而知。鲍罗廷等之所以挑选汪的原因，按胡汉民的话，是鲍等欲在中国国民党中，"找到有相当资望而又'夙无主张、夸夫死权'的人，作为他们唯一的工具"。而在对胡汉民、戴季陶、汪精卫考量后，鲍认为胡"难相与"、戴"拿不定"，而汪"有野心可利用"。⑤ 更为有力的证明是，孙中山逝世后，苏俄对广州国民政府的援助力度不断加大，"根据现有资料，1925年6—8月（以全俄工会中央理事会和国际革

---

① 桂崇基：《中国国民党与中国共产党（民国十一年至三十八年）》，沈世平译，台湾中华书局，1978，第31页。

② 张国焘：《我的回忆》，第407页。

③ 《国民党中央执行委员会第40次会议情况通报》，〔俄〕《联共（布）、共产国际与中国国民革命（1920—1925）》，第502页。

④ 《政治局使团会议速记记录》（1926年2月15日和17日于北京），中共中央党史研究室第一研究部编译《共产国际、联共（布）与中国国民革命运动文献资料选辑（1926—1927）》（上），北京图书馆出版社，1998，第142页。

⑤ 上述叙述参见蒋永敬编著《民国胡展堂先生汉民年谱》，第332页。

命战士救济会名义）从国库寄给上海的经费是 20 万卢布（第 154、155、160 号文件），而从 4 月至 10 月提供武器的经费是 460 万卢布（第 146、153、177、183、187、194 号文件）。1925—1926 年财政年度安排中，军事供应拨款达 1100 万卢布（第 192 号文件）。同这些数额相比，从共产国际系统拨给中共的款项只是一个很小的数目。"① "汪、鲍胶漆相投"② 之情形可见一斑。

胡在孙中山逝世后，虽代理大元帅职务并兼任广东省长，却在张国焘来访时，表现"郁抑"。

> 当时中共中央一直将胡汉民视作中派的领袖，中共在广州的同志则多目他为右派。陈延年等曾向我指出，胡汉民在孙先生逝世后，即亟欲成为孙先生的正式继承人；但他政策右倾，拉拢一班落伍军人如杨希闵、刘震寰、范石生等以壮声势；同时与他接近的伍朝枢、古应芬、傅秉常等人则暗中向香港频送秋波。陈延年等不满意胡这种做法，认为汪精卫、廖仲恺、蒋介石等人才是支持联俄容共的左派。汪精卫那时挂着好几个委员的头衔，却没有担任实际职务。他对于解决杨刘和改组国民政府的事，表现得很积极。我和他会面的时候，他总摆出曾受孙先生遗命的样子，向我说了一套秉承总理遗志继续革命的话。③

在胡、汪博弈中，汪略胜一筹，得以出任广州国民政府主席。但中政会主席之位仍由胡执掌。细梳此时的中政会所做的各项决议可见，中政会权限非常大，一是由于中政会的法理地位使然；一是由于胡此时有意通过扩展中政会权限来与汪抗衡。7 月 5 日，中政会

---

① 〔俄〕《联共（布）、共产国际与中国国民革命运动（1920—1925）》，第 546 页。
② 邹鲁：《回顾录》，第 173 页。
③ 张国焘：《我的回忆》，第 404 页。

召开第二十九次会议，出席人员有胡汉民、汪精卫、谭延闿、许崇智、伍朝枢、鲍罗廷，是会"议决政治委员会之议决，如须以中央执行委员会名义行之者，须经中央执行委员会之通过，紧急时得先行之，然后请求追认；政治委员会之议决，如径以政治委员会名义行之者，汇报于中央执行委员会"。① 7月8日，第三十一次会议上，"议决受政治委员会指导监督之机关，对于政治委员会所决定之事件、文书，不得于其重要之点有所更改，如临时发见有特殊之事实，许该机关提出疑义，由政治委员会审定之，其文字上不关重要，而又限于时日执引者，得加修改，惟仍须报告于政治委员会以待追认"。② 仅就此两项决议来看，中政会有自行决定权，而且对其决议，国民政府不能更改。所以，7月12日，胡汉民发电报给在上海的邵元冲，称"改组后政治委员责任愈重，盼与季陶兄速来"③，其中之含意甚为明显。中政会成为胡汉民与汪精卫进行权力之争的利器。

孰料，8月20日"廖案"发生，基本底定了这场胡、汪之争。

廖仲恺被刺伤，此案一出，国民党党内一片哗然。所以在"廖案"发生后的第一时间，"中央政治委员会指定三个人组织一个特别委员会，主持缉凶事件"，而且"这个委员会的委员是汪先生、许汝为（即许崇智）和蒋介石三个人，委员会的权力是受之中政会，不止可以调动军警缉凶，而且可以扩张范围乃至于镇压反动"。④ 利用因"廖案"临时组成的权限很大的特别委员会，鲍罗廷趁机先将胡汉民，后又将时任国民政府军事部长的许崇智逐出广州。由此，鲍罗廷大大松了一口气。

---

① 《中央政治委员会第 1 至 100 次会议记录》，台北，"党史馆"藏，档案号：会 00.1/29。
② 《中央政治委员会第 1 至 100 次会议记录》，台北，"党史馆"藏，档案号：会 00.1/29。
③ 《政治委员会改组及国民政府成立并促各委员到职》，台北，"国史馆"藏"国民政府档"，档案：001-042120-0002。
④ 以上叙述参见陈公博《苦笑录》，第 18 页。

> 从许崇智离开时起，一切立刻进展神速，不知怎么一下子都活跃起来了。政治委员会和中央委员会、省政府或国民政府作出的任何决定都得到了贯彻执行，没有受到抵制。以前一直受到胡汉民或许崇智的抵制，而随着这两个人的离去，我们的决定始终得到了准确无误的贯彻执行。①

而与此同时，一直与中政会主席胡汉民竞争的汪精卫，在胡汉民被迫出国考察后，成功地出任中政会代理主席，从而与鲍罗廷的合作愈发紧密，而鲍无疑通过汪执掌权柄。

二 "西山会议"——以中政会为标靶的中央党部分裂

孙中山逝世后，中国国民党不仅经历了胡、汪的中央权力角逐，更经历了一次中央党部的分裂。

1925年11月23日，以林森、邹鲁、谢持为首的一部分中国国民党中央委员，在北京西山碧云寺孙中山灵前召开会议，自称为中国国民党一届四中全会。正因会议在西山举行，遂称"西山会议"，参加会议者称"西山会议派"。

以往对西山会议的研究，大多关注中国国民党的路线之争，而往往忽视西山会议另立中央是以中政会为标靶的。在西山会议上，通过并发表了"取消共产派在本党之党籍案"、"顾问鲍罗廷解雇案"、"开除汪精卫党籍案"，以及"撤免共产党员在中国国民党中央执行委员会中担任中央执行委员和候补中央执行委员等职务决议案"。"西山会议的召开，是国民党内反共决心摆脱俄国及中共影响，恢复国民党正统的一次努力。"② 为了实现这一目标，西山会议派选择以中政会为标靶。

正如时人的认识："构成西山会议有两个原因，第一个是国民党

---

① 〔俄〕《共产国际、联共（布）与中国革命档案资料丛书》第3卷，中共中央党史研究室第一研究部译，中共党史出版社，2007，第116页。
② 张玉法：《中国现代史》，第397页。

内的反共空气，第二个是国民政府成立后的失意分子反攻。"① 从西山会议前中国国民党第一届中央执监委员党政任职情况和参加西山会议派各人主要经历来看，西山会议组成人员均是早期国民党员中的佼佼者。

表1-1 西山会议前中国国民党第一届中央执监委员党政任职情况

1-1.1 中央执行委员

第一届中央执行委员名单	是否跨党	是否中执会常务委员	是否广州中政会委员	是否北京中政会委员①	是否国民政府委员	是否国民政府常务委员	国民政府主要任职情况	是否参加西山会议	备注
胡汉民		√	√		√	√ 9.23 去俄	外交部部长		去俄
汪精卫		√	√	√	√	√	国民政府主席；军事委员会主席		
张静江					√*				
廖仲恺		√	√		√	√	财政部长 8.20亡		身亡
李烈钧									来电赞成
居正								√	
戴季陶		√	√		√*			√	
林森					√	√ 9.29 选任		√	中执会决议参加北上外交代表团，实为排挤

---

① 陈公博：《苦笑录》，第22页。

第一章 | 中政会之刍设（1924—1925）

续表

第一届中央执行委员名单	是否跨党	是否中执会常务委员	是否广州中政会委员	是否北京中政会委员	是否国民政府委员	是否国民政府常务委员	国民政府主要任职情况	是否参加西山会议	备注
柏文蔚									
丁惟汾									
石瑛								√	
邹鲁								√	中执会决议参加北上外交代表团,实为排挤
谭延闿					√	√	军事部长 9.20 署		
覃振								√	
谭平山	√	√	√辞职						
石青阳								√	
熊克武									入狱
李守常	√			√					
恩克巴图									
王法勤									
于右任				√	√*				
杨希闵									
叶楚伧								√	
于树德	√								

注：关于在北京的中政会委员名单，按张国焘的说法有：汪精卫、李石曾、吴稚晖、于右任、丁惟汾、王法勤、李大钊和张国焘等十余人（后来联席增加了几个到北京的国民党中央执监委员）。此处采用的名单，是按《汪精卫致吴稚晖函》中的说法。

57

1-1.2 中央候补执行委员

第一届中央候补执行委员名单	是否跨党	是否中执会常务委员	是否广州中政会委员	是否北京中政会委员	是否国民政府委员	是否国民政府常务委员	国民政府内任职情况	是否参加西山会议	备注
邵元冲		√	√					√	
邓家彦									
沈定一	√							√	
林祖涵	√								
茅祖权								√	
李宗黄									
白云梯									
张知本									
彭素民									
毛泽东	√								
傅汝霖								√	
于方舟	√								
张苇村									
瞿秋白	√		√						
张秋白									
韩麟符	√								
张国焘	√								

1-1.3 中央监察委员

第一届中央执监委员名单	是否跨党	是否中执会常务委员	是否广州中政会委员	是否北京中政会委员	是否国民政府委员	是否国民政府常务委员	国民政府内任职情况	是否参加西山会议	备注
邓泽如					√ 9.3 选任		财政部长 9.3 特任；9.9 就任；9.22 辞	助资	

第一章 | 中政会之刍设（1924—1925）

续表

第一届中央执监委员名单	是否跨党	是否中执会常务委员	是否广州中政会委员	是否北京中政会委员	是否国民政府委员	是否国民政府常务委员	国民政府内任职情况	是否参加西山会议	备注
吴稚晖				√				√	署名通电
李石曾				√					
张继					√*			√	
谢持								√	

1-1.4 中央候补监察委员

第一届中央执监委员名单	是否跨党	是否中执会常务委员	是否广州中政会委员	是否北京中政会委员	是否国民政府委员	是否国民政府常务委员	国民政府内任职情况	是否参加西山会议	备注
蔡元培									
许崇智					√	√ 9.20辞	军事部长7.1特任；9.20赴沪养疴		
刘震寰									
樊钟秀									
杨庶堪									

1-1.5 一些重要的党政任职的非中央执监委员

第一届中央执监委员名单	是否跨党	是否中执会常务委员	是否广州中政会委员	是否北京中政会委员	是否国民政府委员	是否国民政府常务委员	国民政府内任职情况	是否参加西山会议	备注
伍朝枢		√	√		√				
陈友仁			√						
徐谦					√*				

续表

第一届中央执监委员名单	是否跨党	是否中执会常务委员	是否广州中政会委员	是否北京中政会委员	是否国民政府委员	是否国民政府常务委员	国民政府内任职情况	是否参加西山会议	备注
古应芬					√				
朱培德					√				
孙科					√				
程潜					√				
宋子文					√ 9.21 选任		财政部长 9.22 特任；9.29 就任		
李宗仁					√ 9.21 选任				
黄绍竑					√ 9.21 选任				

注：1. 表1-1中所列情况时间以西山会议举行为止，即1925年11月23日。

2. 表1-1国民政府委员、常务委员、国民政府任职等栏未标明任职日期的均为1925年7月1日。

3. 表1-1中"√"表示"是"；"＊"表示未就任。

资料来源：(1) 张国焘《我的回忆》，第349页；《汪精卫致吴稚晖函》，台北，"党史馆"藏"吴稚晖档案"，档案号：稚07565。(2) 根据荣孟源主编《中国国民党历次代表大会及中央全会资料》；张朋园、沈怀玉编《国民政府职官年表第一册（1925—1949）》，台北中研院近代史研究所，1987；结合台北"党史馆"藏的有关档案、时人记述等。

表1-2 参加西山会议者的主要经历

姓名	生年	籍贯	教育背景	政治背景	备注
居正		湖北	留日	同盟会	
戴季陶		四川	留日	同盟会	
林森		福建	中国美国教会学校	同盟会	
石瑛		湖北	留欧	同盟会	

第一章 中政会之刍设（1924—1925）

续表

姓名	生年	籍贯	教育背景	政治背景	备注
邹鲁		广东	中国学堂	同盟会	
覃振		湖南	留日	同盟会	
石青阳		四川	留日	同盟会	
叶楚伧		江苏	中国学堂	同盟会	
邵元冲		浙江	中国学堂	同盟会	
沈定一		浙江	留日	同盟会	
茅祖权		江苏	留日	同盟会	
傅汝霖		黑龙江	北大		
张继		河北	留日	同盟会	
谢持		四川	中国学堂	同盟会	
吴稚晖		江苏	留日	同盟会	署名通电

资料来源：参见刘国铭《中国国民党百年人物全书》，团结出版社，2005，"各人词条"。

从表1-1.1—1-1.5中，可以看出参加西山会议者若以15名①计，其中属国民党第一届中央执监委员的为15人，在广州的中政会委员有2人（戴季陶、邵元冲），在北京的中政会委员2人（邵元冲、吴稚晖），广州国民政府委员2人（戴季陶未就职、林森），广州国民政府常务委员1人（林森），无人在广州国民政府中任要职。按中央执行委员会第一〇八次会议所通过的中政会决议："派林森、邹鲁二委员参加北上外交代表团"，② 即实在广州履行职责的国民政府委员0人和国民政府常务委员0人。考察发起西山会议诸人的主要经历（见表1-2），大多为同盟会会员、在孙中山在世时为孙所倚重的老党员，他们在汪—鲍联合控制下的广州国民政府中无甚要职，更受排挤。

自1925年12月14日始，叶楚伧即以中央执行委员会的名义在

---

① 吴稚晖虽未出席，但署名通电，应属于西山会议发起人，并且之后其在西山会议中的作用至大，故计算在内。
② 《第一百零八次会议》（1925年9月15日），《中国国民党第一届中央执行委员会会议记录汇编》，第158页。

上海办公，形成粤沪对峙之局。上海中执会于1926年3月29日举行中国国民党第二次全国代表大会，正式决议分共。

从以上情形来看，西山会议的召开缘于中国国民党内部分中央执监委员，试图重塑国民党的正统。为了实现这一目标，他们将中政会作为标靶。之所以如此，究其主要原因：一是不满鲍罗廷把持中政会；二是西山会议的合法性问题。

首先，西山会议派对鲍罗廷把持中政会极为不满，"最近则党权不在最高党部的中央执行委员会，政权不在最高政治机关的国民政府，而完全集中于政治委员会，于是俄人鲍罗廷就拿政治委员会顾问的资格，在里面肆行操纵，'顺我者生，逆我者亡'，这就是广州近来的环境"。① 早在西山会议以前，张继、林森等就曾致信汪精卫，"指为此区区俄援，使党务受人控制殊为不值"。② 邹鲁又因广东大学教育经费之事，对鲍罗廷把持中政会大为不满。

> 至于这次的调查广大，又是什么来由呢？据共产党本年报告去年一年的成绩来说，"组织完全成功，工农大半成功，学生成绩甚少"。学生成绩甚少的原因，自然不得不怪到我本身主持广大，不为共产党势力，所以共产党员的文章，竟公然说"广东大学为反革命的大本营"，又说"广东大学不革命"，有了这个前提，自然非摧残广东大学不可，非去我不可，但去我没有理由，于是第一着便想着用学校经费来困我，惟是广大自总理在大元帅任时，即已经经费独立，国民党政策，亦有教育经费独立的规定，想着用校费来困我，就不能不先取消教育的经费独立，取消教育经费独立，是一件不容易的事，于是俄人鲍罗庭乃亲自出马，向政治委员会主张"教育经费之独立，比较军队盘踞财政，为害还烈"，政治委员会乃以统一财政名义来接收

---

① 居正编《清党实录》，沈云龙主编《近代中国史料丛刊》第3编第3辑，第104页。
② 张玉法：《中国现代史》，第61页。

广大的财源,我那时便在中央执行委员会以委员的资格,提出统一财政与教育经费独立解释,结果全案通过,交政治委员会复议,乃政治委员会本鲍氏之言,第一句即说:"国民政府之成立,即教育经费独立之保障",我又在中央执行委员会,提出书面的答辩,切实驳他一番,中央执行委员会又通过,再交政治委员会,鲍氏得了这个驳复,乃乘机提出三个理由,要换我校长,"一、谓我今春在京曾请法国公使食饭,是为与帝国主义者勾结;二、刘(震寰)杨(希闵)之役,我主调停,是为与军阀勾结;三、反对此次政治委员会教育经费独立之解释,是为反对政府"。当时政治委员会,未敢照办,鲍氏就以去就争,由下午三时议至晚间十时,由政治委员会对于教育经费独立事,用书面向我严重警告,次早精卫汉民来会我,就说:"昨夜之事,因为鲍氏力争,无法出此。"同时并要求我两事:"第一、不要使中央执行委员会与政治委员会冲突;第二、我驳复政治委员会之文,不要向外发表。"我便答复他道:"第一、先要问政治委员会所议之事,最高级之中央执行委员会能否再议,我此次驳复政治委员会之文,已经中央执行委员会议决,那么这篇文章的责任已由中央委员会负了,政治委员会这个警告,不是警告我,是警告中央执行委员会,试问政治委员会,是否有这个权限?第二、须知此次鲍氏欲去我,乃共产与非共产之政治问题,不是单纯的对人问题,试问我党今日是否非共产者即去?第三、方言到教育经费独立问题,此是本党政策规定,我不必说;第四、方言到我个人问题;第五、方言到这篇驳复发表不发表。"①

对这种"不见了广州中央执行委员会,不见了国民政府,只见

---

① 居正编《清党实录》,沈云龙主编《近代中国史料丛刊》第 3 编第 3 辑,第 106—107 页。

鲍罗廷所包揽的政治委员会"①情形的批评，是西山会议借以抨击鲍、汪的主要言论。

其次，关于西山会议所主持召开的中国国民党一届四中全会的合法性问题。对于西山会议派来说，欲取消鲍罗廷在国民党内的特殊地位，他们所能依靠的，即是其第一届中央监察委员的身份，那么为了树立中央执行委员会的至高权威，必须对中政会此时所掌有的权限做抨击。于是西山会议派详述"政治委员会的缘起及其职权"，阐明"当时政治委员会的职权为辅佐总理，计划政治方针，机关本身不直接对外发号施令，且同时为中央执行委员会以内之一机关，表明不在中央执行委员会之上，亦不在中央执行委员会之外，政治委员会有议决事件，得请中央执行委员会用中央执行委员会之名义公布"。并得出四点认识："（一）政治委员会，只系辅佐总理的顾问机关；（二）政治委员会委员，只有总理可以特派；（三）政治委员会非对外独立的机关，且不能发号施令；（四）政治委员会非中央执行委员会以上的机关。"由此提出取消中政会。

> 为什么要取消政治委员会。明白了政治委员会的历史和职权后，同志们当知取消政治委员会决议之所由出了。政治委员会既系总理的顾问机关，现在总理已经逝世，该会已失其顾问的地位，政治委员会委员只有总理可以特派，现在广州新补的谭延闿等无法律上的根据，政治委员会非对外独立的机关，且不能发号施令，而现在广东政治委员会，公然滥用职权，违反总理保障教育经费独立的明令，违反本党对内政策第十三项的规定，政治委员会非中央执行委员会以上的机关，而现在广东政治委员会公然忘乎其形，公然限制本党最高权力之中央执行委员会开会地址，公然否认本党最高权力机关之中央执行委员会决议案（见邹鲁同志《告孚木文》）这种种违法行为，试问政治委员会还有存在的价值否？还有存在的可能否？再退几万

---

① 李云汉：《从容共到清党》（上），第425页。

步说，就政治委员会现实状况观察，政治委员会更有取消之必要，现在广东政治委员会，虽美其名曰政治委员会，其实不过顾问俄人鲍罗廷的御用品，鲍氏为欲使共产势力侵入广大期间，不恤破坏本党的政策，不恤破坏总理明令，不恤破坏本党最高权力机关之中央执行委员会的决议案，不恤以去就力争恐吓汪精卫、胡汉民，使他们大叹"无法出此"，不恤以"只问政见同不同，不问证据有没有"，以为拿办胡汉民、邓泽如、谢持、邹鲁等四位同志之罪状，这种种无理行为，政治委员会居然惟命是听，试问政治委员会还有存在的价值否？还有存在的可能否？

鲍氏在粤，已有 ABCD（Advisor Borodin Communistic Dictator）之雅号，而政治委员会，亦已有'超中央执行委员会'之美称了。①

鉴于此，西山会议通过了《取消政治委员会案》，案称：

政治委员会系中央执行委员会所附设一种政治上之建议机关也。总理逝世后，第三次全体会议开于广州时，决议紧急事件。该会议决后，得先用中央执行委员会名义发表，再求追认，其无资格对外与非紧急事件，不能用中央执行委员会名义明甚。乃近来政治委员会非紧急事件辄用中央名义发表，甚至关于党部之事亦擅自决议，中央执行委员会几如其收发机关。而政治上之事，自国民政府以及市政府，事无大小必须开列议事日程，经其核准，方得置议。凡此违法越权之事，实与总理设立该会之旨及第三次中央执行委员会全体会议决议案完全相背。为此决议立即取消政治委员会，此后党务之决定权操于中央执行委员会，并指导督促国民政府一切政治上之设施。庶党政得在轨

---

① 居正编《清党实录》，沈云龙主编《近代中国史料丛刊》第 3 编第 3 辑，第 36—37 页。

道上发展,民主集权制的建设始有完成之日。①

对于"党权不在最高党部的中央执行委员会而集到政治委员会。政治委员会蔑视中央执行委员会如此,干涉监察委员会行使权力如彼,国民政府的成立完全由政治委员会决议,执行委员会完全不知;嗣监察委员邓泽如提出弹劾案,政治委员会竟列名叫其将弹劾案撤回,彼政治委员会尚且目无中央执行委员会,其余平常普通之事,更任由政治委员会议决发表,交中央执行委员会存案挂号,中央执行委员会简直是中央政治委员会的收发罢了。"按照谢幼田的说法:"中国国民党第一届第四次中央执行委员全体会议是党的会议,其一切宗旨就是为了恢复国民党自身以孙文主义为基础的生命力,恢复最高权力机构中央委员会的职能,恢复中国国民党对于国民革命的当然领导。为此,就必须清除以联俄容共为名而夺取国民革命领导权力的中国共产党出国民党,就必须解雇苏俄顾问鲍罗廷的职务,就必须开除与鲍罗廷—中共狼狈为奸的汪精卫出党,就必须重建真正以三民主义为指导思想的中国国民党。"② 由此可见,"纠正政治委员会权限"③ 成为西山会议派发难鲍罗廷、汪精卫的主要凭借。

小 结

1924年7月11日,一个原本在中国国民党第一次全国代表大会通过的《中国国民党总章》上就没有相关设计的组织形式——中政会,因孙中山面对中国国民党内纷争不断、中央执行委员会决断力不强的状况,意欲加强集权、建立更为核心的决策机关而成立。因此,中政会在初设时,其在中国国民党政党体制中地位不明,与中

---

① 荣孟源主编《中国国民党历次代表大会及中央全会资料》(上),第361页。
② 谢幼田:《联俄容共与西山会议》(上),香港,集成图书公司,2001,第288页。
③ 《邵元冲日记》,第214页。

央执行委员会的关系并不明确,但因"政治委员会由中山先生直接负责",① 亦即是对《中国国民党总章》中所规定的最高权力所在——"总理"直接负责。人员的精简、"总理"孙中山的亲自主持,使中政会俨然为实际上的最高决策中心。由此,在考察中政会初设时的地位、职权时,必须将其视为含"总理"在内的决策机关。

孙中山的逝世,对于中国国民党而言,不仅是失去了领袖,而且失去了唯一的"总理"——实际上的最高权力机关,这势必会引发一场党政体制的巨大变动。在这场变动中,中政会在政党体制和政治制度中不断演变。在政党体制中,中政会明确了其与中央执行委员会的隶属关系;在政治体制中,中政会筹设国民政府作为政治执行机关。中国国民党努力实践其"以党治国"的理念,并试图建立起"党权至上"的党政体制。但在实际运作中,中政会与中央执行委员会的关系不明,致使中政会出现跃居其上的情况,表明中国国民党的政党体制并不完善;而广州国民政府成立后,从《国民政府组织法》来看,在"形式上俨成一个立法、行政、司法等权的综合体",② 按照谭延闿的说法:"举凡一切党政、省政均由政会核定,故以有以太上政府目之者。"③ 可见,中国国民党的政治体制亦不完备。在这种政党体制、政治体制均不完备的情况下,中国国民党刚建立起来的"党国"体制危机重重,政治纷争暗潮涌动。

由于中政会的特殊地位,其成为中枢权力斗争的阵地。汪精卫因主持北京中政会的良好政治经历,与军方人物交好,尤其是取得苏联顾问鲍罗廷的支持,从而成功出任新成立的广州国民政府主席之职。无形中被取消了"代帅"之职的胡汉民,试图通过改组中政会,扩大中政会权限,以中政会主席之职,与汪抗衡。这场以中政会为阵地的中枢权力之争,虽因"廖案"发生、汪精卫接替胡汉民的中政会主席之职而落下帷幕,却进一步引发了早在中国国民党第

---

① 谢振民编著《中华民国立法史》,第234页。
② 陈之迈:《中国政府》第1册,第145页。
③ 《中国国民党中央执行委员会政治会议第129次会议记录》(1928年2月22日),台北,"党史馆"藏,档案号:中央0129。

一次全国代表大会召开之前就存在的左、右派之争。中政会由于成立之初，在政党体制中地位不明，与中央执行委员会关系不确，成为西山会议派借以对苏联顾问鲍罗廷、新任中政会主席汪精卫等所把持的中国国民党中央表示不满的标靶，从而开启了中国国民党中央分裂之势。

第二章

中政会之常设及"政治会议"与"政治委员会"争议(1926—1927)

中政会在刍设时期,因《中国国民党总章》没有相关设计,致使其在中国国民党政党体制中地位不明。至中国国民党第二次全国代表大会召开,修订了《中国国民党总章》,新增条目:"中央执行委员会遇必要时,得设特种委员会(如政治委员会等)",才首次以党的根本大法的形式将中政会的地位加以确定。这标志着中政会从此成为中国国民党中央常设机关,进入一个新的发展时期。

第一节 中政会成为常设机关

一 中国国民党"二大"召开及中政会在政党体制中的演变

1926年中国国民党第二次全国代表大会在广州召开,距孙中山1924年主持召开的中国国民党第一次全国代表大会已近两年。"照党章规定原本是每年开大会一次的,为什么弄到两年才开大会一次呢?"汪精卫解释说,"这并不是党务的弛缓,实在因为时局和环境的关系"。① 的确,中国国民党第二次代表大会召开前的局势很紧张,除了诸如沙基惨案等来自外部的压力外,来自党内的压力更让中国国民党面临着分裂的危险。

西山会议在北京的召开,不仅直接对孙中山在世时守定的"联俄"、"联共"政策提出质疑,并且通过对中政会的抨击,暴露了中

---

① 《中国国民党第一、二次全国代表大会会议史料》(上),第144页。

国国民党政党体制的不完备，这对中国国民党中央的统一无疑是极大的威胁。对于一个年轻的、正与北洋政府进行殊死搏斗的革命党来说，此时唯有解决了所谓的党统问题，这个革命党才可能继续前进。因此，中国国民党第二次全国代表大会，不仅要解决主义问题、政策问题、国民党左右派问题，更要从章程、制度上完善组织系统，形成完备的政党体制。

既然西山会议派以"中央执行委员会"名义召集，那么以"中国国民党全国代表大会"来回应，将是最有力的回击。如谭延闿在中国国民党第二次全国代表大会第一次谈话会上所讲，"即将其（西山会议——引者注）所发表的三种决议而论：第一，驱逐鲍罗廷；第二，惩戒汪精卫；第三，开除一切共产党分子，故其口号为'反共产'亦很可笑。因为我觉得这几个问题是中央执行委员会不能解决的，设认此问题而重要，则提出于二次全国代表大会才可，况且他们中央执行委员的人数又不足，全体的会议不能在北京开会。这二点又违背了。我们虽然不谈法律，且在革命时也不必讲任何法律，但我们是革命的国民党党员，国民党的总章就是我们的法律，违背总章，就是违背了法律"。[①]

正如谭延闿所强调的，《中国国民党总章》是党的最高法。针对孙中山逝世，中国国民党失去实际权力机关——"总理"及中央执行委员会与中政会关系不明的情势，西山会议派一再以中政会为标靶，攻击国民党中央合法性，质疑其权威。中国国民党第二次全国代表大会做出的一个非常重要的决议，就是修订了《中国国民党总章》，此次修订主要集中在"总理"和"最高党部"两章。

对"总理"一章的修订，是于"总理"一章加附注："总理已于中华民国十四年三月十二日逝世，十五年一月第二次全国代表大会接受总理遗嘱，并努力实行之。保存此章，以为本党永久之纪

[①]《中国国民党第二次全国代表大会第一次谈话会记录》（1925年12月），《中国国民党第一、二次全国代表大会会议史料》（上），第129—130页。

第二章 中政会之常设及"政治会议"与"政治委员会"争议（1926—1927）

念。"① 看似仅为纪念孙中山附加的文字，但正如本书在第一章所述，孙中山逝世对中国国民党影响极大，其意义不仅在于国民党失去"领袖"，从政党体制来讲，中国国民党失去了法理上（总理和全国代表大会都是最高权力机关）和实际上的最高权力机关。所以，此时的《中国国民党总章》看似未有重大变动，但其实际内容已经发生了巨大变化，政党体制也发生了重大变动："总理"一章在无形中被取消，"最高党部"真正成为中国国民党最高权力机关。

对《中国国民党总章》"最高党部"一章修订的情况，详见表2-1。

表2-1　《中国国民党总章》"最高党部"修订情况一览

《中国国民党总章》（1924年1月28日通过）	《中国国民党总章》（1926年1月16日通过）
第二十五条：本党最高机关为全国代表大会，常会每年举行一次；但中央执行委员会认为必要或有省及等于省三分之一以上请求，得召集临时全国代表大会。	补充："中央执行委员会遇有不得已情形时，对于全国代表大会常会之召集，得通告展期，但不得超过一年。"
第二十六条：全国代表大会常会开会日期及重要议题，须于两个月前通告各党员。	修改："两个月"改为"三个月"。
第二十七条：全国代表大会之组织法、选举法，及各地方应派代表之人数，得由中央执行委员会规定之。	同
第二十八条：全国代表大会之职权如下：（甲）接纳及采行中央执行委员会及其他中央各部之报告。（乙）修改本党政纲及章程。（丙）决定对于时事问题应取之政策及政略。（丁）选举中央执行委员、候补执行委员与监察委员、候补监察委员。	同
第二十九条：中央执行委员及监察委员之人数，由全国代表大会决定之。	同
第三十条：中央执行委员会委员遇故离任时，由候补委员依次充任。	同

---

① 荣孟源主编《中国国民党历次代表大会及中央全会》（上），第157页。

续表

《中国国民党总章》（1924年1月28日通过）	《中国国民党总章》（1926年1月16日通过）
第三十一条：中央执行委员会之职权如下：（甲）代表本党对外关系。（乙）组织各地方党部并指挥之。（丙）委任本党中央机关报人员。（丁）组织本党之中央机关各部。（戊）支配本党党费及财政。	同
第三十二条：在政府机关、俱乐部、社会、工会、商会、市议会、县议会、省议会、国议会等内部特别组织之国民党党团，中央执行委员会得指挥之。	同
第三十三条：中央执行委员会每两星期至少开会一次，候补委员得列席会议，但只有发言权。	修改："每两星期"改为"每半年"。删："但只有发言权"。补充："执行委员有缺席时，得由到会候补委员依次照额递补，在会议中有临时表决权，余只有发言权。但候补委员有表决权者不能超过出席执行委员人数三分之一。"
第三十四条：中央执行委员会互选常务委员三人，组织秘书处，执行日常党务。	修改："互选常务委员三人，组织秘书处，执行日常党务"改为"互选常务委员九人，组织常务委员会，在中央执行委员会全体会议闭会期间执行职务，对中央执行委员会负其责任"。
	新增条目："第三十五条：中央执行委员会遇必要时，得设特种委员会（如政治委员会等）。"
	新增条目："第三十六条：全国代表大会、中央执行委员会全体会议及常务委员会，均须于本党政府所在地举行之。"
第三十五条：全国代表大会闭会期间，中央执行委员会应召集各省执行委员会及其他直辖党部之代表，开全国会议一次。	删减。
第三十六条：中央执行委员会须将其活动经过情形，通告各省执行委员会及其他直辖党部，每月一次。	与原"第三十六条"同，现为"第三十七条"。
第三十七条：中央执行委员会得派遣中央执行委员于指定地点组织执行部，其组织及职权由中央执行委员会另定之。	修改："派遣中央执行委员于指定地点组织执行部，其组织及职权由中央执行委员会另定之"为"派中央执行委员、候补中央执行委员，分赴各地指导党部执行党务"，变更为第三十八条。

第二章 | 中政会之常设及"政治会议"与"政治委员会"争议（1926—1927）

续表

《中国国民党总章》（1924年1月28日通过）	《中国国民党总章》（1926年1月16日通过）
第三十八条：中央监察委员会之职权如下：（甲）稽核中央执行委员会财政之出入。（乙）审查党务之进行情形及部员之勤惰；训令下级党部审核财政与党务。（丙）稽核在党中央、政府任职之党员其施政之方针及政绩是否依据本党政纲及本党制定之政策。	与原"第三十八条"同，现为"第三十九条"。
	新增条目："第四十条：中央监察委员会互选常务委员五人，在中央执行委员会所在地执行职务，每半年至少开全体会议一次。候补监察委员得列席会议。监察委员有缺席时，得由到会候补监察委员依次照额递补，在会议中有临时表决权，余只有发言权。但候补委员有表决权者，不能超过出席监察委员人数三分之一。中央监察委员会得派中央监察委员、候补监察委员分赴各地执行职务。"

资料来源：荣孟源主编《中国国民党历次代表大会及中央全会》（上），第22—34、154—167页。

从表2-1中可以看出中国国民党"二大"对《中国国民党总章》的修订，新增条目3条，删减条目1条，对5条做出修改或补充。在这次修订中，除了对全国代表大会展期问题做了补充，对候补执委、监委等权利做了规定外，新增条目尤需注意。

第一，新增条目："第三十五条：中央执行委员会遇必要时，得设特种委员会（如政治委员会等）。"中政会虽在孙中山时期便已成立，并在孙中山逝世后承担起政治职责，但这是首次以中国国民党根本大法的形式将中政会的地位加以确定，标志着中政会从此成为中国国民党中央常设机关。在新增此条目讨论时，委员们集中对其在《中国国民党总章》中的位置进行讨论。讨论情形大致如下。

　　主席谭平山：现在应讨论卅八条下半段××应另列一条，应放在何处？

詹大悲同志：本席以为就放在卅八条之后亦无不可。

方维夏同志：本席以为应放在卅四条之后。

杨匏安同志：本席以为可以放在卅一条中，作为其中之一项。

高语罕同志：本席以为我们要放在什么地方先要看清楚这一条的目的是什么，是不是中央设特种委员［会］呢，还是各地遇有必要时才设特种委员会呢？所以出入之间关系很大。但现在的目的是在对中央而言，所以应放在卅四条之后。

主席：现在将放在卅四条之后付表决。（大多数，通过。）①

从以上讨论中，不难发现，中政会是作为中国国民党中央特设委员会加入党章的，此意义远大于指导地方的意义。

随后在二届一中全会上，通过了中政会第一个组织条例——《中央执行委员会政治委员会组织条例案》，该条例首次将中政会的权限、组织方式等确定下来。内容如下：

一、政治委员会为中央执行委员会特设之政治指导机关，对于中央执行委员会负其责任；

二、政治委员由中央执行委员会推定之；

三、政治委员会认为必要时，得推任同志在某地方组织分会，其权限由政治委员会定之；

四、政治委员会设委员若干人、候补委员若干人。政治委员有缺席时，由出席之候补委员依次递补，有临时表决权，余只有发言权；

五、中央执行委员会得聘任政治执行委员会顾问，在政治委员会只有发言权；

六、政治委员会由委员互选一人为主席；

---

① 《中国国民党第二次全国代表大会会议记录》（1926年1月15日），《中国国民党第一、二次全国代表大会会议史料》（上），第334页。

第二章 中政会之常设及"政治会议"与"政治委员会"争议（1926—1927）

七、政治委员会设秘书主任一人，秘书、办事员、书记若干人，由主席任命并指挥之。①

在前文探讨中曾指出西山会议派以中政会为标靶，企图另立中央，指出："（一）政治委员会，只系辅佐总理的顾问机关；（二）政治委员会委员，只有总理可以特派；（三）政治委员会非对外独立的机关，且不能发号施令；（四）政治委员会非中央执行委员会以上的机关。"②《中国国民党总章》的修订及《中央执行委员会政治委员会组织条例案》的通过，就以党的根本大法的形式将西山会议派所提的四点内容无形取消。

细梳《中央执行委员会政治委员会组织条例案》，有几点需要注意。

首先，中政会的性质为直属中央执行委员会的特设的政治指导机关，这与中政会刍设时期，与中央执行委员会关系不明情况大为不同。虽然在前文中，已经议及中政会曾于1925年6月14日通过两项议决案，明确其与中央执行委员会的隶属关系，但是从决议的性质来看，属中政会对自身性质的规定，从某种意义上讲，其法理地位仍受质疑。其次，中政会委员的任命，由中央执行委员会推定，改变刍设时期中政会委员为总理指定的情形。再次，中政会实行主席制，由委员互选。最后，中政会可组织地方分会，并规定其权限。除此之外，《中央执行委员会政治委员会组织条例案》中规定："中央执行委员会得聘任政治执行委员会顾问，在政治委员会只有发言权"，此条也应引起注意。这里所提的"政治执行委员会顾问"是

---

① 《中央执行委员会政治委员会组织条例案》，台北，"党史馆"藏"五部档案"，档案号：部1526。该条例案在荣孟源主编的《中国国民党历次代表大会及中央全会资料》（上）中共记有6条（缺第六条：政治委员会由委员互选一人为主席。第225—226页），1926年2月1日的上海《时报》中记有7条，但实际内容漏序号五（第五条为：中央执行委员会得聘任政治委员会顾问，在政治委员会只有发言权），实为6条。

② 居正编《清党实录》，沈云龙主编《近代中国史料丛刊》第3编第3辑，第36页。

指鲍罗廷。鲍罗廷在西山会议派反对声中,受指摘最多。如"最近则党权不在最高党部的中央执行委员会,政权不在最高政治机关的国民政府,而完全集中于政治委员会,于是俄人鲍罗廷就拿政治委员会顾问的资格,在里面肆行操纵,'顺我者生,逆我者亡',这就是广州近来的环境"。① 西山会议派主张遣回鲍罗廷。汪精卫在中国国民党"二大"开幕词中曾对此做出回应。

> 政治委员会是总理决定的,鲍顾问先生在里面真是尽职,总理在不在都是如此。鲍先生没有一次不为我们详细计划,不过表决时候他必完全处顾问地位,没有表决权的。现在西山会议攻击鲍罗廷先生,说鲍先生操纵政治委员会。但政治委员会是各机关都有人在内的,有什么事情大家都在政治委员会内充分讨论,讨论之后,或交中央执行委员会去执行,或交国民政府执行。政治委员会只是一建议机关,还不是执行机关,如果责备,实不必责备政治委员会,不如责备政府全体。鲍先生完全处于一个顾问地位,更无理由攻击到他。他们攻击鲍先生,不是侮蔑鲍先生,实在侮蔑政治委员会全体。至于苏俄帮助中国,蒋中正同志有一次演说过:"苏俄帮助我们,不止是物质帮助,并且是智识的帮助。最大的帮助是要我们纪律严重[明],使同志有纪律行动,这才是最大的帮助。他常常说,你们要组织团体,必要先有纪律,没有纪律,团体便没有用。各种帮助中,最后是这一种。"总之,鲍罗廷先生帮助我们,不论总理在不在,都是一种热诚,真是能尽政治委员会高等顾问的职。这一层兄等可以代表政治委员会向大会报告的。②

此次明确将"聘任顾问"一条加入《组织条例案》中,是对鲍

---

① 居正编《清党实录》,沈云龙主编《近代中国史料丛刊》第 3 编第 3 辑,第 104 页。
② 《中国国民党第一、二次全国代表大会会议史料》(上),第 195 页。

第二章 | 中政会之常设及"政治会议"与"政治委员会"争议（1926—1927）

罗廷顾问地位的肯定。虽然《组织条例案》中，称其只有发言权，但实际情形正如西山会议派所指摘的，沈亦云在《亦云回忆》中讲道："那时应酬场中，最时髦而显得重要是提起鲍先生、鲍夫人；鲍先生就是苏联顾问鲍罗廷。据闻政治会议最后的决定由他，他并不出席会议，开会要决议时，主席起来打电话给他，然后定议。"① 可见鲍罗廷在中政会地位之隆。

第二，新增条目："第三十六条：全国代表大会、中央执行委员会全体会议及常务委员会，均须于本党政府所在地举行之。"此条目直接指向西山会议的合法性问题。

西山会议召开以前，邹鲁、谢持、张继、石瑛、茅祖权、傅汝霖等曾联名致函时在广州的汪精卫、谭延闿等人，"力陈分共之必要，约其一致行动，但未见采纳"，② 林森等于11月16日发出召集西山会议之铣电，寄至广州后，中政会于11月20日召开，经过讨论决议："以中央执行委员会名义复电，根据以前历次议决案，除广州外，不能开中央执行委员会全体会议。"③ 对此，西山会议派反驳："是的，中央执行委员会全体会议的决议是无论何人都不得违反的，咱们所争的，正是一个全体党员对于中央执行委员会第三次全体会议最高决议的服从。但是中央执行委员会第三次全体会议并没有第二届全国代表大会及第四次中央执行委员会全体会议必须在广州开会这样一个决议。这一点，咱们还有成案可查，决不容谁增减的。今汪等感电硬说中央执行委员会第三次全体会议议决了中央执行委员会第四次会议必须在广州开会，这一个没有法理依据的话，不是凭空虚造出来的是什么？"④

经查中央执行委员会第三次全体会议原始记录，该会仅于5月

---

① 沈亦云：《亦云回忆》（上），台北，传记文学出版社，出版时间不详，第258页。
② 李云汉：《从容共到清党》（上），第426页。
③ 《政治委员会第八十四次会议议事录》，台北，"党史馆"藏"会议记录"，档案号：会00.1/29。
④ 《纠正汪精卫等感电之谬误》，《民国日报》（上海）1925年12月3日。

21日决议"第二次全国代表大会地点定在广州,时间是八月十五日",① 并未规定第四次全体会议也一定要在广州举行。汪精卫等感电所称"中央执行委员会全体会议须在广州举行",根据的是中政会第三十九次会议的决议。在中政会给中执会转达上项决议的公函中,的确明白记载系根据"本会第三十九次会议议决",② 而未提及第三次全体会议。而西山会议派亦坚称:"一般共产党员当中央执行委员会第四次全体会议未开会前,拿了政治委员会限制开会地址的决议,到处宣传,俨然中央执行委员会第四次全体会议开会的地址,非听命于政治委员会的命令不可,及至闭会,决定取消政治委员会后,一般共产党人又拿了'居然想解散广州屡次主持打倒反革命势力的政治委员会'的标语煽动同志们的听闻,俨然凡是注意到中央执行委员会第四次全体会议的,便是所谓的'捣乱',所谓的'反动'","现在中央执行委员全体会议在北京开幕,他的决议中,有取销共产派党籍、解除鲍罗廷顾问职等决议案,试问这种行为,在鲍氏及共产派把持下的广州,能不能充分实行,既然不能,试问为什么要反对他们在北京集会?"③ 按李云汉的分析:"在体制上,政治委员会是中央执行委员会之内的一个组织,居于下层地位而向中央执行委员会负责,其决议自不能约束中央执行委员会。汪等感电以政治委员会之议决托名为中央执行委员会第三次全体会议之议决,自是欠当。故纯就法理而言,西山会议之以第四次全体会议名义召集于北京,并未构成对于中央执行委员会第三次全体会议之决议案之违反。"④

可见,开会地址问题,是西山会议合法性的一个争论焦点。此次《中国国民党总章》的修订,对全国代表大会、中央执行委员会全体会议及常务委员会的开会地址有明确规定,在"本党政府所在

---

① 李云汉:《从容共到清党》(上),第431页。
② 《中国国民党第一届中央执行委员会会议记录汇编》,第174页。
③ 居正编《清党实录》,沈云龙主编《近代中国史料丛刊》第3编第3辑,第36—37页。
④ 李云汉:《从容共到清党》(上),第431页。

第二章 | 中政会之常设及"政治会议"与"政治委员会"争议（1926—1927）

地举行"，从某种意义上，有欲止争论的含义。但这种以后来条例来论证先发事件的补救性行为，到底会起到多大效用呢？

第三，新增条目："第四十条：中央监察委员会互选常务委员五人，在中央执行委员会所在地执行职务，每半年至少开全体会议一次。候补监察委员得列席会议。监察委员有缺席时，得由到会候补监察委员依次照额递补，在会议中有临时表决权，余只有发言权。但候补委员有表决权者，不能超过出席监察委员人数三分之一。中央监察委员会得派中央监察委员、候补监察委员分赴各地执行职务。"此条目的新增，从本质上看，对中国国民党第一次全国代表大会通过的《中国国民党总章》第三十三条、第三十四条和第三十七条的修改产生了连带变动。我们将修订的《中国国民党总章》的对应条文进行梳理："中央执行委员会互选常务委员九人，组织常务委员会，在中央执行委员会全体会议闭会期间执行职务，对中央执行委员会负其责任"，"中央执行委员会全体会议，每半年至少开会一次，候补委员得列席会议。执行委员有缺席时，得由到会候补委员依次照额递补，在会议中有临时表决权，余只有发言权。但候补委员有表决权者不能超过出席执行委员人数三分之一"，"中央执行委员会得派中央执行委员、候补中央执行委员，分赴各地指导党部执行党务"。① 由此可见，新增条目中对中央监察委员会的规定，是因中央执行委员会的规定变动而相应做出的修订。

需要注意的是，在此次《中国国民党总章》修订中，建立了在中央执行委员会全体会议闭会期间的常设机关——常务委员会（以下简称"中常会"）。也正因如此，中政会与国民党中央党部的关系多体现在中政会与中常会的关系之中。

二　中政会与中常会关系

因中政会与中常会在中国国民党政党体制中的特殊地位，对于

---

① 《中国国民党总章》（1926年1月16日第二次全国代表大会修正），荣孟源主编《中国国民党历次代表大会及中央全会》（上），第157页。

二者关系,学界已有一定的讨论。但必须注意的是,中政会与中常会在不同的历史发展时期,关系变动不居。本小节主要讨论的是中政会与中常会成为常设机关之初的关系。随着北伐的进展,二者关系又有变化,这个问题将在下一节"政治会议"与"政治委员会"争议中有所体现。

已有研究对此时期中政会与中常会关系的认识,主要观点有:(1)中政会与中常会齐头并进论,如认为在中国国民党"二大"至1926年7月6日中国国民党第二届中央执行委员会临时会议召开前,"中政会权限增大以后,其地位实际上已跟国民党中常会不相上下。这样,在国民党的领导体制中,出现了两个最高决策机关"。① (2)中政会地位不显要论,如认为《中央执行委员会政治委员会议组织条例案》"使'中政会'由临时设置变为中央执委会下属的常设机构。但此时的'中政会'内部组织机构还比较简单,权限不很明确,地位并不显要,其成员没什么特殊权力"。② (3)中政会与中常会分掌职权论。"中常会在中央执行委员会全体会议闭会期间,代行中执会的职权。既如此,中政会亦应对中常会负责。但实际运作时,中常会主管党务,中政会主管政治。两会似各独立,不相上下"。③ "在中常会正式成立之前,中政会地位显赫,兼管党政事务,对中央执行委员会及总理负责。中常会成立之后,中政会的职权及地位厘定。中常会主管国民党党务,而中政会则是政治指导机关。"④

面对已有研究对此时中政会与中常会关系阐述的不同,我们应该如何廓清呢?为了准确把握中政会与中常会的关系,我们仍需遵循从制度文本的分析到实际运作的考察之路径,对此问题进行客观

---

① 彭厚文:《国民党中央政治委员会的演变述略》,《湖北大学学报(哲学社会科学版)》1993年第4期。
② 关志钢:《国民党"中政会"述评》,《深圳大学学报(人文社会科学版)》1995年第1期。
③ 王奇生:《中政会与国民党最高权力的轮替(1924—1927)》,《历史研究》2008年第3期。
④ 党彦虹:《中国国民党中常会与中政会关系发展演变述论:1924—1928》,《社科纵横》2012年第2期。

第二章 | 中政会之常设及"政治会议"与"政治委员会"争议（1926—1927）

的解答。

中国国民党二届一中全会根据"二大"对《中国国民党总章》的修订，规定："中央执行委员会互选常务委员九人，组织常务委员会，在中央执行委员会全体会议闭会期间执行职务，对中央执行委员会负其责任"，① 选举成立了中央执行委员会常务委员会，即"中常会"。这与中国国民党"一大"通过的《中国国民党总章》所规定的"中央执行委员会互选常务委员三人，组织秘书处，执行日常党务"② 有较大差异。中国国民党中央执行委员会常务委员、各部部长及监察委员于1926年2月5日召开的联席会议上，针对加铸中常会印信问题，进行讨论："第一届中央执行委员会由常务委员组织秘书处，故只有中央执行委员会秘书处印信，但第二次全国代表大会修正总章后，规定由中央执行委员会选举九人为常务委员组织常务委员会，而秘书处系由常务委员会推定之秘书三人组织者，似宜另铸常务委员会印信。"③ 也即中常会至此成为一常设机关，希冀"此后凡百事务，当必以多人负责之故，而进行敏捷"。④

仅从制度文本来看，按照《中国国民党总章》中相关规定，及《中央执行委员会政治委员会组织条例案》来看，中政会与中常会并不存在直接从属关系，但就中常会在中央执行委员会闭会期间执行其职务，而中政会对中央执行委员会负责来看，在中央执行委员会闭会期间，中政会应对中常会负责。但制度文本往往与实际运作存在巨大的差异。中政会与中常会的关系如何，还应在实际运作中进行考察。

首先，中政会与中常会人员构成情况。

1926年1月22日，中国国民党二届一中全会召开，汪精卫、谭延闿、谭平山、蒋介石、林祖涵、胡汉民、陈公博、甘乃光、杨匏

---

① 荣孟源主编《中国国民党历次代表大会及中央全会资料》（上），第158—159页。
② 荣孟源主编《中国国民党历次代表大会及中央全会资料》（上），第26页。
③ 《中国国民党第一、二次全国代表大会会议史料》（上），第470页。
④ 《吴玉章在国民党中央党部举行纪念周的报告》（1926年1月25日），荣孟源主编《中国国民党历次代表大会及中央全会资料》（上），第215页。

安9人被选举为中央常务委员,① 次日,推选汪精卫、谭延闿、胡汉民、蒋介石、伍朝枢、孙科、谭平山、朱培德、宋子文9人为政治委员会委员。②

从名单上来看,上述9人中即有汪精卫、谭延闿、谭平山、蒋介石、胡汉民5人身兼中政会和中常会委员,人员高度重叠。由于人员的重叠,在实际运作中,中政会和中常会很容易发生职权混淆、职责不清等现象。而这种现象在长时期里,成为中政会和中常会关系的普遍现象。如1927年4月5日,中政会开第九次会议,收到军事委员会向中央执行委员会递送的一个呈文,会议主席谭延闿问是否要在中央执行委员会讨论,孙科回答说:"中央执行委员会还不是这几个人,大家同意就可发表。"③ 再如,在1927年4月13日中政会第十二次会议上,吴玉章提出要让四川代表报告万县惨案的情况,主席谭平山说:"这一类的事,是在常务委员会报告的。"吴玉章说:"政治委员会跟常务委员会差不多的。"④

其次,从中政会和中常会自身制度来看。

从《中国国民党总章》来看,中常会采取的是委员制,中政会采取的是主席制。这两种制度的不同对中常会和中政会在实际运作中的效能有极大的影响。

---

① 《中国国民党第二届中央执行委员会第一次全体会议记录》,转引自《中华民国史事纪要(初稿)——中华民国15年(1926)1—12月份》,第101页。

② 《中国国民党第二届中央执行委员会第一次全体会议记录》,转引自《中华民国史事纪要(初稿)——中华民国15年(1926)1—12月份》,第103页。这里需要注意的是,在《中国国民党第一、二次全国代表大会会议史料》(上)中刊有《中国国民党第二届中执会等组织人员名单》(1926年1月),记有中央执行委员会政治委员会名单及主席团名单。中央执行委员会政治委员会委员:宋子文、宋庆龄、陈友仁、邓演达、王法勤、林祖涵;中央执行委员会政治委员会主席团:汪精卫、谭延闿、孙科、顾孟余、徐谦、谭平山、宋子文。从二届一中全会通过的《中央执行委员会政治委员会组织条例案》规定中政会实行主席制来看,这则材料明显有误,应为二届三中全会对中政会组织条例做修改后于1927年3月11日改选的名单。

③ 《中国国民党第一、二次全国代表大会会议史料》(下),第1025页。

④ 《中国国民党第一、二次全国代表大会会议史料》(下),第1051页。

第二章 中政会之常设及"政治会议"与"政治委员会"争议(1926—1927)

中国国民党在1924年改组以前,一直采用党首制。至"一大"召开前起草党章时,鲍罗廷建议仿照俄共(布)体制实行委员制,得到孙中山首肯。① 用孙中山的话讲:"由总理制改为委员制……是本总理把个人负担革命的重大责任,分之众人,希望大家起来奋斗。"② 孙中山在世时,由于《中国国民党总章》中所列"总理"一章,"总理"位居全党"最高机关"之上,从而中国国民党此时所采用的是党首制和委员制的结合。但孙中山去世后,委员制的原则成为嗣后成立的广州国民政府的政制原则。同样,对于中国国民党党内机关,此原则亦须遵循。所以在修订《中国国民党总章》时,中常会采用委员制。

与此同时,《中央执行委员会政治委员会组织条例案》明确规定:"政治委员会由委员互选一人为主席。"即中政会采用主席制。中政会自1924年7月成立以来,一直为主席制,孙中山在世时自兼主席,至孙中山北上时,广州中政会由胡汉民代理,而在北京的中政会由汪精卫负责。孙中山逝世后,汪精卫等人回到广州,北京中政会被无形取消,中政会仍赓续广州中政会,初由胡汉民任主席,至"廖案"发生,胡汉民出国考察,汪精卫成为中政会主席。在此期间汪精卫兼任广州国民政府主席、军事委员会主席等职,成为当时中国国民党党内重要的掌权者。所以此时中政会沿袭主席制是顺理成章的。

暂不论委员制和主席制孰优孰劣,在人员高度重叠的情况下,显然由汪精卫任主席的中政会在职能运用上,会更有效、有力。在详查南京中国第二历史档案馆所藏广州和武汉国民政府此时期的卷宗时,发现中国国民党"二大"前后所藏国民政府档案,其卷宗封面多注有"此案经政治委员会议决,先发补签"、"速"等字样。③

---

① 在1923年10月25日中国国民党改组特别会议上,廖仲恺说明采委员制是"出于中山先生之意"。吕芳上:《革命之再起——中国国民党改组前对新思潮的回应》,台北,中研院近代史研究所,1989,第528页。
② 《关于列宁逝世的演说》(1924年1月25日),《孙中山全集》第9卷,中华书局,1986,第137页。
③ 《广州和武汉国民政府》,中国第二历史档案馆藏,档案号:全宗号19,缩微号16J0010。

同时，汪精卫亦有明示："政治委员会已经议决，凡政治委员会已经议决之件，等于常务委员会议决之件，即行发稿可也，何必如此展转函达，耽误时机，屡经戒饬，仍不注意，可怪已极。"①

由上观之，在实际运作中，中政会与中常会职权混淆不清，中政会在职能运用上，更有效、有力，并有议决之项先发表后经中常会"补签"等情形。甚至，中政会的人员任命等也并非像条例规定的，由中常会议决，而是自己议决后，交由中常会备案。如中常会就收到中政会送来的人员任命决议，"政治会议函称，已经一百二十四次会议决议推于右任、易培基两同志为政治会议委员，请备案"。②"政治会议函称本会议现议决推杨树庄为政治会议委员，请备案。"③"中央政治会议函称本会议一百廿九次会议议决推举黄郛为政治会议委员，请查照备案。"④ 中常会对此也只能决议"备案"而已。

第二节 "政治会议"与"政治委员会"争议

1926年，随着中国国民党北伐战事不断推进，中国国民党内潜在的分裂因子再次爆发，进一步演变为宁汉对立局面。在这个过程中，中政会始终成为斗争的焦点，成为斗争中各方用以标榜法统地位的重要依据。中政会几度归并裁撤，均为政争之体现。

一 改组"政治会议"

中国国民党于1926年7月4日召开中央执行委员会临时全体会议，会上议决"政治委员会应于中央与常务委员同开一政治会议，

---

① 《广州和武汉国民政府》，中国第二历史档案馆藏，档案号全宗号19，缩微号16J0010。
② 中国第二历史档案馆编《中国国民党中央执行委员会常务委员会会议录》第3册，广西师范大学出版社，2000，第279页。
③ 《中国国民党中央执行委员会常务委员会会议录》第3册，第300页。
④ 《中国国民党中央执行委员会常务委员会会议录》第3册，第337页。

第二章 | 中政会之常设及"政治会议"与"政治委员会"争议（1926—1927）

以代政治委员之会议"，① 此即"政治会议"的由来。对于"政治会议"的权限，目前研究有不同的认识。有学者提出，"中政会改组，'其意义在将中央常务委员会与政治委员会合并为一'，以统一最高领导"；② 亦有学者认为，"两会并非完全合并为一，中常会仍然独立存在。而中政会改组为政治会议后，意味着中央常务委员可参加政治会议，而一般的政治委员却不能参加常务委员会议。而且人数增多以后，政治决策的机密性与运作的灵敏性均将受到影响"。③ 对于"政治会议"的权限认识，单从条文规定并不能很好地阐释，需要对当时的背景做一梳理。

蒋介石在中国国民党"二大"首次当选为中委，在二届一中全会上，又当选为中常会委员、中政会委员，并兼任军事委员会委员和国民革命军总监等职，在党内地位日益崇隆。

1926年3月20日发生在广州的"中山舰事件"，虽属偶然事件，④ 但对于蒋介石来说，是其政治生涯中的关键事件。22日在汪精卫寓所召开中政会临时特别会议，讨论应付中山舰事件发生后的情势，出席该会的政治委员有汪精卫、谭延闿、蒋介石、伍朝枢、朱培德、宋子文、陈公博、甘乃光、林祖涵等9人，俄顾问萨洛威亚夫及李济深、张春木、卜世畸列席，汪精卫为主席。会上，汪认为军事当局非奉党的政治领袖命令不得擅自行动，对蒋事先未征求其意见就采取措施感到不满。但中政会经过讨论后，做出决议："（一）本党应与苏俄同志继续合作，并增加亲密关系；（二）工作上意见不同之苏俄同志暂行离去，另聘其他顾问。"同时做出"决议

---

① 《政治总报告》（1929年3月15日），上海市档案馆藏，档案号：D4-0-331。
② 彭厚文：《国民党中央政治委员会的演变述略》，《湖北大学学报（哲学社会科学版）》1993年第4期。
③ 王奇生：《中政会与国民党最高权力的轮替（1924—1927）》，《历史研究》2008年第3期。
④ 关于"中山舰"事件的原因，学界已有较成熟的研究，尤以杨天石《中山舰事件之谜》（《历史研究》1988年第2期）、杨奎松《走向"三二〇"之路》（《历史研究》2002年第6期）为代表。

汪主席患病应予暂时休假"。"决议李之龙受特种嫌疑，应即查办。"① 随后汪负气出走，蒋一跃成为国民党的"革命重心"。②

在中山舰事件中，蒋介石深刻地感受到了苏联顾问在中国国民党内权力过大的压力。在达成消除汪精卫和季山嘉计划的同时，蒋介石开始重新审视中国国民党与苏联、中共之间的关系。蒋有感于"国民党内部的种种麻烦与冲突正是由于共产党人跨党引起的，国民党二大之后，共产党人又几乎掌控了国民党的所有中央机关,③ 若只限制苏联顾问，并抑制汪精卫，而不能解决共产党人权力过大的问题，不仅国民党仍然大权旁落，其个人的前途和命运也无从把握"，④ 遂决心严厉处置共产党，"断此亡党之毒腕，以慰总理之灵"。⑤

4月3日，蒋介石提交了建议书，要求整军肃党，其内容大致如下："（甲）共产党在本党内应注意之点：（一）不得诬蔑总理之人格。（二）尽忠于三民主义之工作。（三）共产党在国民党内一切秘密团体及一切秘密行动完全取消，如犯此条者，轻则开出党籍，重则另予制裁。（四）共产党对其党员一切之训令及其策略，应通知国民党最高干部。（五）在国民党之共产党员，其名册应通知国民党最

---

① 《中央政治委员会第101至163次会议记录》，台北，"党史馆"藏，档案号：会00.1/30。
② 《蒋介石日记》，1926年5月17日。
③ 国民党"二大"选出的中央执委会的共产党员为7人，二届一中全会选举的9名常务委员中，共产党员有谭平山、吴玉章、杨匏安3人。在新选的中央党部中，共产党员担任了大部分的主要领导职务，如谭平山为组织部长，林祖涵为农民部长，毛泽东代理宣传部长，杨匏安、澎湃和罗绮园、沈雁冰、冯菊坡、黄日葵、许甦魂、邓颖超分别为组织、农民、宣传、工人、青年、海外、妇女各部秘书。因此，蔡和森在《中国共产党史的发展（提纲）——中国共产党的发展及其使命》中写道："一九二六年国民党第二次大会的成功，就是工人阶级与城市小资产阶级和农民联合战线的表现，因为这次大会更加确定了国民党与共产党的关系，这就是工人阶级与小资产阶级联合战线反帝国主义的关系。"中央档案馆编《中共党史报告选编》，中共中央党校出版社，1982，第73页。
④ 杨奎松：《国民党的"联共"与"反共"》，2008，第135页。
⑤ 《张人杰致汪兆铭陈璧君促早日归国函》（1927年3月10日），罗家伦主编《革命文献》第16辑，台北，"中央文物供应社"，1957，总第2796页。

第二章 | 中政会之常设及"政治会议"与"政治委员会"争议（1926—1927）

高干部。（六）国民党与共产党应设联席会议，处置一切困难问题。（七）共产党员在中央执行委员会内之人数，不得过三分之一；除指明委员为共产党员外，如有跨党不报之委员，应另定条例，处以严刑。（八）中央党部组织、宣传二部长，其入党年限须在五年以上。（乙）苏俄顾问之权限：（一）使共产党员在国民党内之工作不分界限，注重于精神上之团结。（二）不宜把持要职，与希图集中权力于顾问之举。（三）使我中国革命有自动的能力，不限于被动的地位为宗旨。（四）辞去行政官职权，以顾问之资格，辅助中国革命之成功。（五）对于国民党及革命军条例如有贡献，应以中国革命全体利益为立足点。"①国共关系由此发生急剧逆转。

4月6日，中国国民党中常会召开第十八次会议，谭延闿、林祖涵、甘乃光、杨匏安、陈公博出席，并有褚民谊、陈其瑗、彭泽民、毛泽东、高语罕、许甦魂、周启刚等列席。是会上，蒋介石提出："近来国内政治现状瞬息变化，本党对于时局问题亟应确定方针以资应付，虽中央本有政治委员会之设立，然兹事重大，不仅为单纯之应付问题。况自前次中山舰事件发生后，外间因误会而发生种种谣言，故对内对外均应有召集全体中央执行委员会之必要。且查本党第二次全国代表大会修正之总章规定，中央全体执行委员会至少每半年须召集一次，现距大会闭幕已将四月，照章应从速预备召集第二次全体会。"经过讨论，会议决议："会期定五月十五日至同月二十五日，通知各委员务于五月十五日以前赶到广州。"② 5月15日，二届二中全会如期召开，会期8天，出席的中执委有蒋介石、谭平山、程潜、伍朝枢、陈公博、谭延闿、李宗仁、朱培德、李济深、林祖涵、于树德、陈友仁、杨匏安、何香凝、朱季恂、陈果夫、甘乃光、邓泽如、江浩、谢晋、恽代英、李福林等。大会通过了旨在限制共产党的《整理党务案》。该会上，蒋介石提出的《国民党与

---

① 毛思诚编纂《民国十五年以前之蒋介石先生》，台北，"中央文物供应社"，1971，第701—706页。
② 《中国国民党第一、二次全国代表大会会议史料》（上），第520页。

共产党协定事项案》①于 5 月 17 日通过。该案基本因承其 4 月 3 日的建议书，但值得注意的是该案的第二项："共产党应将国民党内之共产党党员全部名册，交国民党中央执行委员会主席保管。"②前文已述，中国国民党在孙中山逝世后采用委员制，中央执行委员会亦不例外，由上可知，此时中执会已改为主席制，那么主席是谁？

蒋介石在日记中清楚地记载 5 月 18 日 "在党部开会通过中央执行委员会选举主席案"。③该案亦系由蒋介石亲提，与谭延闿、谭平山、伍朝枢、程潜、经亨颐、甘乃光、陈公博等人联署，19 日会议通过审查："一、中央执行委员会因革命进行之需要，暂设本会常务委员会主席一人。二、常务委员会主席由中央执行委员会全体会议于本会委员及监察委员中选任之。三、常务委员会主席职权如下：1. 常务委员会开会时其为主席。2. 依照整理党务第二决议第二条之规定，将加入本党之他党党员名册妥为保存。3. 督促常务委员会及中央机关各部长之进行。四、常务委员会主席之设置应否继续，由第二届中央执行委员会全体会议下次开会时决定之。"④并选举张静江为中常会主席，从而中国国民党最高党部中执会由委员制改为主席制。为什么是张静江当选中常会主席？关于这一点，中执委陈公

---

① 主要内容："一、共产党应训令其党员、改善对于国民党之言论态度，尤其对于总理之三民主义，不许加以怀疑或批评。二、共产党应将国民党内之共产党党员全部名册，交国民党中央执行委员会主席保管。三、中央党部部长须不跨党者方得充任。四、凡属于国民党籍者，不许在党的许可以外，有任何以国民党名义召集党务集会。五、凡属于国民党籍者，非得有最高党部之命令，不得别有组织及行动。六、中国国民党及第三国际，对于国民党共产分子，所发一切训令及策略，应先交联席会议通过。七、国民党员未受准许脱以前，不得入其他党籍，如既脱党籍而入共产党，以后不得再入国民党。八、党员违反以上各项时，应立即取销其党籍，或依其所犯之程度，加以惩罚。"《中国国民党第二届中央执行委员会第二次全体会议记录》，《中华民国史事纪要（初稿）——中华民国 15 年（1926）1—12 月份》，第 407 页。

② 《中国国民党第二届中央执行委员会第二次全体会议记录》，《中华民国史事纪要（初稿）——中华民国 15 年（1926）1—12 月份》，第 407 页。

③ 《蒋介石日记》，1926 年 5 月 18 日。

④ 《中国国民党第二届中央执行委员会第二次全体会议记录》，《中华民国史事纪要（初稿）——中华民国 15 年（1926）1—12 月份》，第 413 页。

第二章 | 中政会之常设及"政治会议"与"政治委员会"争议（1926—1927）

博曾回忆鲍罗廷找他谈话的经过。

> 我到鲍公馆，在座只有他的翻译张春木一人。张春木的名字唤做张太雷，是一个共产党中央的执委而兼负广州责任的。我和鲍罗庭谈话，本来用不着翻译，今天他特别在座，我知道或者有什么事而需要他帮腔。
>
> "汪先生走了，国民党中央执委已失重心，陈先生以为是不是应当在执行委员会内设一个主席？"鲍罗庭拿着小调羹正搅茶内的糖块，那时正在下午，我们是在用下午茶的时候。
>
> "汪先生也会归来的，而且执行委员会设一个主席，总章无此规定。如果要设主席，根本非修改总章不行，难道刚开第二次代表大会半年多，我们又开第三次代表大会，或临时代表大会吗？"我很质直提出了我的疑问。
>
> "这个主席是临时的，章程可以待汪先生归来再修改。你知在革命期间，我们只有看革命的需要与不需要，而不应守着呆板的总章。"鲍罗庭竟以革命的需要压迫我。
>
> "好，就算是革命的需要，但谁来当这个主席呢？胡先生是不愿回来的，谭先生恐不肯干，即干也恐领导不起。蒋先生罢，他的年龄和资格都有问题，而且新经三月二十的乱子，恐怕不能餍人望。"我耐着性子向他分析。
>
> "我想主席最好是张静江先生。"鲍罗庭这时笑起来，又似嘲谑，又似严肃。
>
> "什么！你提出张静江先生。张先生是一个跛子，怎样能领导？纵使他真能干，只是一个监察委员。你想一个监察委员怎么可以来当一个执行委员会的主席？"我以为鲍罗庭是在开玩笑了。
>
> "我不是和你开玩笑，张先生是孙先生的老友，我记得孙先生在北京病危时，张先生一个四肢瘫痪的人，闻到这个消息，连爬带跌跑上北京，孙先生一见他便哭了。"鲍罗庭那时不更嘲谑而更严肃。

"张先生难道凭这一哭就可以取得中执会主席的资格了吗？"我那时已怀疑到这种计划或者已经早已成熟。

"但除张静江以外，再没有第二个人。陈先生你赞成了吧，蒋介石已赞成了，谭延闿也已赞成了。"鲍罗庭似乎已经告诉我那天谈话的结论。

"蒋先生不独赞成，据我所知还是提议的一人呢！"张春木那时插科地加上一句。

"但我依旧反对，然而我毕竟是中政会的列席委员，用不着我赞成，而反对也无效。"我只听着大众意见便了。

过了两天，张先生的主席算是由鲍罗庭建议，他照例先说了一番理论，陈述革命的需要。那事本已接头好的，开会不过是一个形式，自然大家无话，草草通过。①

张静江当选中常会主席，实际上是"撤销了汪精卫的领导权"，"实权则落在蒋氏的掌握中"。在蒋介石的提议之下，"原任监察委员的张静江获选为中央执行委员会主席，谭延闿接替汪精卫为国民党中央政治会议主席兼国民政府主席，蒋氏本人则接替谭平山任中央组织部长。这些改革都是蒋氏一手促成的，也许形式上经过蒋、张、鲍三巨头的密商"。② 有意思的是，会后不久，5月26日，中政会召开第一四六次会议，公推张人杰（静江）为中政会委员，并函请中央执行委员会核复，27日中执会复准。③ 6月1日，谭延闿又提出《请常务委员会主席张静江同志出席政治委员会案》，决议"通过"。④ 张静江以中常会主席身份兼任中政会委员，并出席中政会，可见此时中常会与中政会关系之密切。

随着北伐的迫近，6月4日中国国民党第二届中央执行委员会临

---

① 陈公博：《苦笑录》，第40—42页。
② 张国焘：《我的回忆》（上），第471页。
③ 《政治委员会上中执会呈》，台北"党史馆"藏汉口档案，档案号：汉3064。
④ 中国第二历史档案馆编《中国国民党中央执行委员会常务委员会会议录》第2册，广西师范大学出版社，2000，第222页。

第二章 | 中政会之常设及"政治会议"与"政治委员会"争议（1926—1927）

时全体会议通过迅行出师北伐，任命蒋介石为国民革命军总司令。在同日的中常会上，"谭延闿同志提出军事委员会已决议任蒋中正同志为国民革命军总司令，兹为慎重起见，特行报告请中央接受案"，决议"通过，并函复军事委员会希从速组织总司令部"。① 实际上，"总司令的权力是高于一切的，甚至国民政府和国民党中央党部事实上都成为总司令部的附属品"。② 蒋的权力不断膨胀，至7月2日，在中国国民党中常会上，由张静江提出，并于5日在中国国民党第二届中央执行委员会临时全体会议中，正式任命蒋介石为中央执行委员会军人部长，有"任免及管辖国民革命军及军事机关之党代表"、"执行中央执行委员会及政治委员会关于军事之政策及决议"之权。③ 与此同时，在蒋介石的力推下，"归并中央政治委员会于中央委员会常务会议"，④ 是为"政治会议"。蒋记："7月5日，上午批阅文件，致学生信，往访鲍顾问，到全体中央会议，下午与静江、祖安（即谭延闿——引者注）先生谈商政治委员会归并中央委员会常务会议，而彼则欲常务会议归并中央政治会议。夜会议，卒以常务会议存在，至政治会议归并也。"⑤ 对此，王奇生认为是因为蒋"对中政会的存在心存疑虑"。⑥ 但细究此决议前后蒋在中国国民党中的党政军地位来看，应是蒋贯彻其统一事权的主张，而张静江、谭延闿之所以欲归并中常会于中政会，是考虑到中政会在实际运作中的权能更有力，加之，中常会此时因常委多不在广州，事实上开会有困难。6月15日在中常会会议上，谭延闿就曾"提出常务委员会原定委员九人，现因事不能时常出席者甚多，而目前在粤中央执行委员亦复不少，应请运用递补办法，不必拘泥成规，以免流会，请公决案"，后决议："嗣后常务委员会，有常务委员二人以上之出

---

① 《中国国民党中央执行委员会常务委员会会议录》第2册，第242页。
② 张国焘：《我的回忆》（上），第479页。
③ 《中国国民党中央执行委员会常务委员会会议录》第2册，第376页。
④ 毛思诚编纂《民国十五年以前之蒋介石先生》，第754页。
⑤ 《蒋介石日记》，1926年7月5日。
⑥ 王奇生：《中政会与国民党最高权力的轮替（1924—1927）》，《历史研究》2008年第3期。

席，余即以在粤之中央执行委员递补，连同主席五人以完足法定人数。"①

7月6日，张静江借足疾辞去中常会主席一职，蒋介石通过票选继任。7月10日，蒋介石"与静祖二兄会谈，中央常务会议及政治会议名单，政治委员会不取消而停止，归并政治会议也"。② 7月13日，中常会第四十九次会议召开，由蒋介石任主席，决议："查中央临时全体会议决议政治委员会应于中央与常务委员同开一政治会议，以代政治委员会之会议，现政治委员会已决议暂行停开，应请中央定一开会日期云尔。"决议："嗣后本会会期定为星期二为常务委员会议，星期四为政治会议，星期六为常务委员及各部长监察委员之联席会议。"③ 并选出汪精卫、蒋介石、谭延闿、胡汉民、张静江、甘乃光、邵力子、林祖涵、陈公博、伍朝枢、孙科、丁惟汾、朱培德、谭平山、于树德、王法勤、陈友仁、何香凝、吴稚晖、顾孟余、宋子文为政治会议委员。④ 因在北伐期间，"推静江兄与祖安兄为常务及政治会议代理主席"。⑤

至此，蒋介石身兼国民革命军总司令、中央常务委员会主席（张静江代）等要职，并出任政治会议主席（谭延闿代），集军权、党权、政权于一身。此时的蒋介石，已与中山舰事件发生后"像小孩子般伏在写字台上哭了"⑥ 的蒋、与在中国国民党二届二中全会因提两党"协定案"而"终日心殊不安，恍惚非常"⑦ 的蒋，不可同日而语。此时无论是将中政会归并中常会，还是将中常会归并中政会，蒋介石都将成为是会的真正掌权者。而此时蒋介石非常清楚，自己在党内资格尚浅，如果此时取消中常会，丝毫不利于自己在党

---

① 《中国国民党中央执行委员会常务委员会会议录》第2册，第291页。
② 《蒋介石日记》，1926年7月10日。
③ 《中国国民党中央执行委员会常务委员会会议录》第2册，第393页。
④ 《中国国民党中央执行委员会常务委员会会议录》第2册，第394页。
⑤ 《蒋介石日记》，1926年7月17日。
⑥ 浮海：《国民党三大秘案之一》（连载之七），转引自杨天石《中山舰事件之谜》，《历史研究》1988年第2期。
⑦ 《蒋介石日记》，1926年5月15日。

第二章 | 中政会之常设及"政治会议"与"政治委员会"争议（1926—1927）

内的地位，而且，蒋介石受孙中山影响很深，对于党国体制亦应有所认同。中政会虽在其时，从运作和实际职权上更有效，但改组成政治会议后，丝毫不会减损这种效能，反而更能促使党政结合，从而实现事权统一，以裨益北伐。鉴于中国国民党中央"事实上各部间甚少联络。自中央常务委员会产生主席后，从前常务委员之担任秘书者，已不负责；同时所有每星期之各部之联席会议，及原有常务会议，亦无形变为在粤中央执行委员会议。故不特各部间与秘书处顿行隔膜，即常务委员会自身亦因大多数常务委员不能出席之故，而失其本意，故此后亟应改善此种状态。即政治委员会原为中央指导国民政府政治上的机关，但事实上，政治委员会似各独立。故以后亟应集中与中央常务委员会合开一会，以利进行。决议：（一）加选候补常务委员7人，于常务委员缺席时，依次递补。至常务委员之应如何每日到党部办事，由常务委员会规定之。（二）政治委员会原为中央执行委员会之特种委员会，故嗣后应于每星期与常务委员会同开会议一次。"① 北伐对于蒋介石来说，不仅是自己地位不断上升的基础，更是表达其忠于孙中山的重要指标以及中国国民党得以长存的保证。所以迅行北伐，是当务之急。在"嘱托后方事务"② 后，蒋将全力放在北伐上。

所以此时的政治会议，虽然人员的扩大的确会影响政治决策的机密性与运作的灵敏性，但其权力更加集中，更易被操控。

二 中政会与迁都之议

1. 迁都武汉之议

随着北伐战事不断向北推进，中国国民党革命势力由珠江流域发展到长江流域，党政中心北迁问题逐渐被提上日程。

据学人研究，首次提出迁都武汉的动议是在1926年8月22日，蒋介石在湖南省党部举行了一次由在湘中央党部执行委员、监察委

---

① 荣孟源主编《中国国民党历次代表大会及中央全会资料》（上），第255页。
② 《蒋介石日记》，1926年7月26日。

员及湖南、湖北两省执行委员参加的特别联席会议。在会上，各委员对当时所面临的政治、党务等问题进行了讨论。会上有人提出，应该将中央政府北迁至武汉。经讨论，是会决议"中央政府移至武汉案可请中央决定"。① 此次决议的出现，是否受20日蒋得广州方面电报，"知后方共产党有迎汪兆铭回国之谋"② 的影响，尚不得知，但迁都武汉之议的提出，由此肇启。

而在广州，此事并不平静。9月4日，由谭延闿主持，何香凝、孙科、鲍罗廷、丁惟汾、甘乃光、李济深、徐谦、陈果夫、张静江等出席，举行中政会（时为中央执行委员会政治会议。因本节涉及中央执行委员会政治会议与中央执行委员会政治委员会之争议，遂本节行文将使用"政治会议"和"政治委员会"的简称来区别叙述）第十六次会议。经讨论，决议"兹因时局发展，本党对应时局须得一致之政策，中央执行委员会定10月1日，召集中央执行委员及省执行委员联席会议"，③ 国民政府迁移问题是一项重要议案。对此，中共中央在《中央政治通讯》上，于9月20日公开发表《中央对于国民党十月一日扩大会的意见》一文，明确表示"反对国民政府迁移武汉"。④ "此次大会的用意，据我们的观察乃在蒋欲迁移中央政府，抬高党的威权（照现时党、军、政三权集中于总司令手的局面，此种办法即可以抬高蒋之威权），以统制实力强大的唐生智等。"⑤

1926年10月15日至26日，原定于10月1日在广州召开的联席会议举行。大会主要讨论了"国民政府现在要不要迁移，国民会

---

① 《占领武汉后之政治及党务》，《黄埔日刊》1926年9月13日。参见孙泽学《北伐战争终迁都之议研究的几个问题》，《史学月刊》2008年第8期。该文认为"这是目前所见到的提出广州国民政府北迁武汉动议的最早记载"。
② 秦孝仪总编纂《总统蒋公大事长编初稿》卷1，台北，财团法人中正文教基金会，1978，第128页。
③ 《第十六次政治会议议事录》，台北，"党史馆"藏，档案号：会00.1/31。
④ 《中共中央文件选集》第2册，第320页。
⑤ 《中共中央文件选集》第2册，第319页。

议如何召集"等重要问题。① 并做出决议,"国民政府地点应视其主要工作所在之地而决定之,现在国民政府之主要工作在巩固各省革命势力之基础,而此种主要工作以首先由广东省实施最为适宜,故国民政府仍暂设于广州",② 从而否决了迁都武汉之议。10月21日,谭延闿将此消息密电给蒋,告知中央及省联席会议已经决定"政府迁移须战事结束,始可实行"。③

在得知联席会议关于"国民政府暂不迁移"消息后,蒋于10月22日致电张静江、谭延闿,"武昌既克,局势大变,本党应速谋发展。中意中央党部与政府机关仍留广州,而执行委员会移至武昌为便。否则政府留粤,而中央党部移鄂,亦可使党务发展也"。④ 在该电报中,蒋以党务发展为由,提出"中央党部迁鄂"。

鲍罗廷原持有"蒋请我们到汉口去,为的是以国民政府和中央在当地的声望帮助他保住政权"⑤ 的看法,因此极度反对广州国民政府北迁,但不久即改变了反对的态度,并力促政治会议于11月8日做出"短期内迁国民政府及中央党部于武汉"⑥ 的决议。此时的鲍罗廷主要考虑到武汉与广州相较,在政治、财政、外交等方面均显重要,加之蒋根本无法亲到武汉主掌党政,以及武汉方面唐生智等地方派系又与蒋之间有矛盾,因此鲍自信皮包里有"草",唐生智等必为其所用,所以改变了原先反对迁鄂的主张。

11月26日,政治会议在广州吉祥路张宅召开临时会议,顾孟余、戴季陶、何香凝、李济深、陈果夫、丁惟汾、张静江等详议了

---

① 荣孟源主编《中国国民党历次代表大会及中央全会资料》(上),第265页。
② 《中央及各省区海外各总部代表联席会议宣言及决议案》,台北,"党史馆"藏,档案号:会2.0/1。
③ 《谭延闿关于国民政府迁移省政府改组等问题致蒋介石电》(1926年10月21日),中国第二历史档案馆编《中华民国史档案资料汇编》第4辑(上),江苏古籍出版社,1986,第373页。
④ 中国第二历史档案馆编《蒋介石年谱初稿》,北京档案出版社,1992,第754页。
⑤ 《鲍罗廷给加拉罕、陈独秀和维金斯基的电报(绝密)》(1926年9月15日),〔俄〕《联共(布)、共产国际与中国国民革命运动(1926—1927)》,北京图书馆,1998,第495页。
⑥ 韩信夫、姜克夫主编《中华民国史大事记·第4卷(1925—1927)》,第2558页。

《中央党部国民政府迁移日期及如何预算案》,决议"十二月五日以前,中央人员及中央文件第一批出发;第二批出发,俟第一批人员到后,来电决定行期"。① 12月7日,中国国民党中央通电宣布中央党部及国民政府北迁武昌,称:"承先总理遗志奋斗,现前方军事成功。党政府为适应环境,实行迁鄂。"第一批赴鄂人员随即启程北上。②

2. 暂驻南昌之议

1926年12月10日,鲍罗廷等抵达武汉后,"因广东已宣布中央党部与国民政府于十二月七日起停止办公,而武汉方面又未能开会,政治已有中断之象"。鲍罗廷在讨论中提出,"应在武汉成立中央执行委员国民政府委员临时联席会议,在中央党部及国民政府未来之前,不能不执行最高职权",以"代替政治会议",并推徐谦为主席,叶楚伧为秘书长。两日后,新成立的武汉临时联席会议召开会议,在会上决定:"中央党部与国民政府地点均在武昌。"③

武汉临时联席会议的成立,无形中将时为中国国民党党政军最高领导者蒋介石的权力进行了收归,并以代替中政会的名义执掌最高职权,这与蒋的初衷相背甚远。在11月24日的日记里,蒋介石饱含喜悦地记下:"接粤电中央党部及政府决于一星期内迁武昌,喜惧交集。惧责任愈重,不能兼顾广东根据地;喜党务与政治可以从此发展也。"④ 而观此时情形,权力显然又重新回到苏联顾问的手里,蒋感叹:"党务日日急,不堪忧虑。革命不患强敌,乃在患内乱,如何能清灭此患耶?"⑤ "党务、政治不能自由设施,则胜无异于败也!"⑥ 因此,当1927年1月3日张静江(中常会代主席)、谭延闿(国民政府主席兼中政会代主席)及其他中央委员到达南昌时,

---

① 《政治会议临时会议议事录》,台北,"党史馆"藏,档案号:会00.1/32。
② 韩信夫、姜克夫主编《中华民国史大事记·第4卷(1925—1927)》,第2538页。
③ 《武汉临时联席会议第二次会议决案》、《武汉临时联席会议第十三次会议决案》,郑自来、徐莉君主编《武汉临时联席会议资料选编》,第33、214页。
④ 《蒋介石日记》,1926年11月24日。
⑤ 《蒋介石日记》,1926年12月27日。
⑥ 《蒋介石日记》,1926年12月29日。

第二章 | 中政会之常设及"政治会议"与"政治委员会"争议（1926—1927）

在蒋的主持下，政治会议第六次临时会议在南昌总司令行营召开，张静江、谭延闿、陈果夫、邓演达、丁惟汾、宋子文、林祖涵、顾孟余、朱培德、柏文蔚、何香凝、陈公博等人出席。会议针对中央党部与政府所在地的问题，做出决议："为政治与军事发展便利起见，中央党部与国民政府暂驻南昌。"① 此即否定业已在武汉成立的临时联席会议关于"中央党部与国民政府地点均在武昌"②的决议。为了进一步动摇武汉临时联席会议，1月7日，政治会议在南昌再开第七次临时会议，做出"由宋庆龄、徐谦、宋子文、孙科、陈友仁、蒋作宾、陈铭枢、唐生智、邓演达、王法勤、李宗仁、刘骥、董用威十三人组织中央政治会议武汉分会"③ 的决定。

政治会议在南昌接连所做的决议，对武汉临时联席会议无疑是致命的打击，尤其对鲍罗廷而言，其之所以改变初衷而支持迁都武汉之议，即是想通过先行控制武汉，并以武汉临时联席会议接管最高职权，造成最高权力机关与蒋分离的事实，再利用唐生智等地方实力派逼蒋交权，从而实现对蒋的控制。而若国民政府和中央党部均迁至蒋介石军事驻扎地南昌，无异于党政军权仍统一于蒋一身。

为了抵制政治会议在南昌所做的决定，鲍罗廷利用武汉临时联席会议，通过"在武汉召开中国国民党第二届中央执行委员会第三次全体会议"的决议，并发出通知："因革命势力之发展，中央党部及国民政府迁移武汉，有立即召集中央执行委员会全体会议之必要，临时联席会议拟在中央执行委员会政治会议提议，于政治会议未在鄂开会前，由临时联席会议先以非正式的通知，现不在鄂之中央执行委员即刻首途来鄂，以省正式召集之时间。"④ 又由徐谦领衔，与宋庆龄等致电南昌，要求中央党部及国民政府遵照已定策略来鄂。⑤

---

① 《政治会议临时会议议事录第六次》，台北，"党史馆"藏，档案号：会00.1/32。
② 《武汉临时联席会议第二次会议议决案》，郑自来、徐莉君主编《武汉临时联席会议资料选编》，第33页。
③ 《政治总报告》（1929年3月15日），上海市档案馆藏，档案号：D4-0-331。
④ 《武汉临时联席会议第九次会议议事录》，郑自来、徐莉君主编《武汉临时联席会议资料选编》，第177—178页。
⑤ 韩信夫、姜克夫主编《中华民国史大事记·第4卷（1925—1927）》，第2600页。

陈友仁等亦致电:"苟非有军事之急变,不宜变更决议,坐失时机。……武汉政治有维持现状之必须,特此电陈。"① 极力劝说蒋按原计划迁鄂。

时值武汉发生英租界"一三"事件,又莫斯科在对鲍罗廷的指示中,含有对蒋的妥协态度,斯大林亲致电鲍罗廷称:"答复您第6—8号电。近期不能等待汪精卫。何况您的建议是有益的,即赴南昌说服蒋介石,要他相信他的建议不恰当。您应该同能够影响蒋介石的中央委员和国民政府成员一起去。在您到达南昌前先告诉蒋,说汪精卫不去,这可以减轻他对武汉的担心。作为妥协,可以同意总司令本人和总司令部因前线关系驻在南昌,但国民政府和中央则驻在武汉。主要可提出如下理由:撤离武汉会导致帝国主义和北方军的进攻,因为他们会把撤离武汉看作是广州软弱的表现。我们理解形势的复杂性和您所面临的困难。但是我们认为,您有哪怕是暂时退出领导岗位的情绪也是危险的。现在比任何时候都需要您的领导。我们将通过邵力子直接向蒋介石转达我们的意见,即武汉应成为首都。"② 蒋介石获得武汉妥协之意后,对迁鄂问题亦有所动摇。"1927年1月8日,开政治会议,党部政府将迁鄂,公有苟非军事紧急,切遽变更之语。又讨论应付汉口外交,公主张专对英国不牵动他国,并决躬往武汉一行。"③ 是会后,"复电汉口孙夫人、徐、孙、陈、宋四委员,谓请组织分会一电谅悉,能从速成立,已足应付时局,蒋主席即日来鄂共商"。④ 可见,蒋在坚持组织武汉政治分会取代联席会议之提议下,对迁鄂问题有所缓和。

但这次武汉之行是一次不愉快的经历。1月12日蒋抵达武汉,参加欢迎晚宴。在晚宴上,鲍罗廷"当着应邀参加宴会的人员,包

---

① 《陈友仁等为不宜变更中执会迁鄂决定致蒋介石等密电》(1927年1月7日),《中华民国史档案资料汇编》第4辑(上),第375页。
② 《1927年1月9日征询政治局委员意见》,〔俄〕《联共(布)、共产国际与中国国民革命运动(1926—1927)》,第66—67页。
③ 王正华编注《蒋中正总统档案:事略稿本》第1册,台北,"国史馆",2003,第13页。
④ 《第五十四次政治会议议事录》,台北,"党史馆"藏,档案号:会00.1/32。

第二章 中政会之常设及"政治会议"与"政治委员会"争议（1926—1927）

括文官荐任职以上，武官上校以上军政干部，鲍罗廷最后演说时，还气焰嚣张地说道：'今日能够得到武汉，今日能够在这个地方宴会，是谁的力量呢？并不是因为革命军会打仗，所以能到这里的；乃是因为孙中山先生定下了三大政策，依着这三大政策做去，所以革命的势力才会到这里的。什么是中山先生的三大政策呢？第一是联俄共政策，第二是联共政策，第三是农工政策。——以后如果什么事都还罪到CP，欺压CP，妨碍农民工人的发展，那，我可不答应的。'"① 对鲍罗廷的演讲，蒋甚感气愤，"晚宴会，席间受辱被讥，生平之耻，无逾于此。为被压迫而欲革命，不自由，何不死？伸中华民族之正气，以救党国，俾外人知华人非尽是贱辱，而不可侮蔑也！"② "昨晚忧患，终夜不能安眠。今晨八时起床，几欲自杀。为何革命而却受辱至此！"③ 蒋性格敏感、多疑，又"弗受惩戒"，"我校长教学生还没教得这样子严重。乃在宴会场中几百人的中间，把我一个国民革命军的领袖，又是中国国民党里面的一个领袖，来给他一个外国顾问苏俄代表当奴隶一样教训，这是怎么一回事……你不止是欺负我个人，不止是压迫我一个人，你完全是欺负我们中国国民党，欺负我们中国人。我那里可以放过你！"④

1月18日，蒋介石返回南昌，次日便与张静江、谭延闿等赴庐山商谈党政要宜，⑤ 21日，蒋介石与张静江、谭延闿连衔致电武汉方面，促其遵照中央决议，即日成立武汉政治分会。临时联席会议毋庸继续。⑥ 26日蒋复电汉口市民反英运动委员会，谓："中央迁鄂停止办公期间，因外交内政急待应付，在武汉中央诸同志之建议，以中央委员临时联席会议，代行最高职权。惟自中央已在南昌开始

---

① 李云汉：《从容共到清党》（上），第538页。
② 《蒋介石日记》，1927年1月12日。
③ 《蒋介石日记》，1927年1月13日。
④ 蒋介石：《在庆祝国民政府建都南京欢宴席上的讲演词》（1927年4月18日），《蒋介石言论集》，上海中央图书局，1927，第243—244页。
⑤ 秦孝仪总编纂《总统蒋公大事长编初稿》卷1，第137页。
⑥ 秦孝仪总编纂《总统蒋公大事长编初稿》卷1，第137—138页。

办公以后，联会既为中央停止办公期内代行最高职权之机关，则名义上自应予以取消。若继续开会，又对中央决议案任意否认，是则原有期效之代行机关，乃一变而为任意延期，权驾乎中央以上之机关。此种矛盾现象，若不悬戒，将来本党之纪律与系统将成废物。"①

武汉方面，就政府、党部问题一再商议。在1月19日武汉临时联席会议第十五次会议上，王法勤询问："关于政府、党部地点问题，是否要我们到南昌开会后决定？"鲍罗廷回答："俟蒋委员介石同志到南昌后，与南昌同志商议，此间同志现在不必去。"1月21日第十六次会议上，何香凝同志临时动议电询政治会议开会日期，认为"中央党部及国民政府现暂驻南昌，尚未办公。中央自十二月七日起，在粤停止办公，各部停顿，应由汉口同志赴南昌开会。现先由数同志电询何日开政治会议，决定党部及政府地点问题"。主席徐谦认为："蒋同志已允人民之一致要求，先至南昌报告，再发电报来。现在请邓同志发一电，问已否决定迁鄂？如已决定，则我们不必去。"后拟电文："南昌总司令部蒋主席、张主席、谭主席鉴：师密。中央党部及国民政府迁鄂问题，已经蒋主席认为应召集中央政治会议复议，何日开会，请决定电示，以便同人前来与会。"②

为了迫使蒋介石同意迁鄂，武汉方面除了制造舆论以要求蒋介石"根据前议，定鼎鄂渚"，③更从财政上对蒋施压。早在北伐出师之际，鲍罗廷即曾建议缓取江浙，至江西克复，蒋介石以南昌为国民政府和中央党部驻地，"鲍乃益形恚怒，竟嗾武汉财政及军事当局，扣发驻赣、闽各部军队之饷械"。④ 1926年底，江西驻军的饷械问题已极为严重，尤其是掌握财政大权的财政部长宋子文，亦主张政府迁鄂，致使蒋"受财政之压迫，军事颇受其影响，苦痛

---

① 《蒋介石言论集》，第49—50页。
② 《武汉临时联席会议第十六次会议议事录》，郑自来、徐莉君主编《武汉临时联席会议资料选编》，第257—258页。
③ 《省党部代表大会欢迎中央政府迁鄂》，《民国日报》（汉口）1927年1月16日。
④ 李云汉：《从容共到清党》（上），第580页。

第二章 中政会之常设及"政治会议"与"政治委员会"争议（1926—1927）

极矣！"① 可以说，财政问题，是赣汉之争的关键，亦是蒋受制于汉方的软肋。2月8日，顾孟余致蒋介石等电，"中央政府迁鄂不可再缓，务祈即日开会正式决定发表，以安人心"。从2月9日李宗仁给蒋的密电中，更可略知此时蒋的处境。电文称："军事日趋紧急，而政治、外交、财政似有松懈停顿之势，揆在原因，实因中枢尚在游移不定，以至陷于无政府状态。值此千钧一发，措施稍一不慎，党国前途急殆实甚，恳请钧座审查理论事实，毅然决定中央政府迅速仍迁移武汉，党国前途实利赖之。至党务问题，一俟军事告一段落，再行严密整理较为妥当。"②

2月8日，鉴于时局严重，蒋在南昌主持召开政治会议，谭延闿、张静江、陈公博、宋子文、朱培德、柏文蔚、丁惟汾等人出席，决议"中央党部与国民政府迁至武汉，中央全体会议俟东南战事告一段落，另定日召集，届时再行通告"，并"以党部名义派徐谦为赴美代表，戴传贤为赴俄代表"。③

2月9日，武汉接到宋子文鱼电，④谓国民政府地点定在武昌，将由中政会做出决议⑤。为尽快在汉健全合法的最高权力机构，在汉的中央委员遂于2月16日召开第二十五次临时联席会议，认为："现在中央党部与国民政府各委员将要到汉"，"中央执行委员会即将来，中央政治会议当然同来，以后〔各事〕党务可径由中央党部办，政治可径由中央政治会议办"，"联会可以作一结束"，出此决议，2月21日召开扩大联席会议，由临时联席会议召集，在武汉之中央执、监委员，候补执、监委员共同开会，结束联席会议。⑥

---

① 黄自进、潘光哲编《蒋中正总统五记：困勉记》（上），第82页。
② 此处叙述参见《中华民国史档案资料汇编》第4辑（上），第377页。
③ 《中央政治会议第五十八次会议记录》，台北，"党史馆"藏，档案号：会00.1/32。
④ 鱼电为6日，"明晚"即为7日，可见蒋与宋之间早在中政会决议前达成妥协。
⑤ 《武汉临时联席会议第二十二次会议记录》，郑自来、徐莉君主编《武汉临时联席会议资料选编》，第321页。
⑥ 《武汉临时联席会议第二十五次会议记录》，郑自来、徐莉君主编《武汉临时联席会议资料选编》，第346页。

2月21日，扩大联席会议召开，决议"即日结束中央临时联席会议，同时决定中央党部及国民政府即日正式开始办公"。① 经过讨论，决定"扩大联席会建议为统一党的领导，巩固党的权威及进行国民革命北伐工作，中央执行委员于三月一日以前在武汉自行开全体会议"。② 实际上取消了在南昌召开的政治会议关于暂不召开全体会议的决定。

3. 奠都南京之议

对于武汉临时联席会议的决议，蒋介石非常不快，在南昌总司令部纪念周发表的演讲中，强调自己是"中央执行委员会常务会议的主席，而且是政治会议的主席，就是最高的政治机关主席"，指责"武汉联席会议在鲍罗廷及徐谦之操纵把持下，屡次违抗中央政治会议在南昌之决议，既不遵令停止开会，改设政治会议武汉分会，又复拒绝中央政治会议'以党部名义派徐谦为赴美代表'之决议"，"联席会议是没有根据的，如果要提高党权，就要取消汉口的联席会议"。③ 2月23日，蒋主持召开政治会议，丁惟汾、张静江、朱培德、李烈钧、谭延闿、陈果夫、何香凝出席，会议议决："在党部与政府未迁鄂以前，在武汉不得以中央党部暨国民政府名义另行办公。"④ 26日蒋介石又以政治会议的名义致电共产国际，指责"鲍罗廷把持武汉政权，制造党内分裂，中央政治会议以武汉问题所在，其症结乃在于鲍罗廷居中利用"，请共产国际撤回鲍罗廷。⑤ 但是此电并未得到回复，南昌方面，致电鲍罗廷，请其自动离去，而鲍对此置之不理，双方矛盾再次升级。

对于武汉方面来说，首先要解决的仍是如何将最高权力争夺过来，所以迫切召开中央执行委员会全体会议。为了使这次会议能够

---

① 《中国国民党中央执行委员国民政府委员扩大联席会议记录》，郑自来、徐莉君主编《武汉临时联席会议资料选编》，第364页。
② 《中国国民党中央执行委员国民政府委员扩大联席会议记录》，郑自来、徐莉君主编《武汉临时联席会议资料选编》，第369页。
③ 《国闻周报》第4卷第16期，1927年。
④ 《第六十三次政治会议事录》，台北，"党史馆"藏，档案号：会00.1/32。
⑤ 《第六十四次政治会议事录》，台北，"党史馆"藏，档案号：会00.1/32。

第二章 | 中政会之常设及"政治会议"与"政治委员会"争议（1926—1927）

更具权威，3月1日，武汉国民党中常会议决二届三中全会展期一周召开，希望南昌之中央委员赴汉出席。3月3日，政治会议在南昌召开，由蒋主持，何香凝、张静江、谭延闿、李烈钧、朱培德、丁惟汾、陈公博、陈果夫、柏文蔚等人出席，会上谭延闿、何香凝、陈公博等主张赴鄂与会，最终蒋不得不同意，"中央党部与国民政府于三月六日迁往武汉"。① 据陈果夫回忆："这时鲍罗廷正驱使共产党设法离间本党领袖。他们想利用谭先生，所以特别欢迎他去；另一方面竭力排斥张先生。谭先生受共党谢晋之骗，有一天他向我说：'他们并没有什么作用，蒋先生看得太严重了。'"②

3月7日下午，谭延闿、丁惟汾、何香凝、李烈钧、陈果夫等偕陈公博、谢晋自南昌抵达武汉。第三次全体会议预备会于当日下午5时召开，谭等刚到即被请入会场。到会执、监委员共计25人。预备会上就开会日期、人数等问题争论不休，最后仍决定"八日下午三时，小组提案委员会。九日下午二时，提案审查会。十日下午二时，全体正式会议"。③

中国国民党第二届中央执行委员会第三次全体会议自3月7日预备会议始，至17日闭幕，前后10天，议决了"统一党的领导机关决议案"、"中执会军委会组织大纲案"、"统一革命势力案"、"修正政治委员会及分会组织条例案"、"农民问题决议案"等。

关于《统一党的领导机关决议案》，主席徐谦称："去年中央各省联席会议已预备提出，因党的领导不定明白则生出两头。中央执行委员会，后有常务委员会，后有政治会议，中央执行委员会不开，只有常务委员会。而政治会议为党章上之特种委员会，使政治会议与常务会议变成二头。关于党的领导，除总理以外，不能有主席。去年就感有改的必要，因意见之未能一致，遂致搁下。现在革命军

---

① 《第六十六次政治会议议事录》，台北，"党史馆"藏，档案号：会00.1/32。
② 陈果夫：《十五年至十七年间从事党务工作的回忆》，吴相湘：《陈果夫之一生》，台北，传记文学出版社，1980，第107页。
③ 《中国国民党第二届中执会第三次全体会议预备会记录》（1927年3月7日），《中国国民党第一、二次全国代表大会会议史料》（下），第754页。

事发展很好,江苏之下亦在目前。虽然军事发展很好,而党务矛盾现象亦出,中央同志及各省同志皆见党的制度非改不可。因在革命军事时代党皆迁就事实,于是变成党不能统一,只见个人权力,不见党的威权。此种矛盾现象为一般的感觉,于是提高党权、集中党权为最重要之总理由。"① 为了改变以下局面:"党权旁落,只见个人意志不见党的意志,只有个人的自由,毫无党的自由"、"政治会议与常务会议平行并列,尤易供黠者操纵",②《统一党的领导机关决议案》明确规定"全国代表大会为党的最高权力机关"。闭会期间,"党的权力机关为中央执行委员会","在中央执行委员会全体会议前后、两会之间,由全体会议互选之常务委员九人组织中央执行委员会常务委员会,对党务、政治、军事行使最终议决权","在中央执行委员会下,设政治委员会","以常务委员会全体委员及由中央执行委员会全体会议选举之中央执行委员及候补中央执行委员六人组织之","政治委员会对于政治问题议决后,交由中央执行委员会指导国民政府执行之"。③

可见,《统一党的领导机关决议案》将中常会和中政会重新分离开来,并对中政会权限做了限制,明确中央执行委员会为党的权力机关的地位。

从某种意义上,该决议一方面是对第三次全体会议权威性毋庸置疑地直接肯定;另一方面亦是对之前在南昌召开的政治会议的决议的合法性进行质疑。按3月16日,第二届中执会第三次全会通过对全体党员的训令,称:"本党自去年以来党内即多纠纷,中央执行委员会因外虑反动势力之纵横,内恐革命势力之分裂,屡次迁就事实,冀图能集合一切革命分子以保全中国微弱之革命根基。自北伐军兴,军事、政治、党务之集中个人,愈使政治之措施,不能受党的指导,而只受军事机关之支配。此种制度,弊害甚多,不但使党内之昏庸老朽分子

---

① 《中国国民党第一、二次全国代表大会会议史料》(下),第755—756页。
② 荣孟源主编《中国国民党历次代表大会及中央全会资料》(上),第298—299页。
③ 荣孟源主编《中国国民党历次代表大会及中央全会资料》(上),第316—317页。

第二章 | 中政会之常设及"政治会议"与"政治委员会"争议（1926—1927）

盘踞于内，官僚市侩及一切投机分子乘机而入，因此纵成个人独裁军事专政之谬误，妨碍中央执行委员会在政治上之威权，形成党内投机腐化之倾向。""故详慎考虑军队将一切政治、军事、外交、财政等大权均集中于党。""中央执行委员会此次确定党的最高权力，必须全国党员能深切了解此种意义，随时拥护中央执行委员会，与一切党内封建社会个人主义的倾向奋斗，方足以巩固党之威权。"①

与此同时，二届三中全会重新改选并组成了新的党、政领导机关，蒋介石从权力高峰上跌落下来，基本上形成以尚在欧洲的汪精卫为首的"集体领导"，② 甚至"汉口方面有免钧座（蒋介石——引者注）之职并开除党籍"③ 之议。可以想见，对二届三中全会的决议，蒋根本无法接受。

早于3月3日在南昌召开的政治会议做出中央党部、国民政府迁鄂④的决议时，蒋当日即致电东路军总指挥何应钦，请其转达东路前敌总指挥白崇禧，⑤"进取上海"。⑥ 蒋将尽快"进取上海"作为其在这场博弈中的重要筹码，并下了"'我不要两湖了'的决心，极力经营着长江下游的军事，打算另创新局"。⑦

3月21日，上海克复。26日蒋介石即亲抵上海，4月7日蒋介石离沪赴宁，临行前委任白崇禧为上海驻军司令，有权解除"一切非法武装分子的武装"，⑧12日在军、政、党安排妥当后，白崇禧发

---

① 《第二届中执会第三次全会通过对全体党员训令案》（1927年3月16日），《中华民国史档案资料汇编》第4辑（上），第401—402页。
② 蒋永敬编著《民国胡展堂先生汉民年谱》，第384页。
③ 《方声涛、谭曙卿、张贞、黄展云、戴任等致蒋介石电》（1927年4月4日），台北，"国史馆"藏"蒋介石档案"，档案号：002-020100-00013-005。
④ 《第六十六次政治会议议事录》，台北，"党史馆"藏，档案号：会00.1/32。
⑤ 白崇禧于1927年1月5日任东路前敌总指挥，负责进攻浙江方面。见《白崇禧任东路前敌总指挥讯（民国十六年一月五日）》，黄嘉谟编《白崇禧将军北伐史料》，《中央研究院近代史研究所史料丛刊（25）》，台北，中研院近代史研究所，1994年，第17页。
⑥ 王正华编注《蒋中正总统档案：事略稿本》第1册，第104页。
⑦ 陈公博：《苦笑录》，第69页。
⑧ 《时报》（上海）1927年4月8日。

布《取缔上海总工会武装纠察队布告》,① 开始实行"清党"。

4月15日,原定在南京召开的二届四中全会,因武汉方面委员未到,而改开谈话会。17日,政治会议续开第七十三次会议,柏文蔚、蒋介石、吴稚晖、张静江、甘乃光、陈果夫、胡汉民、李煜瀛、蔡元培9人出席会议,由吴稚晖主持。吴稚晖发言称:"自南昌、武汉间发生中央地点问题以来,武汉以中央自居,其议决案及命令中发见多量危害国民革命之行动,因此经监察委员会全体会议决定举发案以后,确认南京有继续南昌中央政治会议开会之必要",做了"国民政府于本月十八日开始在南京办公,同时举行庆祝典礼"的重大决定。② 从而形成武汉国民政府与南京国民政府并立的局面。

4. 迁都之争中历次决议之法源释疑

在整个迁都事件中,从迁都武汉之议提出到暂驻南昌,乃至开府南京,不难发现均出自中政会之决议,先后出现在南昌政治会议与武汉临时联席会议之纷争、南京政治会议与武汉政治委员会的对立局面中。可见奠府问题的关键在于中政会自身是否具有绝对的法源。

中政会初设时称中央政治委员会,于1924年7月11日由孙中山首创,其成立之因,实系孙中山在面对广州紧张局势,意欲建立更为核心、集权的思想的外化,在实际运作中,"政治委员会由中山先生直接负责",③ 因"总理"权力的至上,其权限亦甚大。孙中山逝世后,中国国民党政党体制出现重大调整,1925年6月14日中央政治委员会召开第十四次会议,议决"在中国国民党中央执行委员会内设政治委员会,以指导国民革命之进行",并商议成立国民政府,"政府定名为国民政府,设内政、外交、财政、教育、建设、商

---

① 黄嘉谟编《白崇禧将军北伐史料》,《中央研究院近代史研究所史料丛刊(25)》,第57页。
② 吴氏的发言参见《中国国民党中央执行委员会第七十三次政治会议记录》,台北,"党史馆"藏,档案号:会00.1/33。
③ 谢振民编著《中华民国立法史》,第234页。

第二章 | 中政会之常设及"政治会议"与"政治委员会"争议（1926—1927）

务、农工、军事、关税各部"。① 次日，中央执行委员会召开全体会议，接受中政会的决议，"改组大元帅府为国民政府"。② 6月19日，中政会召开第十六次会议，议决"设中央政府定名为国民政府，以委员若干人组织会议，并于委员中推举一人为主席。关于政治之方针，由政治委员会决定，以国民政府之名义执行之"。③ 这就基本奠定了中央政治委员会与国民政府之关系，即分别为决策与执行机关，至此，中央政治委员会成为最高政治指导机关之雏形已备。

"三二零"事件后，汪精卫称病去职，所遗政治委员会主席、军事委员会主席职分别由谭延闿、蒋介石出任。至中国国民党二届二中全会采纳蒋介石建议，设中央执行委员会常务委员会主席，④ 张静江当选。1926年6月4日，中国国民党第二届中央执行委员会临时全体会议，通过《迅行出师北伐，任蒋介石为国民革命军总司令案》，并于次日，国民政府特任蒋介石为国民革命军总司令。

1926年7月4日，中国国民党召开中央执行委员会临时全体会议，做出"政治委员会应于中央与常务委员同开一政治会议，以代政治委员之会议"⑤ 的决议。此项决议是由蒋介石亲自促成的："7月5日 上午批阅文件，致学生信，往访鲍顾问，到全体中央会议，下午与静江、祖安先生谈商政治委员会归并中央委员会常务会议，而彼则欲常务会议归并中央政治会议。夜会议，卒以常务会议存在，至政治会议归并也。"⑥ 7月6日，张静江借足疾辞中常会主席职，通过票选，蒋介石继任。7月10日，蒋介石"与静祖二兄会谈，中央常务会议及政治会议名单，政治委员会不取消而停止，归并政治会议也"。⑦ 7月13日，蒋介石任主席，召开中常会第四十九次会

---

① 《政治委员会第14次会议》，台北，"党史馆"藏，档案号：会00.1/29。
② 罗家伦主编《革命文献》（第19至21辑精装合订本），总第3918页。
③ 《政治委员会第16次会议》，台北"党史馆"藏，档案号：会00.1/29。
④ 《中国国民党第一、二次全国代表大会会议史料》（下），第715页。
⑤ 《政治总报告》（1929年3月15日），上海市档案馆藏，档案号：D4-0-331。
⑥ 《蒋介石日记》，1926年7月5日。
⑦ 《蒋介石日记》，1926年7月10日。

议，提出《请规定政治会议日期案》。至此，蒋介石身兼国民革命军总司令、中央常务委员会主席（张静江代）、中央政治会议主席（谭延闿代），集军权、党权、政权于一身。

由此，1927年1月3日，蒋介石在南昌总司令行营举行的，张静江、谭延闿等人参加的中央政治会议临时会议，所做的"暂驻南昌"之决议，有着合理法源，所以，时在武汉以临时联席会议为最高权力机关的鲍罗廷、徐谦等人，不得不对其给予相当之尊重。虽武汉临时联席会议，标榜其为"代替政治会议"① 执行最高职权，但由于南昌中央政治会议的存在，武汉临时联席会议在历次决议中，仍以南昌中央政治会议决议为虑。而蒋于1927年2月21日在南昌总司令部纪念周发表演讲时，讲道："中正是一个中央执行委员会常务会议的主席，而且是政治会议的主席，就是最高的政治机关主席"，② 即是缘于此。

而扭转这一局面的关键，就在于中国国民党二届三中全会在武汉的召开。按照中国国民党第二次全国代表大会对《中国国民党总章》的修订，新增条目："第三十六条：全国代表大会、中央执行委员会全体会议及常务委员会，均须于本党政府所在地举行之。"③ 新增此条，系因针对西山会议的合法性问题，虽为补救性条目，却以党的根本大法形式将中国国民党全国代表大会、中央执行委员会全体会议及常务委员会会议须在首府所在地召开的规定确定下来，二届三中全会在武汉的召开，从某种意义上即承认了武汉为中国国民党政府所在地，成为武汉为国民党正统的法理所在。

除此之外，按照《中国国民党总章》规定，中国国民党"最高机关为全国代表大会"，大会闭会时，实则由"中央执行委员会"代行职权，所以中国国民党在第二届中央执行委员会第三次全体会议召开之际，即发出"三月七日为第三次中央执行委员会全体会议

---

① 《武汉临时联席会议第十三次会议议事录》，郑自来、徐莉君主编《武汉临时联席会议资料选编》，第214页。
② 《国闻周报》第4卷第16期，1927年。
③ 荣孟源主编《中国国民党历次代表大会及中央全会资料》（上），第154—167页。

第二章 中政会之常设及"政治会议"与"政治委员会"争议（1926—1927）

正式开会，是日政治会议暂行停止"① 的通电。至二届三中全会通过《统一党的领导机关决议案》，确立了党的权力机关为中央执行委员会，行使最高权力，将政治委员会置于中执会之下，并在13日通过了《修正政治委员会及分会组织条例》，规定"政治委员会为中央执行委员会下之最高政治领导机关"，② 以政治委员会取代政治会议。至此，政治会议已失去其法理根据。

蒋对二届三中全会的决议不能接受，是可想而知的，但就其在南京所召集的中央政治会议第七十三次、第七十四次会议而言，还存在人数不足等问题。

从第七十三次中央政治会议出席人员来看，只有蒋介石一人为中国国民党二届三中全会选任的政治委员会委员。③ 是会自称系"继续南昌中央政治会议"。中国国民党中央执行委员会临时全体会议曾做出"政治委员会应于中央与常务委员同开一政治会议，以代政治委员之会议"的决议。"七月十三日常务委员会第四十次会议以汪精卫、谭延闿、蒋中正、胡汉民、甘乃光、陈公博、邵力子、林祖涵、伍朝枢、孙科、朱培德、谭平山、张静江、于树德、丁惟汾、王法勤、吴稚晖、陈友仁、何香凝、顾孟余、宋子文等二十一人为政治会议人员"；④ 后在广州开会时曾加推"李济深、陈果夫、徐谦、李烈钧、戴传贤五人"，在南昌开会时加推委员"柏文蔚、邓演达、程潜、唐生智、李宗仁、孙宋庆龄六人"；⑤ 由此，政治会议人数实则达32人之多，而政治会议第七十三次会议出席人员仅9人，其中蔡元培还为非政治会议委员。针对人数不足的问题，在是会上，蒋提议，"总理北上时，因北京时局紧张，曾加添中央政治委员会委

---

① 《中执会致各委员函》，台北，"党史馆"藏，档案号：汉5071。
② 荣孟源主编《中国国民党历次代表大会及中央全会资料》（上），第321页。
③ 按照国民党二届三中全会选举结果，政治委员会委员有"汪精卫、谭延闿、蒋中正、孙科、顾孟余、谭平山、陈公博、徐谦、吴玉章、宋子文、孙宋庆龄、陈友仁、邓演达、王法勤、林祖涵"15人。详见荣孟源主编《中国国民党历次代表大会及中央全会资料》（上），第302—303页。
④ 《政治总报告》（1929年3月15日），上海市档案馆藏，档案号：D4-0-331。
⑤ 《政治总报告》（1929年3月15日），上海市档案馆藏，档案号：D4-0-331。

员数人,在北京开会。现在在武汉之中央同志未来,北伐方在进行,客观的需要与总理北上时相同,请加派萧佛成、蔡子民、李石曾、邓泽如、何应钦、白崇禧、陈可钰、陈铭枢、贺耀组九同志为中央政治委员会委员内列席"。① 此项提议得大会通过。但即使如此,从紧接着召开的中央政治会议第七十四次会议出席人员来看,出席人员也仅有"陈铭枢、蒋中正、张静江、胡汉民、吴稚晖、甘乃光、蔡元培、萧佛成、邓泽如、柏文蔚、陈果夫"② 11人,远未达到应出席人数的半数,其决议的有效性的确值得质疑。

为此,4月18日国民政府在奠都南京时,一再声称:"中央政治会议继续总理遗志,奠都南京,国民政府开始办公之日,即国民革命重建中枢之时。"③ 蒋介石发表《告全体将士书》,称:"所谓武汉中央党部与国民政府,乃为共产党与二三跨党分子承鲍罗廷意旨所支配把持,举武汉今日之一切机关,皆由徐谦等少数中央执行委员自由召集之联席会议,更由此会议产生之扩大联席会议所召集之所谓第三次全体中央执委会议所产生,其为非法,毫无根据。"④ 蒋欲通过否认中国国民党二届三中全会的合法性,来否认武汉国民政府的合法性。

蒋在《告全体将士书》中所言,确有其合理之处,即武汉临时联席会议与南昌中央政治会议相较,不能成为合法的最高权力机关,并未遵照南昌中央政治会议的决议而成立武汉临时政治分会,是为不合理,但因1927年3月3日,由蒋亲自主持召开的南昌中央政治会议做出"中央党部与国民政府于三月六日迁往武汉"⑤ 之决议,

---

① 《中国国民党中央执行委员会第七十三次政治会议记录》,台北,"党史馆"藏,档案号:会00.1/33。
② 《中国国民党中央执行委员会第七十四次政治会议记录》,台北,"党史馆"藏,档案号:会00.1/33。
③ 秦孝仪总编纂《总统蒋公大事长编初稿》卷1,第166—167页。
④ 中华民国史事纪要编辑委员会编《中华民国史事纪要(初稿)——中华民国16年(1927)1—6月份》,台北,"国史馆",1977,第779—780页。
⑤ 《第六十六次政治会议议事录》,台北,"党史馆"藏,档案号:会00.1/32。

随着中国国民党二届三中全会在武汉召开,政治会议失去法理依据,这场迁府之争的结点即已底定。

第三节　特委会与中政会的短暂取消

一　特委会成立与取消中政会之议

正如前文所述,中政会议决国民政府在南京开府,此即南京国民政府的开端。随着南京国民政府的成立,中国国民党形成宁、汉、沪三个中央党部和两个国民政府的对峙局面,分裂之势愈演愈烈。对于尚未取得合法政权,还面对着来自奉系军阀张作霖主政的北京政府压力的中国国民党来说,能否达成党的统一,成为其生死存亡的关键。

虽然随着第一次国共合作的破裂,宁、汉先后"清党",宁、汉、沪三方有了达成统一的基础,但孰为"正统",仍是三方力争的焦点。如汪精卫在同意合流之时,坚持必须以自己为正统,称"中央党部及政府之统系,不可失坠,此必以死争"。① 1927 年 8 月 13 日蒋介石因战事失利,面对来自不同方面的压力,被迫宣布下野,宁汉合流条件基本成熟。但对于法统的争论,仍存在。汉方坚持召开二届四中全会解决问题,宁方则坚持召开二届三中全会。如何避开三、四次全会之争,此时张继等人所提的"无正统与非正统"②的主张,组织"特别委员会",合宁、汉、沪三个中央党部于一炉,成为止争良方。

面对"党务统一"③的呼声不断高涨,宁、汉、沪三方主要负责人几经协商,于 1927 年 9 月 11 日至 13 日在上海召开谈话会讨论,大致确定了特委会的结构组成。详见表 2－2。

---

① 《宁沪汉互商合作之要电》,《民国日报》(广州)1927 年 8 月 18 日。
② 《张继致宁电》,《民国日报》(上海)1927 年 8 月 27 日。
③ 居正编《清党实录》,第 392—407 页。

表 2-2　宁、汉、沪三方筹备中央特别委员会谈话会

	决议内容	备注
第一次谈话会 9月11日	（甲）关于党务的：一、组织特别委员会，统一党务；二、特别委员会由宁、汉、沪三方共同推定若干人组织；三、宁、沪、汉三方中央党部将其职权委托于特别委员会；四、特别委员会除施行中央执行委员会全体职权外，应负责统一地方的中国国民党党部，并筹备第三次全国代表大会，最迟于1928年1月1日开会；五、特别委员会委员三十二人，候补委员九人，三方共同提出全体人名。有中央执行委员会临时会议发表；六、中央各部长人选由特别委员会决定。 （乙）关于政府的：一、政府委员；二、各部部长；三、军事委员会委员；四、宁汉双方政府合并改组方法并人选，由特别委员会决定。 （丙）统一宣言：推谭延闿、蔡元培、谢持三人及汪精卫起草。	附加三点： 1. 决定方式不采用表决手续，以全体一致为原则，避免多数压制少数的嫌疑。 2. 讨论甲的五项时，原草案系"宁、汉两方将全体人名，由第四次全体中央执行委员会发表之"，后来决定删去"第四次"字样，改为临时会议。 3. 宣言起草委员四人，互推汪精卫主持初步的起草。
第二次谈话会 9月12日	推定特别委员会委员和候补委员 沪方：林森、许崇智、居正、谢持、覃振、邹鲁；候补是茅祖权、刘积学、傅汝霖。 宁方：李宗仁、李石曾、蔡元培、王伯群、伍朝枢、李烈钧；候补是叶楚伧、褚民谊、缪斌。 汉方：谭延闿、孙科、何香凝、于右任、朱培德、程潜；候补是顾孟余、甘乃光、陈公博。 三方共推：蒋介石、胡汉民、张继、吴稚晖、戴季陶、张静江、唐生智、冯玉祥、阎锡山、杨树庄、李济深、何应钦、白崇禧、汪精卫。	应注意三点事项： 1. 汉方所推特别委员和候补委员的名单，系汪精卫亲自写后提出； 2. 谈话会后，汪特向蔡元培、谢持说明所拟宣言的大意； 3. 特别委员32人中和"西山会议"有关系的只有林森、谢持、居正、覃振、许崇智、张继、吴稚晖、邹鲁8人，占总数1/4。
第三次谈话会 9月13日	一、在特别委员中，公推五人，代行监察委员会职权。至于人选，由谈话会商定；发表手续，依照甲的五项办法。二、公推特别委员张继、于右任、何香凝、李石曾、蔡元培五先生代行监察委员会的职权。三、抽签决定特别委员和候补委员的次序。	出席第三次谈话会的代表为28人：谭延闿、孙科、伍朝枢、程潜、叶楚伧、李烈钧、王伯群、于右任、杨树庄、许崇智、张继、覃振、邹鲁、谢持、茅祖权、傅汝霖、居正、刘积学、甘乃光、李宗仁、张静江、蔡元培、李石曾、朱培德、缪斌、汪精卫、陈公博、褚民谊。

第二章 | 中政会之常设及"政治会议"与"政治委员会"争议（1926—1927）

续表

决议内容	备注
9月14日		上述出席三次谈话会的人员与其他相关人员于本日共乘专车赴南京。
9月15日	汉、宁两方在成贤街中央党部举行中央执监委员临时会议；沪方在紫金山总理陵举行中央执行委员会，分头一致将三次正式谈话会的决议通过，同时发表。|

资料来源：邹鲁：《回顾录》，第167—168页。中国第二历史档案馆编《中华民国档案资料汇编》第5辑第1编政治2，江苏古籍出版社，1991，第2—4页。参见尚红娟《革命党精英在联俄容共后的蜕变——西山会议派之再研究》，复旦大学博士学位论文，2008，第229页。

从表2-2可以看出，特委会取代了中央执行委员会，在中国国民党"三大"召开以前，成为最高权力机关，并代行中央监察委员会职权。不仅如此，特委会自成立之日起，就以"太上政府"自居。

9月15日晚8时，就中国国民党中央特别委员会是否要举行成立典礼，谭延闿、李烈钧、张继、谢持、孙科、程潜、伍朝枢、朱培德、覃振、邹鲁、于右任、蔡元培、李煜瀛、白崇禧、李宗仁、居正、茅祖权、缪斌、褚民谊、张静江、傅汝霖、叶楚伧、刘积学等人在南京军事委员会西花厅举行中央特别委员会第一次谈话会。因汪精卫此时已"自劾下野"，称"对于共贼，防制过迟，至深内疚，两方同志间，各本责己恕人之精神，以谋张皇不过之方法，其唯一目的在使破碎之局，归于完整，庶成国民革命得以进行无碍，连日与各方同志把晤，关于党之统一已具端倪，兆铭认为虽请中央听候处分外，引退之时机已至，即日引退"，① 并未出席该会。会上孙科发言："特委会是受中央执监委托成立的，我们回想第一届、二届均无成立典礼，今特委会受中央委托，何必过于铺张，如把特委会弄成太上政府样子，便把党的精神弄糟了。"覃理鸣表示反对：

---

① 《汪兆铭自劾下野》，台北，"国史馆"藏"汪兆铭史料"，档案号：118-0810100-0001-018。

"太上政府的意义，解释也很多，我们以党治国，说党为太上政府，也无不可，本席就向来不把政府部长当官来看的，但不能谓第一、二届执委成立典礼，如今也不必有，应认定今日的特委会有无郑重成立的必要，以表示我们受命于危难之际。"① 可见，此时特委会成为中国国民党最高权力机关，并欲以"太上政府"面目出现。

如本书第一章的论述，自中政会成立，一直是中国国民党的最高政治机关，由其议决成立广州国民政府，亦是由其议决成立武汉国民政府、南京国民政府，其作为"太上政府"的地位，是共识。那么特委会与中政会的关系该如何处理呢？

对于中政会，特委会又于成立后的第四天做出一个重要决定：中政会及各地政治分会一律取消，"其职权属于党部者，仍由中央党部执行；属于政府者，仍由国民政府或省政府执行"。②

9月19日，中国国民党中央特别委员会举行第三次会议，蔡元培、居正、谭延闿、程潜、杨树庄、张继、谢持、邹鲁、覃振、李烈钧、朱培德、李宗仁、白崇禧、傅汝霖、茅祖权、刘积学、褚民谊、缪斌、王伯群、伍朝枢、孙科、叶楚伧等人出席，由张继任主席，朱云光、梁寒操、狄膺、王子壮、许静芝负责记录。会议针对是否取消中政会进行讨论。

> 孙科：有一个问题须讨论的，从前在广东，在武汉、南京，都有政治会议，或政治会议的组织，在上海谈话会时曾经提及，当时多数人都说可以不必设立，因为有了特别委员会什么事都可以归他办，但当时没议决，现在究竟还是要不要？此外各地方，还有政治分会，从前北京有政治分会，后来取消了，广东也有，河南开封也有，西安也有，不过已取消了，倘若中央没有这种政治，各地当然不能有分会，这个问题是应该讨论的。

---

① 《中国国民党中央特别委员会第一次谈话会速记录》，台北，"国史馆"藏"汪兆铭史料"，档案号：118-0810100-0006-006。
② 《中国国民党中央特别委员会第三次会议速记录》，台北，"国史馆"藏"汪兆铭史料"，档案号：118-010100-0006-009。

张继（主席）：政治会议的存留问题很重要，应请讨论。

伍朝枢：我是主张中央政治会议不必设立的，最初设立为政治委员会，设立的意思，因为当时有许多制度要改革，及解决的特种政治方针，及各大问题，那时总理自己是主席，我们看议事录便知，到有时开会讨论，只三二问题，或一问题，或一问题须数天才能解决，在后总理去世，国民政府改组，鲍罗廷做政治顾问，他想包揽政权，把政治委员会的权扩大，连国民政府中央执行委员会的职权，都被他包揽，甚而广州省政府的议事录，都要送交审查，一方面侵犯中央的权，一方面也侵犯政府的权，查政治委员会的职权，在组织条例上，也没有明晰的规定，有许多地方，简直与中央执行委员会，国民政府的职权，闹不清，后来政治委员会变了作党国的中心，中央党部，国民政府几成为他的秘书处，他议决了，就交国民政府执行，进一步，政治委员会还直接发令，不经政府，这不特有损政府的威严，也侵犯了最高的机关，即以党指导政府之原则而言，也变成了以党支配政府，在武汉的情形如何，不得而知，不过在南京往往每次有百多件案件，小事情往往闹个半天，而重大的事情，反轻轻放过了，这种例子很多，政治委员会既无划清的权限，不如不要其职权，关于党的还归于党，关于政府的还归之政府，倘若有人怕党与政府两方面有什么隔阂，那是不必过虑的，因为党与政府的负责人，差不多同是那些人，即使有什么意见，也容易贯彻，中央既然用不着政治委员会，各地方更无设立分会之必要了，因为在各地方，也恐怕有这种毛病。

覃振：本席赞成伍同志的意见。

张继（主席）：伍同志主张取消中央政治委员会，或政治会议，同时各地方政治分会，也一律取消，有无异议？[①]

[①] 《中国国民党中央特别委员会第三次会议速记录》，台北，"国史馆"藏"汪兆铭史料"，档案号：118-0810100-0006-009。

最终议决于10月1日前"中央执行委员会政治委员会，或称政治会议，及各地方政治分会，一律取消"。"其职务属于党部者，仍由中央，或省党部执行，属于政府者，仍由国民政府或省政府执行。"①

缘何要取消中政会？除了特委会此时欲重新建构中国国民党党政体制外（如取代中央执行委员会、中央监察委员会职权），更多的是对现实的考虑。

宁汉双方在迁都之争中，分别以"政治会议"、"政治委员会"标榜各方的法统地位，此时虽然达成合流，但孰为正统、何为法统的问题仍属敏感。将中政会取消可以起到暂时"止血"的作用。除此之外，取得特委会实际掌控力的沪方，更欲削弱和限制包括蒋介石集团在内的其他非桂系集团的权力，实现从中央到地方的统治。

从32名中央特别委员（按南京国民政府成立时）所属分类来看：

南京：胡汉民、吴稚晖、蔡元培、李石曾、蒋介石、白崇禧、李烈钧、李宗仁、李济深、张静江、何应钦、伍朝枢、戴季陶。

武汉：汪精卫、孙科、唐生智、程潜、何香凝、谭延闿、杨树庄、阎锡山、朱培德、于右任、冯玉祥。

上海：谢持、覃振、林森、张继、许崇智、邹鲁、居正。

独立：王伯群。

其中，胡汉民、吴稚晖、蒋介石、汪精卫拒绝参加该会，因此，宁、汉、沪的势力构成比例变成：10∶10∶7。从人员组成中不难发现，无论是汉方还是宁方，主要领袖人物的缺席，都必然影响其在新组的特委会中的权威，而沪方无疑在新组的特委会中占有重要地

---

① 《中国国民党中央特别委员会第三次会议速记录》，台北，"国史馆"藏"汪兆铭史料"，档案号：118-010100-0006-009。

位。尽管邹鲁一再声称:"'西山会议'只有主张,没有派别。特别委员会成立主张已达,'西山会议'即不存在。当时曾叠次声明,现在仍把'西山会议'来做标题,且不过因为那时闹得人人皆知,竟成为一个专门名词,袭用起来,反觉明了而已。""本党实行清党后,'西山会议派'的目的已达,'西山会议'的名称便立刻取消。所以在特别委员会成立的时候,不但'西山会议'的名称已不存在,就是'西山会议'的同志也没有任何组织。"① 从邹鲁的声明中,不难感受到西山会议派对成功组建特委会而感到欣慰。正如李宗仁所讲:"不过在中特委组织过程中,西山派分子大为活动也系事实。因中特委的组织,表面上是清党后的中国国民党各派团结,西山派凭其在党内的历史与资望,在此新的大团结形成之中,必然要取得位置。"②

此时特委会将在西山会议时所提出的取消中政会之议重新提出,并获得通过,是可想而知的。

二 特委会困境与中政会重开

为了融合三方,特委会所采取的是"完全的势力均衡与集体领导体制",不采主席制,"通过汪精卫、蔡元培、谢持为中央特别委员会常务委员,叶楚伧为秘书长",③ 来代表各派势力。

9月16日,特委会公布《中国国民党中央特别委员会宣言》,称:"粤沪两党部对立之原因全起于容共、反共意见上之不同者也。既而北伐进展,粤中央党部与国民政府随北伐军之胜利而次第北迁,先莅南昌,次抵武汉。当是时也,共产党阴谋利用中央党部及国民政府之掩护,包办民众运动,勾结地痞流氓,激起各地之骚扰。多数监察委员认为党国危机,间不容发,爰警告各地忠实之执行委员,

---

① 邹鲁:《回顾录》,第163、173页。
② 李宗仁口述、唐德刚撰写《李宗仁回忆录》(上),第394页。
③ 《南京刘朴忱云密电》,台北,"国史馆"藏"阎锡山档案",微卷号:131000007769M。

请以非常手段制止共派与附共派者之破坏国民革命行动。于是粤、闽、江、浙诸省同时清党，本总理遗志，建立中央党部及国民政府于南京。此宁汉两方中央党部与国民政府对立之原因亦全起于容共与反共意见上之不同者也。未几，武汉诸忠实同志发现共派消灭本党之阴谋，认为与总理容共政策根本上不能相容，遂于七月十五日在湘、鄂、赣三省厉行清党。是吾中国国民党一致取反共政策，别无何等不同之意见，然无复有同等机关对立之必要。于是约集三方面同志推诚商，而有组织特别委员会之建议。"①

从《宣言》中不难发现，此时沪方将中国国民党中央的粤汉、宁汉之分裂，均归结为"容共与反共"的意见不合所致，从而为之前的西山会议派寻找到合法根据。同时特委会决定，改组中央党部与国民政府，设置监察院，人事上显然上海派占了优势。② 而"汪、蒋原均是西山派的死敌，今西山派借清党之机卷土重来，则汪、蒋不能坐视，自是必然的道理"。③ 正如桂崇基所言："武汉政府将要瓦解的时候，推谭延闿、孙科二人来南京商谈宁汉两政府的合并事，汉口方面首领汪精卫本赞成中特委的成立，嗣以南京方面对汪口气不佳，自觉当中特委之领袖无望，乃转而反对中特委，指其无法无据。是时，蒋因武汉方面之反对，为求达到宁汉合作之目的，乃自动辞职。中特委成立后，国民党表面上结束了分裂的局面。但是，蒋介石、胡汉民拒不与会，汪固极力反对中特委，即蒋方人物亦认为欲使蒋复职，亦非推翻中特委不可，故中特委乃成为汪、蒋两方的集矢之地了。"④ 特委会的困境可见一斑。

9月21日，汪精卫、顾孟余、唐生智等回汉口后，针对特委会取消中政会决议，成立武汉政治分会，公开反对特委会。"特依据上月（8月——引者注）二十二日武汉中央政治委员会决定迁宁时之

---

① 《中国国民党中央特别委员会宣言》（1927年9月16日），荣孟源主编《中国国民党历次代表大会及中央全会资料》（上），第486—487页。
② 刘维开编《中国国民党职名录》，中国国民党党史会，1994，第62—63页。
③ 李宗仁口述、唐德刚撰写《李宗仁回忆录》（上），第394页。
④ 桂崇基：《中国现代史料拾遗》，台湾中华书局，1989，第199页。

议决案，成立武汉政治分会。"① 22 日，汪精卫在汉口发表演说，报告设立武汉政治分会一事，称武汉政治分会是循广州政治分会成立之例，中央党部及国民政府迁宁，"武汉不可无政治分会"，"武汉政治分会已可依法成立"，"为武汉革命根据地前途极有希望的事"。② 29 日，武汉政治分会通电："南京特别委员会代行中央执权，在党章上毫无根据，不能承认"。③ 11 月 11 日，唐生智虽迫于军事失败通电下野，但在 22 日南京举行的"讨唐胜利庆祝大会"上，谷正纲公开称"与沪派的合作不能再继续了"，"应打倒实质上沪派执牛耳的中央特别委员会"。④ 此时，已抵粤的汪精卫于 11 月 3 日在广州各界欢迎会上，发言："现在南京组织非法特别委员会，中央党部也要推倒，民族痛苦均未有方法来解决，建设方面更无整理。故我们应该一致去推倒特别委员会，故兄弟主张在粤恢复中央第四届全体执监联席会议，继续革命精神，肃清一切叛党份子。"⑤ 后不断提出要在广州召开二届四中全会，来宣告广东独立。⑥ 程思远曾回忆此段："汪精卫由于在党政方面都没有取得绝对领导地位，心里不免怏怏失望，所以会后就去庐山休息，并致电'中央特别委员会'：'破碎之党，归于完整，兆铭可以引退矣。'实际上他到庐山后，即派顾孟余去武汉晤唐生智，又派陈公博、甘乃光去广州晤张发奎有所策动。顾到武汉与唐生智接洽结果：武汉即成立'政治分会'，表示不受南京统治。"以"'武汉政治分会'公开声讨'特别委员会'，指为'违法篡党'"。⑦

特委会是以蒋的下野为前提而组建的，但这并不意味蒋对此无所动作。8 月 13 日蒋在辞职的当日，发电给戴季陶，电文称："戴

---

① 《东方杂志》第 24 卷第 22 号，1927 年，第 122 页。
② 《时报》（上海）1927 年 9 月 27 日。
③ 《东方杂志》第 24 卷第 22 号，1927 年，第 123 页。
④ 《南京讨唐胜利祝贺大会》，《晨报》1927 年 11 月 24 日。
⑤ 李云汉：《从容共到清党》（下），第 777 页。
⑥ 《汪精卫将宣告广东独立》，《晨报》1927 年 11 月 23 日。
⑦ 程思远：《政坛回忆》，广西人民出版社，1983，第 7 页。

校长季陶兄勋鉴，固密，弟已辞军职及政会主席，于弟以后政治、党务均须有具体办法，望兄速来共商，不能决定，请速驾并盼催任潮兄同来。中正。"① 可见，蒋已在做下野后的打算。与此同时，"作为蒋介石势力范围的江、浙地区也不示弱，就在蒋离沪赴日考察的前一日，即9月27日，一些人就以江、浙省党部和南京特别市党部的名义发表了联名通电，否认南京中特委。同时山东、奉天、直隶、绥远、吉林等省党部和北京特别市党部也发表宣言，否认中特委"。② 至1927年11月10日，蒋介石返回上海，以"从速恢复中央执行委员会"③ 明确表示了对特委会的态度，而之后反对特委会的势力很快就得以结合。

随着蒋、汪双方达成谅解，特委会瓦解之势已显。1928年1月9日，蒋介石正式复就国民革命军总司令职务。此后，蒋介石很快着手完善政治制度。1月11日，中政会在经过四个月的短暂取消后，得以恢复，召开第一二四次会议，谭延闿、李烈钧、蒋介石、柏文蔚、朱培德、叶楚伧、张静江、陈果夫、丁惟汾、李宗仁等出席，由谭延闿主持会议，会议通过"政治会议业经开始办公，应通知各机关，一切提案，均查照向例办理"。④ 是会上，蒋发言："政治会议之初是最高军政党各事取决于是，有许多琐屑之事，不应讨论，至小事不应讨论"，⑤ 可见蒋有提高中政会权限之意。2月7日，"往开政治会议，推定公为该会议主席"，蒋为此而反思："以年轻资浅之身，而权位反在诸老者之上，总理在日，尚难应付，无怪陆荣廷、陈炯明等之叛逆不绝也！吾今惟行其正道，避免内争，以待时局之转而已！"⑥ 可见，蒋对出任中政会主席，倍感责任之重。后因蒋北

---

① 《蒋介石电告戴传贤已辞军职及政会主席》，台北，"国史馆"藏"蒋介石档案"，档案号：002-010100-00014-012。
② 尚红娟：《革命党精英在联俄容共后的蜕变——西山会议派之再研究》，第236页。
③ 《民国日报》（广州）1927年11月11日。
④ 《时报》（上海）1928年1月12日。
⑤ 《中国国民党中央执行委员会政治会议第124次会议速记录》，台北，"党史馆"藏，档案号：中央0124。
⑥ 黄自进、潘光哲编《蒋中正总统五记：困勉记》（上），第139—140页。

第二章 | 中政会之常设及"政治会议"与"政治委员会"争议（1926—1927）

伐出战在即，经中政会决议，"推谭延闿同志代理中央政治会议主席"，① 中央政治会议的恢复，表明蒋介石又重新掌握了权力。

小　结

1926 年 1 月 1 日至 20 日，中国国民党第二次全国代表大会在广州举行，是会一直被认为是第一次国共合作关系中重要的一次大会。因此，在已有关于中国国民党第二次代表大会的研究著述中，多从国共关系史的角度切入。而实际上，此次中国国民党第二次代表大会之所以急于召开，更是受到了来自中国国民党内部西山会议派的威胁。西山会议在北京的召开，是自孙中山逝世后，中国国民党内部矛盾的一次总爆发，中国国民党中央遂有分裂之势。对于一个年轻、尚处在与北洋政府对立的革命党来说，如何解决中国国民党的党统问题，才是这次会议的重中之重，也只有解决了中国国民党党统问题，这个革命党才可能继续前进。在这层意义上，是会上，中国国民党不仅要解决主义问题、政策问题、国民党右派问题，更要从章程、制度上不断完善政党制度。所以，是会修订了《中国国民党总章》。而作为中国国民党政治指导机关的中政会，在这场政争中，成为西山会议反对的标靶，亟须重新廓清其性质、职权及地位。最终在修订的《中国国民党总章》中，以最高法的形式，明确了中政会的性质、职权、地位，自此，中政会成为中国国民党中央常设机关。因此，中国国民党第二次全国代表大会在中政会发展历程中，具有重要的意义。

中国国民党第二次全国代表大会欲消除国民党中央分裂因子，但结果不尽如人意，并未结束粤沪的分裂局面。而北伐军事进展又进一步推动中国国民党政治局面不断演进，产生迁都之争。从迁都武汉、暂驻南昌、奠都南京，中政会各项决议纷至沓来，"政治会

---

① 《请另推政治会议主席或另推委员代理案》，〔美〕胡佛研究所藏，档案号：Central Political Council Archives zheng 4, reel 7。

议"与"政治委员会"并存,孰为正统、何为法源,几不能辨。

至宁、汉、沪合流,成立中国国民党中央特别委员会,从而结束三个中央党部、两个国民政府的分裂局面。由于此时宁、汉两方主要负责人的缺席,在特委会沿袭沪方一贯反对中政会的主张而做出取消中政会决议时,汪精卫、蒋介石等人先后以武汉政治分会、广州政治分会等名义进行反对,原本基础薄弱的中央特别委员会,不久便匆匆收场。蒋介石回到南京重新"主持大计"。中政会在经过四个月的短暂取消后,在蒋介石的力主下得以恢复,这是中政会自1924年成立以来,所经历的第一场裁撤风波。

第三章
中政会在训政时期的演变（1928—1937）

1928年6月，国民革命军占领北京后，即宣告全国统一基本完成，"军政时期"结束，开始构建中国国民党一党专政的政治体制，进入"训政时期"。

第一节 法理上的最高政治指导机关

一 训政制度的建立

训政源于"约法之治"，早在1906年孙中山在《中国同盟会革命方略》中正式提出"革命程序论"，将中国资产阶级民主革命的进程分为"军法之治"、"约法之治"、"宪法之治"三个时期。[①] 1914年7月的《中华革命党总章》进一步指出："本党进行秩序分为三时期：一、军政时期，以期以积极武力，扫除一切障碍，而奠定民国基础。二、训政时期，以期以文明治理，督率国民建设地方自治。三、宪政时期，以期俟地方自治完备之后，乃由国民选举代表，组织宪法委员会，创制宪法；宪法颁布之日，即为革命成功之时。"[②] 至1924年《建国大纲》颁布，这一理论最终得以系统化和完善。

训政时期是孙中山"革命程序论"中，始终坚持不可替代的阶段。孙中山认为，如由军政时期一蹴而至宪政时期，会产生三个流

[①] 孙中山：《中华同盟会革命方略》，《孙中山全集》第1卷，中华书局，1981，第297—298页。

[②] 孙中山：《中华革命党总章》，《孙中山全集》第3卷，中华书局，1984，第97页。

弊，"第一为民治不能实现，第二为假民治之名，行专制之实，第三则并民治之名而去之"。① "不经训政时代，则大多数人民久经束缚，虽骤被解放，初不了知其活动之方式，非墨守其放弃之故习，即为人利用陷于反革命而不自知。"② 由此，训政阶段是实现宪政的必经阶段，以"训练清朝之遗民，而成为民国之主人翁，以行此直接民权"。③ "一切军国庶政，悉归本党负完全责任。"④ "以党治国"是其核心理念。

第二次北伐的大功告成，宣告中国国民党基本实现了政权的统一，但其内部派系众多，政治思想纷杂，"自总理逝世迄至现在，党的革命理论由同志凭各个对主义的认识，及革命实际变动的观察，致革命理论，纷歧万端，致理论中心不能确定"。⑤ 所以对中国国民党来说，当务之急是"至少要先维持一个统一的局面"。⑥ 1928年8月7日蒋介石发表《今后贯彻革命实行主义之主张》的讲话，主张"以党治国"、"以军治国"，⑦ 又于8月9日发表《对时局意见书》，指出："既曰以党治国，则政府与行政人员，断不能离党而独立。"⑧ 与此同时，远在欧洲游历的胡汉民、孙科等人致电谭延闿、蒋介石、阎锡山、冯玉祥、李宗仁等，向中国国民党二届五中全会提出《训政大纲草案》，其原则有三："一、以党统一，以党训政，培植宪政深厚之基；二、本党重心，必求完固，应有发动训政之全权，政府应负责行政之全责；三、以五权制度，作训政之规模，期五权宪政

---

① 《孙中山全集》第7卷，中华书局，1985，第67页。
② 《孙中山全集》第11卷，中华书局，1986，第102页。
③ 孙中山：《三民主义》，《孙中山全集》第5卷，中华书局，1985，第189页。
④ 孙中山：《中华革命党总章》，《孙中山全集》第3卷，第97页。
⑤ 《统一革命理论案》，荣孟源主编《中国国民党历次代表大会及中央全会资料》（上），第535页。
⑥ 《胡汉民自传续编》，中国社会科学院近代史资料编辑部编《近代史资料》第2期，中国社会科学出版社，1983，第42页。
⑦ 《今后贯彻革命实行主义之主张》，周美华编注《蒋中正总统档案·事略稿本》第4册，台北"国史馆"，2003，第61页。
⑧ 《蒋对时局意见》，《大公报》1928年8月10日。

最后之完成。"① 随后，胡汉民又完成了《训政大纲说明书》，指出"于建国治国之过程中，本党始终以政权之保姆自任"，② 在此强调了"以党治国"。因而中国国民党二届五中全会决议开始训政，"遵照总理遗教"，"颁布约法"，③ 五院制逐渐实施。④

1928年10月3日，中国国民党中常会第一七二次会议通过了《中国国民党训政纲领》，其中规定："（一）中华民国于训政时期间，由中国国民党全国代表大会代表国民大会，领导国民行使政权；（二）中国国民党全国代表大会闭会时，以政权托付中国国民党中央执行委员会执行之；（三）依照总理建国大纲所定选举、罢免、创制、复决四种政权，应训练国民逐渐推行，以立宪政之基础；（四）治权之行政、立法、司法、考试、监察五项，托付于国民政府总揽而实行之，以立宪政时期民选政府之基础；（五）指导监督国民政府重大国务之施行，由中国国民党中央执行委员会政治会议行之；（六）《中华民国国民政府组织法》之修正及解释，由中国国民党中央执行委员会政治会议决行之。"⑤ 根据10月8日中国国民党中政会议决的《中华民国国民政府组织法》，"国民政府总揽中华民国之治权"、"国民政府主席兼中华民国陆海空军总司令"；国民政府以行政院、立法院、司法院、考试院、监察院组织之。同日，中国国民党中常会第一七三次会议选举蒋介石为国民政府主席，谭延闿、胡汉民、王宠惠、戴季陶、蔡元培分任行政院、立法院、司法院、考试院、监察院的院长。在五院之上，一方面有名义上的总枢纽——

---

① 蒋永敬编《北伐时期的政治史料——一九二七年的中国》，台北，正中书局，1981，第580页。
② 《训政大纲说明书》，中国第二历史档案馆编《国民党政府政治制度档案史料选编》（上），安徽教育出版社，1994，第585页。
③ 《训政时期颁布约法案》，荣孟源主编《中国国民党历次代表大会及中央全会资料》（上），第543页。
④ 《训政开始应否设立五院案》，荣孟源主编《中国国民党历次代表大会及中央全会资料》（上），第543页。
⑤ 中国第二历史档案馆编《中华民国史档案资料汇编》第5辑第1编政治2，江苏古籍出版社，2000，第94页。

国民政府；另一方面，五院又统一于中国国民党的党权之下。显然，与广州时期、武汉时期以及南京国民政府初期相比，训政体制下中国国民党政权的组织形态臻于完备。

南京当局推行"训政制度"伊始，便遭到知识界的质疑。1929年4月10日，胡适在《新月》上发表了《人权与约法》一文，严厉斥责了人权缺乏、民主被破坏的社会现象，指出："现在中国的政治行为根本上从没有法律规定的权限，人民的权利自由也从没有法律规定的保障。"① 同年7月10日罗隆基也发表了《论人权》，指责当时中国人权破产的状况，提出了应该受到保障的35条人民基本权利。

如果说胡适等人的主要诉求是民权的保障，那么中国国民党内的非主流派以及部分地方实力派，则更担心在训政体制下被边缘化，甚至生存空间遭挤压，因此明确表示反对。到了1930年，各反蒋派联合发起"扩大会议"，直指蒋介石借"党治"之名行独裁之实，要求根据孙中山的有关主张，制定训政时期的约法，确定政府与人民的关系、限制政府对人民权利的干涉程度。以蒋介石为首的南京当局并非拒绝制定《训政时期约法》，但在制定约法的主导力量、前提条件、时间、方式等问题上，朝野之间莫衷一是。1930年9月，以阎锡山、冯玉祥和汪精卫等为代表的反蒋军事政治联盟溃败，蒋介石试图借此有利时机尽快制定和实施《训政时期约法》，使训政体制不仅是中国国民党的纲领，而且上升为国家意志。1930年10月3日，蒋介石发表了召集国民会议通电，提出"提前召集第四次全国代表大会，确定召集国民会议之议案，颁布宪法之时期，及制定在宪法颁布以前训政时期适用之约法"。② 此举遭到胡汉民的强烈反对。10月6日，胡汉民发表讲话，强调召开国民会议的前提是"各地方脱离了军阀的淫威和压迫，社会已暂趋安静，然后各地人民团体才能安全地推派代表，组织国民议会"。胡汉民还以中国国民党第三次全国代表大会把孙中山的《三民主义》、《五权宪法》、《建国大

---

① 欧阳哲生编《胡适文集》第5册，北京大学出版社，1998，第527—529页。
② 《蒋电中央请提前召集第四次全国代表大会》，《申报》1930年10月7日。

纲》、《建国方略》、《地方自治开始实行法》作为训政时期中华民国最高根本法为由,反对制定约法。1930年11月召开的中国国民党三届四中全会虽然决议于翌年5月召开国民会议,但在是否制定约法问题上,由于胡汉民的坚决反对而未能达成。嗣后,对于约法主导权之争,直接引发了蒋介石与胡汉民之间的冲突,引发了更大范围的政局动荡。

直到1931年2月,蒋介石以强力将胡汉民软禁于汤山之后,南京当局主导下的《训政时期约法》的制定工作,才开始了实质性启动。同年3月中国国民党中常会决定吴稚晖等11人为《约法》起草委员。4月,《约法草案》在中国国民党中常会上获得通过,并经5月1日召开的中国国民党第三届中央执行委员会临时全会审议通过。5月5日至17日召开的国民会议最后通过了《中华民国训政时期约法》,交由国民政府于6月1日公布施行,规定"训政时期由中国国民党全国代表大会代表国民大会行使中央统治权。中国国民党全国代表大会闭会时,其职权由中国国民党中央执行委员会行使之"。此外,《中华民国训政时期约法》还规定,"本约法之解释权由中国国民党中央执行委员会行使之"。[1]

总之,通过制定和颁行带有根本大法属性的《中华民国训政时期约法》,中国国民党政权的基本政治体制得以固定下来,在这一体制中,中国国民党居于国家、政府和人民之上的统治地位。

二 《训政纲领》关于中政会职权之规定

从中国国民党中常会第一七二次会议通过的《中国国民党训政纲领》来看,其主要特征有:(1)明确党与政府的关系,胡汉民将其阐释为,"党握有发动训政之全权,政府负有实行训政之全部责任",[2] 即把孙中山的"权"、"能"学说,置换为党与政府的关系。

---

[1] 《中华民国训政时期约法》,《中华民国史档案资料汇编》第5辑第1编政治1,第269—275页。
[2] 《胡汉民孙科提出政治纲领》,《京报》1928年6月21日。

中国国民党创建了五院,并对各自的权力做了具体的规定,但从根本上讲,它们只是贯彻中国国民党意志与政策的工具。

> 感于当时国府之组织,过于简单,党政之系统,过于纷乱,不足以应付环境之需要,遂于是年九月中,邀集党中领袖,讨论政制。经一度会议后,组织之大纲及前提,业已决定,遂推胡展堂、戴季陶、王亮畴诸同志,共负起草之责任,是月二十三日,胡戴王等以研究之结果,制成条文四十九条,定名国民政府组织法,交由中央委员张静江、李煜瀛、戴传贤提出于中央执行委员会政治会议。经一度之讨论,议决推定蒋中正、胡汉民、王宠惠、李煜瀛等十四人为审查委员,对于草案再行详细研究。十月三日,该委员等以审查结果,报告于政治会议,复经一度之讨论,于审定案略加修改,遂议决通过,并报告中央执行委员会,中央执行委员会常务会议乃于同日下午议决将全案照原文公布,此即十七年十月四日公布之国民政府组织法也。①

在通过的《中华民国国民政府组织法》中,明确规定"国民政府设行政、立法、司法、考试、监察五院,其正副院长均由国民党中央执行委员会选任"。② 同时,"现行国民政府组织法之内容,仅限于国民政府之组织,其修正权则另行规定于训政纲领中"。"至关于人民权利及义务之规定,则尚付阙如。最近中委焦易堂欲弥此缺憾,而有制定人权法之提议,然中央执行委员会政治会议讨论之结果,以为总理全部遗教,已足为政府施政之规范,无须另有规定,对于此项提议,未予通过,现行国府组织法之内容,仅就中央政府

---

① 谢瀛洲编《国府组织法研究》,张研、孙燕京主编《民国史料丛刊》,大象出版社,2009,第125—126页。
② 《东方杂志》第28卷第1号,1931年,第183页。

之组织，予以明确的规定。"① 可见《训政纲领》的颁布，是将"以党治国"确定为"训政时期"政权运作的最高指导原则，从根本制度上使中国国民党一党专政的地位得以确定，"中国国民党独负全责"，② 而人民是党的"保育"对象。③

（2）中政会成为新的负责决策的最高机关。根据《训政纲领》的规定，"在训政时期，由国民党总揽政权，为政策之发源；国民政府行使治权，为政策之执行。基于此项原则，则政府之一切重要措施，均须秉最高党部之意旨；斯时最高党部之权力，实等于宪政时期之国民大会，而国民政府即对之负政治上之完全责任者也。因此，党与政府之间，其关系至为密切。然党之地位，在政治上常隐藏于政府之背后，其对于政府所示之意旨，不能以法律之形式出之，则关于一切政策之灌输，不能不有藉于其他机关，斯即政治会议之所由设立也"。④ 按照胡汉民的解释，"政治会议，为全国训政之发动与指导机关，此其性质已首先标明于大纲之中。因此之故，政治会议，对于党为其隶属机关，但非处理党务之机关，对于政府，为其根本大计与政策方案所发源之机关，但非政府本身机关之一。换言之，政治会议，实际上总握训政时期一切根本方针之决择权，为党与政府间唯一之连锁。党于政府建国大纲计，及其对内对外政策有新发动，必须经此连锁而达于政府，始能期其必行。如是在党一方面，一切政治的思想及主张，自有其酝酿回翔之余地，殆其成熟结晶，为具体的政纲与政策，然后由政治会议之发动，正式输与于政府，置之于实施。在政府一方面则凡所接受之政策与方案，皆有负责执行之义务，有政必施，有令必行，两方之权能分工，党国之系体有别，其间连锁之责任，亦复厘然有序，不致无可捉摸。简括言

---

① 谢瀛洲编《国府组织法研究》，张研、孙燕京主编《民国史料丛刊》，第125、129页。
② 罗家伦主编《革命文献》第76辑，第82页。
③ 胡汉民：《训政大纲提案说明书》（1928年9月15日），《再造》第17期，1928年。
④ 谢瀛洲编《国府组织法研究》，张研、孙燕京主编《民国史料丛刊》，第125、131、132页。

之,政治会议,在发动政治根本方案上,对党员负责,而非在党以外也。国民政府,在执行政治方案上,对政治会议负责,但法律上,仍为国家最高机关,而非隶属政治会议之下也。明乎此,则政治会议纲领所具之精神,不待烦言而解矣"。① 《训政纲领》基本明确了中政会在训政时期的最高指导机关的地位,在此后的历次中政会组织条例修订中,即在此法理地位下,职权不断扩充。

1928年10月25日以《训政纲领》为底本的《中央执行委员会政治会议暂行条例》出台。②

> 第一条　政治会议为全国实行训政之最高指导机关,对于中央执行委员会,负其全责。
> 第二条　中央执行委员会监察委员,为政治会议当然委员。
> 第三条　中央执行委员会,得推定其他政治会议委员,其人数不得超过前条当然委员名额之半数,前项委员,须具有左列资格之一者,一,为党服务十年以上,富有政治经验者,二,负党国之重任,其地位在特任官以上者。
> 第四条　国民政府委员,亦为政治会议当然委员。
> 第五条　政治会议讨论及决议之事项,以左列者为限,甲建国纲领,乙立法原则,丙施政方针,丁军事大计,戊国民政府委员、各院长副院长及委员、各部长及委员会委员长、各省政府委员主席及厅长、各特别市长、驻外大使特使公使及特任特派官吏之人选。
> 第六条　政治会议不直接发布命令,及处理政务。
> 第七条　政治会议由委员互推一人为主席。
> 第八条　候补中央执行委员监察委员,得列席政治会议。
> 第九条　政治会议委员,除特别紧急重要事件,经本会议之许可,得派人代表列席报告外,平时不得派代表出席。

---

① 胡汉民:《训政大纲提案说明书》(1928年9月15日),《再造》第17期,1928年。
② 《中央执行委员会政治会议暂行条例》,《申报》1928年10月26日。

第十条 政治会议之决议,直接交由国民政府执行。

第十一条 政治会议之决议,有提交国民政府及各院各军事最高机关讨论决定执行者,由各该长官负责办理。

第十二条 政治会议设秘书长一人,秘书三人,办事员若干人,由主席任命并指挥之。

第十三条 政治会议议事规则另定之。

因此时尚为中国国民党第二届中央执行委员会期间,所以此次通过的中政会条例取"暂行条例"之称,待中国国民党"三大"时通过正式条例。但《中央执行委员会政治会议暂行条例》中明确规定中政会是"全国实行训政之最高指导机关",与之前的"政治会议"或"政治委员会"均有极大的差异。并且,此次修订对中政会的职权做了详细规定,涵括"建国纲领"、"立法原则"、"施政方针"、"军事大计"、"国民政府委员、各院长副院长及委员、各部长及委员会委员长、各省政府委员主席及厅长、各特别市长、驻外大使特使公使及特任特派官吏之人选"。可谓"一个政治机构中最要紧的有三个元素:其一为政策的制定机关,其一为制定法律来表现政策的机关,其一为执行法律以实行政策的官吏的任命机关",[①] "一切国家大政,酝酿之于党者,至政治会议而结晶,国民政府只须以合法的形式为之具体的发表于外耳。关于左列各种事项,均由政治会议决定之:(1)立法方针;(2)行政方针;(3)对外政策;(4)军事大计;(5)政府重要职员之选任"。[②] 中政会兼而有之。

1929年3月,中国国民党"三大"召开,通过《确定训政时期党、政府、人民行使政权治权之分际及方略案》,再次强调"指导监督国民政府重大国务之施行,由中国国民党中央执行委员会政治会议行之"。[③] 至1930年3月4日,中国国民党第三届中央执行委员会

---

① 陈之迈:《中国政府》第1册,第96页。
② 谢瀛洲编《国府组织法研究》,张研、孙燕京主编《民国史料丛刊》,第134页。
③ 荣孟源主编《中国国民党历次代表大会及中央全会资料》(上),第657—659页。

第三次全体会议通过《修正中央执行委员会政治会议条例案》，在中政会的议决事项中，又加"财政计划"一项，① "政治会议之下，设政治组、经济组、外交组、财政组、教育组及其他专组。各设委员五人至九人，分别担任审查与设计事宜"。② 设立的专组，虽然只是建议和咨询机构，但无形中使中政会建立起一个与国民政府并列的功能机构，这也是1935年中政会改组，成立各专门委员会的前身。

1930年，中国国民党三届四中全会在蒋、阎、冯中原混战结束后召开，面对政治的重建，在"刷新政治案"中说明："本党以中央执行委员会为发动政治之最高机关，而中央则寄此一部分权责于中央政治会议。政治会议决定重要的国家大计，而俾国民政府推行之。脉络连贯，层次井然。在宪政未行之时期中，欲运用政治俾与本党的政策方略相贯注，自唯有政治会议作中枢。"③ 在接下来的中国国民党三届五中全会通过的《中央执行委员会政治会议条例（修正案）》中，对中政会委员的构成做了修正，而中政会的职权仍沿用三届三中全会通过的《修正中央执行委员会政治会议条例案》。④

1935年，华北事变爆发，随着日本侵华步伐不断"推进"，国内抗日呼声日益增长，在这种情况下，中国国民党第五次全国代表大会召开，在之后举行的五届一中全会中通过《中央执行委员会组织大纲案》。⑤

---

① 荣孟源主编《中国国民党历次代表大会及中央全会资料》（上），第797页。
② 荣孟源主编《中国国民党历次代表大会及中央全会资料》（上），第797页。
③ 《三届四中全会记录》，转引自陈之迈《中国政府》第1册，第110页。
④ 陈之迈："二十年六月十四日（1931年6月）的组织条例第四条关于中政会职权之规定，较上述者（1928年10月25日）多添'财政计划'一条，而将上述的戊项改为'国民政府主席及委员，驻外大使，公使，及特任，特派官吏之人选'。"（《中国政府》第1册，第96页）实际上，中国国民党第三届中央执行委员会第三次全体会议在1930年3月4日通过的《修正中央执行委员会政治会议条例案》中已添加了"财政计划"一条。
⑤ 荣孟源主编《中国国民党历次代表大会及中央全会资料》（下），第385—387页。

一、中央执行委员会推定常务委员九人，并就常务委员中推定主席及副主席各一人，组织常务委员会，在中央执行委员会全体会议闭会期间执行职务。

常务委员会开会时，中央监察委员会常务委员，中央政治委员会正副主席，国民政府主席，五院院长及中央秘书长，组织、宣传、民众训练三部部长，各计划委员会主任委员，均得列席。

二、中央执行委员会之下设秘书处、组织部、宣传部、民众训练部。秘书处设秘书长一人。组织、宣传、民众训练三部各设部长一人、副部长一人，综揽各部处事宜。各部于必要时，得设委员若干人，担任设计工作。

三、中央执行委员会之下，设海外党务计划委员会、地方自治计划委员会、国民经济计划委员会、国民军事训练计划委员会、文化事业计划委员会、财务委员会、抚恤委员会、党史史料编纂委员会及其他特种委员会、各附属机关。各委员会设主任委员一人、副主任委员二人、委员若干人，掌理各委员会事宜。

四、中央执行委员会设政治委员会，由中央执行委员会就中央执行委员、中央监察委员中推定主席一人、副主席一人，委员十九人至二十五人组织之，为政治之最高指导机关，对中央执行委员会负其责任。其组织条例另定之。

政治委员会开会时，中央常务委员会主席、副主席，国民政府主席，五院院长、副院长，军事委员会委员长、副委员长，均应出席。

本会所属各专门委员会主任委员及国民政府各部会长官于必要时，得通知列席。

五、政治委员会设秘书处，置秘书长一人、副秘书长一人。

六、政治委员会之下设法制、内政、外交、国防、财政、经济、教育、土地、交通各专门委员会，各设委员九人至十五人，以中央委员及对各该委员会主管事项有专门研究之党员充任之，并得聘请专家为顾问。

各专门委员会设主任委员一人、副主任委员一人,副主任委员不得兼任其他职务。

据《中央执行委员会组织大纲案》,绘制中政会与国民政府组织关系图,见图 3-1。

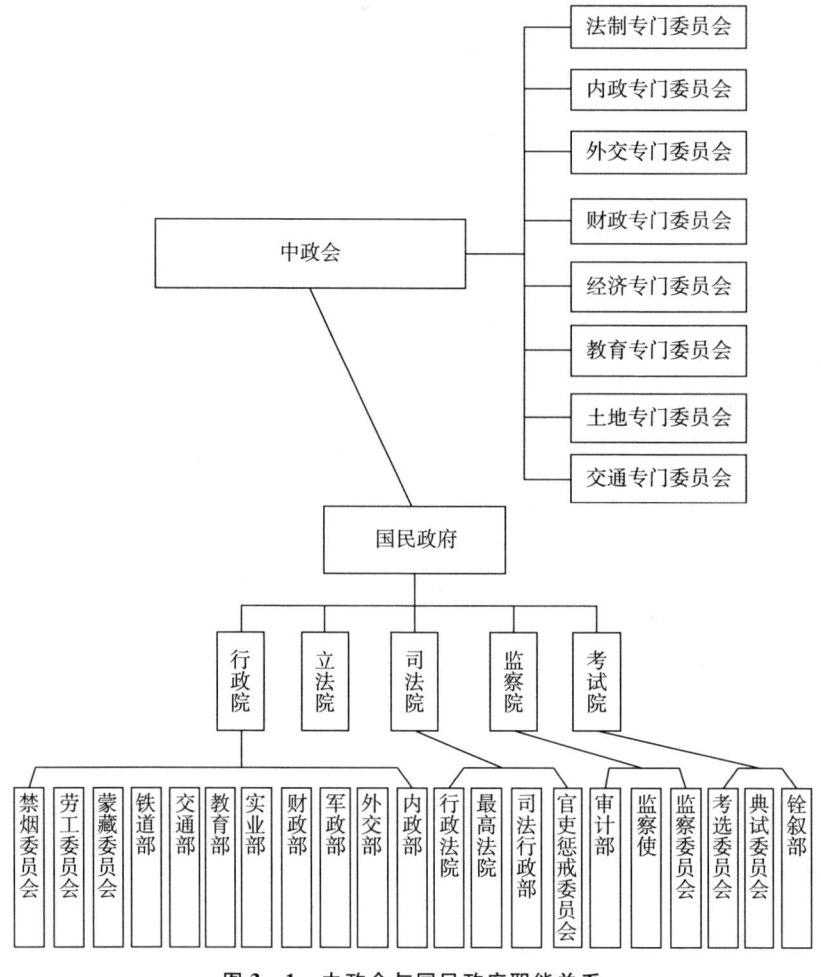

图 3-1 中政会与国民政府职能关系

从图 3-1 不难看出,此时国民政府下属五院不乏职能部门与中政会所成立的专门委员会重合,所以,该案有附注"中央执行委员

第三章 中政会在训政时期的演变（1928—1937）

会及政治委员会之下各计划委员会及专门委员会成立以后，政府机关有同性质之组织者，应即取消，以期人才集中，事权统一"。① 至此，国民政府职权大多被取代。

三 中政会的职权考察——以"立法权"为中心

1. 立法院成立前的直接立法机关

同近代各国一样，从封建专制阴影中走出来的中国国民党，在争党统的同时，必标榜法统，并声言在训政时期"厉行法治主义"，② 立法权实为各权之要。

广州国民政府成立之前，并没有完善的立法程序，"惟最初中央仅有'政治方针由政治委员会决定'"，"所有立法问题均以中央政治会议为最终法定用符"。③ 至 1927 年 5 月中政会第八十次会议决议，组织中央法制委员会，"承中央政治会议及国民政府之命审查一切法制"。6 月，中政会一〇〇次会议，决议"设立法制局，隶属于国民政府，所有法律由该局草拟或修订，呈由国民政府交中央法制委员会审议，提经中央政治会议通过，交由国民政府公布施行"。④

中政会在经特委会短暂取消后，重新"开始办公"，⑤ 更奠定了其尊崇地位，蒋介石成为此时恢复中政会运作的主要推动者，"谭延闿过谈，商决政治会议制度"。⑥ 如蒋介石所言，"政治会议之初是最高军政党，各事取决于是。有许多琐屑之事，不必讨论，至小事不应讨论，至第四次会议再讨论。在此数日暂照老办法，军、政、党、国民政府常务会议、军会、总司令部事讨论一下，集合在一起

---

① 荣孟源主编《中国国民党历次代表大会及中央全会资料》（下），第 387 页。
② 《训政时期国民政府施政纲领》（1929 年 7 月），蔡鸿源主编《民国法规集成》第 33 册，黄山书社，1999，第 35 页。
③ 《国民大会政治总报告（二）》，台北，"国史馆"藏"国民政府档案"，档案号：001-011140-0019。
④ 《国民大会政治总报告（二）》，台北，"国史馆"藏"国民政府档案"，档案号：001-011140-0019。
⑤ 《时报》（上海）1928 年 1 月 12 日。
⑥ 黄自进、潘光哲编《蒋中正总统五记：困勉记》（上），第 135 页。

讨论的好"。① 1928年2月1日，中常会商讨《中央执行委员会政治会议暂行条例》时提出："一、政治会议为中央执行委员会特设之政治指导机关，对于中央执行委员会负其责任。二、中央政治会议委员由中央执行委员会推定之。三、凡一切法律问题，经中央政治会议议决，由中央执行委员会交国民政府执行之。四、凡重要政务，须经中央政治会议议决，交国民政府执行。五、中央政治会议得设专门委员会以备咨询。六、中央政治会议由委员互推一人为主席。七、中央政治会议设秘书长一人，秘书办事员书记若干人，由主席任命并指挥之。"②

此时，"国民政府官员立法权之行使尚无一定之规则，流弊所届，不独法律内容往往流于草率，而且法与法相互矛盾，自一般民众，以致执行法律之机关，从违既无准则，行动俱感困难，行政秩序、法律尊严将因是而永难确立，欲除种种弊害，亟应制定一种法律，第一立法权之分配须有确切标准，第二立法手续应经一定步骤"，③面对上述的情况，中政会于1928年2月22日召开第一二九次会议，由谭延闿主席，商讨《立法程序草案》。在该会议上，各委员就立法程序的制定进行了详细讨论。会上，于右任提出："凡法与法之冲突及草率等弊，应有急行救济之道。""政治会议为立法机关，但最终决定权在何处？该草案第一条原文'一切法律须经中央政治会议议决'，本席认为，应即改为'中央政治会议得议决一切法律，由中央执行委员会通过之'。"④由此引发了委员间的争论，谭延闿问："中央执行委员会是指全体会议？抑指常务委员会？"蔡元培认为："为立法之郑重起见，应由全体会议。可否改为'由全体会议追认之'？"但叶楚伧即提出："现在对于法律之需要甚急，若俟

---

① 《中国国民党中央执行委员会政治会议第124次会议速记录》（1928年1月11日），台北，"党史馆"藏，档案号：中央0124。
② 《中国国民党中央执行委员会常务委员会会议录》第3册，第355页。
③ 《立法程序草案》，台北，"国史馆"藏"国民政府档案"，档案号：001-012020-0002。
④ 《中国国民党中央执行委员会政治会议第129次会议记录》（1928年2月22日），台北，"党史馆"藏，档案号：中央0129。

数月后方得决定，则将何以应用？政治会议对中央全会负政治之全责，则政治会议所决定者，并无与中央执委会冲突之处。"张静江亦主张："政治会议不能自决政治问题，又何必有此机关之设立？"① 虽各委员争论的是立法程序问题，但实已触及中政会与中执会之间的关系，立法最终决定权的归属问题。会议最终以"中央政治会议议决一切法律，由中央执行委员会交国民政府公布之"，② 决议通过。

虽然按照决议，"中央政治会议议决一切法律，由中央执行委员会交国民政府公布之"，③ 但细究其含义，中央执行委员会只系一形式上的程序。在讨论过程中，于右任等人对此亦坦陈己见。如于右任发言："凡立法经一层手续，则多一分保障。政治会议决议者，中央执委会无不通过，然为郑重起见，拟如此办理，并无他意。"叶楚伧："望勿将本问题看得太大，现讲本案事实，常委均为政会委员，则政会议决，自不致为常会否决。至形式上可照谭主席所说用'中央执行委员会'名义发出。"张静江："这是很明白的，常务委员五人均为政会委员，则政会决议何必交常会通过？"蒋介石："中央以全权交政会解决政治问题，原可直接交国民政府，然法律非他案所可比，为慎重起见，应经中央执委会交国府。"④

"一切法律概须由政治会议议决，凡经政治会议议决之法律，概称曰某'法'，国民政府及所属各机关，仅得制定关于施行法律之规则，此规则仅称'条例'，不称'法律'"，在此原则指导下，国民党制定了《立法程序法》，共计10条，提经中央执行委员会第一一九次会议修正通过。《中央执行委员会政治会议暂行条例》第三条规

---

① 《中国国民党中央执行委员会政治会议第129次会议记录》（1928年2月22日），台北，"党史馆"藏，档案号：中央0129。
② 《中国国民党中央执行委员会政治会议第129次会议记录》（1928年2月22日），台北，"党史馆"藏，档案号：中央0129。
③ 《中国国民党中央执行委员会政治会议第129次会议记录》（1928年2月22日），台北，"党史馆"藏，档案号：中央0129。
④ 《中国国民党中央执行委员会政治会议第129次会议记录》（1928年2月22日），台北，"党史馆"藏，档案号：中央0129。

定:"法律问题经中央政治会议议决,由中央执行委员会交国民政府执行。"① 自此,立法权由中政会行使,并具有一定程序。

2. 立法院成立后的最高立法决定权

嗣中政会第一五六次及第一五七次会议将《国民政府组织法》修正通过,规定国民政府以行政院、立法院、司法院、考试院、监察院五院组织之,复规定立法院为国民政府最高立法机关,有议决法律案、预算案、大赦案、宣战案、媾和案及其他重要国际事项之职权,旋立法院于1928年12月5日组织成立,关于立法事项始有一主管机关,专司其责。②

立法院成立后,按照相关制度安排的规定:至于各种法案之起草,则依照中央政治会议第一六七次会议之决议,"立法原则应先经政治会议议决,而法规之条文由立法院依据原则起草订定"。③ "训政时期之立法院,系在国府隶属之下,其代表本党最高立法机关,仍属于中央政治会议","在训政时期,由党握得政权,以治权交诸国府,而立法院实握有治权一大部分,因其决定各种法规也,故必须遵守党之主义,与总理之遗训,实际上将中央政治会议为立法之最高机关,故吾人须绝对服从党之意旨,立法之重要,与其力量之伟大,不待言自明"。④

在实际运作中,中政会与立法院的关系更为复杂。中政会职权实际上并不局限于"立法原则"的规定。

1932年5月3日,中政会召开第二十九次临时会议,由汪精卫任主席,蒋介石、石青阳、陈璧君、洪陆东、陈公博、叶楚伧、邵元冲、陈果夫、陈立夫出席,黄绍竑、纪亮、张道藩、谷正纲、郑占南、苗培成、黄吉宸、戴愧生、曾扩情、萧吉珊、李宗黄、陈树

---

① 《国民大会政治总报告(二)》,台北,"国史馆"藏"国民政府档案",档案号:001-011140-0019。
② 《国民大会政治总报告(二)》,台北,"国史馆"藏"国民政府档案",档案号:001-011140-0019。
③ 《国民大会政治总报告(二)》,台北,"国史馆"藏"国民政府档案",档案号:001-011140-0019。
④ 《焦易堂之法制谈》,《申报》1928年12月10日。

人、罗家伦、曾仲鸣等人列席，听取外交部长罗文干口头报告与日本在上海商定停战协定的经过。汪精卫以会议主席提出："此案是不是要经过立法院的议决？因为国民政府组织法第二十七条规定：'立法院有议决……宣战案、媾和案及其他重要国际事项之职权'，不过现在既不是两国正式宣战，在日本并未对我国宣战，在我国是一面抵抗一面交涉，而且'一·二八'战事发生之前，也没有经过立法院的议决，所以此次停战，并未媾和之可言，似乎没有经过立法院的必要。如果说，这是重要国际事项，要经过立法院的议决，那末，我们也只要看对方对于此案的态度，来作我们的准则好了，现在日本对于这个协定，也并未经过国会的认可，而后始认为有效的，所以这次的协定，绝不能认为是媾和的条约，今天行政院讨论结果也觉得不必经过立法院的，并且上次立法院会议时，呈请外交部长列席报告，嗣以外交部长须出席行政院会议，改由徐次长赴会报告此案经过情形，并说明政府方面的意思，以为不必经过立法院议决的，据徐次长说，立法院各委员会亦大体满意云。现在要请各位决定，究竟此案是不是要经过立法院的通过才得有效？"对此，蒋介石回应："立法院对于此案，实际上既是满意了，且如主席所说，并不能说是由于宣战而今始媾和的，故可直接由政治会议交行政院去办理，立法院方面，可由外交部作一个报告。"汪精卫接着说："蒋委员的意思，是不必经过立法院通过的，一面由政治会议交行政院去办理，一面由行政院向立法院来报告，各位有没有异议？"众无异议，最后决议："此项协定既非媾和条约，应准照外交部所拟办理，交行政院俟办理完竣，再由行政院向立法院报告。"①

此案事后引发监察院弹劾汪精卫，但弹劾只以"应毋庸议"了结。缘何如此，按中国国民党中央执行委员会发国民政府公函，可以知其梗概："案准中央监察委员会函为：'据国民政府监察院呈以行政院院长汪兆铭对于此次上海停战协定，不交立法院议决，遽行

---

① 《中国国民党中央执行委员会政治会议第二十九次临时会议速记录》（1932年5月3日），台北，"党史馆"藏，档案号：中央临时029。

签字,请惩戒一案',经第七次临时常会决议:'查上海停战协定,系中央政治会议第二十九次临时会议决议:此项协定,既非媾和条约,应准外交部所拟办理,交行政院,俟办理完竣,再由行政院向立法院报告在案。此案既经中央政治会议议决,所请惩戒行政院院长汪兆铭一节,应毋庸议'。请查照办理等由,经提出本会第二十一次常会决:'照办'在案,除分函外,相应函达,即希查照转行监察院知照为荷。此致国民政府。"① 在该案中,中政会不仅具有最高的立法权,且有决定案件是否需要通过立法院之权力。

除此之外,1932年7月14日,中常会在讨论《立法程序纲领》一案时,关于立法的决定权问题,再一次成为争论焦点。是会由叶楚伧主持,常委居正、汪精卫、顾孟余出席,黄吉宸、萧吉珊、谷正纲、丁超五、邵元冲、曾仲鸣、唐有壬、陈璧君、陈肇英、石青阳、郑占南、纪亮、苗培成、茅祖权、李宗黄、褚民谊、王祺、萧忠贞、王懋功、邓飞黄、李次温、张道藩、谢振民、石瑛等人与会,审查蒋介石、汪精卫两位委员的提议:"为第二十五次常会通过之《立法程序纲领》第六条:'立法院会议通过之法律案,在国民政府未公布以前,中央政治会议认为有复议之必要时,得说明理由,发院复议,应依据修正,但同一议案之复议,以一次为限。'窃以为如此,则法律案之最后决定在于立法院,与以党治国之原则,及五院均对中央执行委员会负责之规定,均有不合,拟修改为'立法院会议通过之法律案,在国民政府未公布以前,中央政治会议认为有修正之必要时,以决议案发交立法院应依据修正之',当否请公决案。"邵元冲发言:"这一个问题是解释的问题,依条文所考虑之点,在事实上不会发生,照第六条规定,中央有交立法院复议之权,但为什么以同一议案一次为限呢?因为法律的基础要详密一点,遂不致发生困难,何况立法院重要之法律案,其原则都由中央政治会议决定,其重要之点当然包括在原则之内,如果法律案经修正后,再经几次

---

① 《行政院所属官员弹劾案》,台北,"国史馆"藏"国民政府档案",档案号:001-018310-0001。

的修正,则法律的本身太难确定。"顾孟余:"据本席所知,交复议在各国宪法上都有规定,原则既由中央决定,中央认为有复议之必要,当然此法律案还不能完全代表中央的意思,所以要交复议。"陈肇英:"立法院委员决不与中央有为难的地方,譬如赈灾公债一千万元,因为财政部直接送立法院,不经中央政治会议,故发生此麻烦。"汪精卫:"现在要问中央是最后决定机关?还是立法院是最后决定机关?""整个的法律案,都由立法院来定,故立法院的权很大,在立宪国家政府与国会的意见不同,不是国会解散,就是政府辞职,在中国如行政院交立法院复议,而立法院不允复议,行政院全体辞职,原很容易,但现在是中央政治会议,立法院对中央政治会议负责的,立法院不允复议,难道中央全体委员也辞职吗?这是党国安危的问题,如此案不能通过,中央政治会议常务委员只能辞职。"①该修正案最终以众无异议通过。其内容如下:

(一)一切法律案有提案权之机关及其提案程序如下。

一、国民政府交立法院审议之案;

二、立法院自提之案;

三、行政院、司法院、考试院、监察院移送立法院审议之案。

(二)各院之各部会关于法律案之提案,应呈由各该院核定后,再由该院移送立法院。

(三)各省政府,及行政院直辖之市政府,其关于法律案之提案程序,准用各部会提案之办法。

(四)五院以外之国民政府直辖机关,关于法律案之提出,均应呈请国民政府核定后,由国民政府交立法院审议。

(五)一切法律案,除政治会议自行提出者,由政治会议自定原则外,第一所列各提案机关提出者,应由原提案机关拟定法案原则草案,呈请政治会议决定。

---

① 《第四届中央常会速记录26—35次》,台北,"党史馆"藏,档案号:会4.3/3。

第二、三、四条所列各移送提案机关，应审定法案原则草案，送政治会议决定之。

立法院对于政治会议所定之原则，不得变更，但立法院有意见时，得陈述意见于政治会议。

各提案机关呈请政治会议决定原则时，如已有全文草案者，应付呈其草案。

（六）立法院会议通过之法律案，在国民政府未公布以前，中央政治会议认为有修正之必要时，得以决议案发交，立法院应依据修正之。①

可见，虽然有"立法原则应先经政治会议议决，而法规之条文由立法院依据原则起草订定"的规定，②但在《立法程序纲领》的讨论中，不难发现，中政会不仅决定立法原则，且通过对法律案的复议权，掌控了法规的制订及出台，成为事实上最高的立法决定机关。

1934年12月编订的《政治会议工作报告》，在政治会议工作之概况中，关于立法原则一节，就有51项之多。包括"修正行政院组织法"、"修正内政部组织法"、"修正教育部组织法"、"修正侨务委员会组织法"、"修正立法院组织法"、"修正法院组织法原则"、"修正公务员惩戒委员会组织法"、"修正考试费监试法典试委员会组织法原则"、"修正铨叙部组织法"、"修正参谋本部条例"、"修正全国经济委员会组织条例"、"修正导淮委员会组织条例"、"故宫博物院组织法及理事会组织条例原则"、"邮政总局组织法及邮政储金汇业局组织法原则"、"修正反省院组织条例"、"市县参议会组织法及市县参议会议员选举法原则"、"规定民选区长坊长及区民代表死亡或因故去职时补选办法"、"议改市组织法区及乡镇自治施行法"、"改

---

① 《立法程序纲领》，台北，"国史馆"藏"国民政府档案"，档案号：001-012020-0002。
② 《国民大会政治总报告（二）》，台北，"国史馆"藏"国民政府档案"，档案号：001-011140-0019。

进地方自治原则"、"修正中山县训政实施委员会组织大纲"、"改定教育官制及官等官俸原则"、"修正县长任用法"、"警官任用法原则"、"公务员登记条例原则"、"改定颁给勋章原则"、"修正公务员惩戒法及弹劾法"、"公务员考绩法及公务员考绩惩罚条例原则"、"修正出版法原则"、"兵役法原则"、"预算法原则"、"统计法原则"、"银本位币制造条例原则"、"海关缉私条例原则"、"修正进口货物原产国标记条例第一条"、"印花税法原则"、"中央银行法原则"、"监督地方财政暂行法原则"、"合作社法原则"、"修正工会法第十六条"、"修正劳资争议处理法原则"、"取缔棉花掺水掺假条例原则"、"小学组织法及中学组织法原则"、"师范学校组织法及职业学校组织法原则"、"邮政法原则"、"损害专利权科刑原则"、"泄漏军机治罪法原则"、"徒刑人犯移垦条例原则"、"修正禁烟法原则"、"修正刑法奸非罪之原则"、"偷漏国税处刑原则"、"交易税例原则"等，从院部到地方，对政治、经济、教育等各个方面均有涉猎，从中可见中政会的立法决定权之运用。

第二节　实际运作中的中政会——以"顾案"为中心

如上文所述，中政会在训政时期居于党政之间唯一连接的地位，为最高政治指导机关，其地位之隆、权限之大已毋庸赘述。仅从1934年1月编订的《政治会议工作报告》中所列的"政治会议工作概况"就可知此时中政会在实际运作中的权限之广。

1934年1月编订的《政治会议工作报告》中"政治会议工作之概况"，共分为五大项：立法原则、施政方针、军事大计、财政计划、政务官之任免，具体如下。

第一，立法原则。改订教育官制及官等官俸原则；修正考试法监试法典试委员会组织法原则；修正铨叙部组织法；修正反省院组织条例；兵役法原则；银本位币铸造条例原则；修正县长任用法；修正立法院组织法；修正进口货物原产国标记条例；修正公务员惩戒法；修正全国经济委员会组织条例；故宫博物院组织法及理事会条例原则；改定颁给勋章原则；规定民选区长坊长及区民代表死亡或因故去职时补选办法；印花税法原则；海关缉私条例原则；邮政法原则；公务员登记条例原则。

第二，施政方针。第一款内政：有厘定地方行政组织之准备；设置西京市；筹拟川局善后办法；振恤各省灾荒及防灾设备；防护北平古物文献并整理故宫博物院；实施救济华侨方案；编置首都行政警察；调节民食及救济农村之规划；改正华北行政系统；发行华北救济战区短期公债；防止青海兽疫；推进水利行政之步骤；改善中医中药之进行；准各省设立县政建设实验区办法；延长浙江省肃清毒品暂行条例施行期；扩充新疆省政府委员名额；禁止公务员任意发表谈话；培修黄帝陵道；对于福建叛乱之初步处置；补订无给职官员非官员及聘任人员抚恤办法；制定蒙古自治办法。第二款外交：有处理对日事件之经过；批准延长上海公共租界内中国法院协定及换文之效力。第三款司法：有议定聘任人员及军事长官之惩戒机关；裁撤各省军法会审；准最高法院添设民事一厅刑事三厅；厉行保释未决押犯；重申刑讯禁令。第四款教育：有补充各级学校规程要点；筹设建国奖学委员会；补助文化机关经费；整理国乐计划；添筑南京市小学校舍；审定中小学党义教育标准；设立西北农林专科学校。第五款交通：有借拨迎庚款扩展招商局营业；改革邮务纲要；核准国有铁路购运材料继续分别纳税记账。第六款实业：有对俄贸易采国家统制政策；议改厂商订购机器还本付息办法；褒恤邢广世发明小纺纱机；核定官商合办酒精制造工厂合同；改组全国度量衡局为全国标准局。第七款建设：有筹议开发西北各省；成立美国棉麦及面粉借款；特许利用外资办理沪西供电天津给水及河南煤矿事业；准发行各种建设公债；筹办航空事业。

第三，军事大计（因该项属秘密，详细情形未列出——引者注）。

第三章 | 中政会在训政时期的演变（1928—1937）

第四，财政计划。准发行民国二十二年爱国库券两千万元；统一货币；改订海关进口税及卷烟水泥火柴统税税率；准湖南省发行救国库券五百万元；修正考试经费负担原则；追认浙江省政府发行省金库券六百万元；发行二十二年关税库券一百万万元；发行二十三年关税库券一百万万元；改定各区盐税税率；加增煤汽油进口税；准湖北省发行整理金融公债四百万元；审核预算之概要。

第五，政务官之任免。中央；地方（具体任免情况从略——引者注）。①

由上可知，在实际运作中，中政会荦荦大端不胜枚举，但欲详知其每项政策的出台及其运作中体制与人事之间的纠葛，则典型的案例更有助于深入了解其中情形。

1934年发生的"顾案"，不仅因其为"中央政界之一大悬案"，②"一时南京政界暗潮甚烈"，③且因此事件，中国国民党中政会通过《关于监察院弹劾案等三项办法》，对弹劾制度产生重大影响，所以学人多从监察制度的设计及实践和派系斗争等角度关注此事件。④而对"顾案"中的中政会权限问题，言之不详。实际上，该案是透视中政会实际运作情况的一个较好视角。

一 "顾案"的发生及中政会"三项办法"的出台

"顾案"，系监察委员刘侯武于1934年4月因大潼铁路购料借款

---

① 《政治会议工作报告》，台北，"党史馆"藏，档案号：00.1/9。
② 《中政会重订弹劾案办法》，《大公报》（天津）1934年11月2日。
③ 《弹劾办法之再议》，《时代公论》第3卷第33期，1934年。
④ 主要研究成果有徐矛《于右任与监察院——国民政府五院制度掇要之二》，《民国春秋》1994年第2期；田湘波：《训政前期（1927—1937）国民党政府监察制度中的党政体制》，《上饶师范学院学报》2005年第2期；张皓：《派系斗争与国民党政府运转关系研究》，商务印书馆，2006；刘云虹：《从"顾孟余案"看监察院的弹劾制度》，《民国档案》2010年第4期；段智峰：《蒋汪合作格局下的另一种局面——以1934年顾案为中心》，《民国档案》2011年第1期。

案对时任铁道部部长顾孟余提请弹劾,指其"丧失国权,违反国法,损害国益,渎职营私"。① 后经监察委员杨天骥、李正乐、刘荄青审查,认为该案"所称丧权害国之处,尚无实证。然审查合同全部内容,及其签订手续,该铁道部部长顾孟余,实有违法舞弊情事。应依法移付惩戒"。② 监察院遂于6月2日呈文国民政府,③ 提出弹劾,国民政府"拟交政务官惩委会"。④

根据孙中山的五权学说,1928年中国国民党进入训政后,五院成立,分别执掌行政、立法、司法、考试、监察五项治权。依照1931年5月5日国民政府公布的《中华民国训政时期约法》规定,监察院为国民政府最高监察机关,依法律行使弹劾和审计职权。其中,"监察委员行使弹劾权,依弹劾法之规定,得单独提出弹劾案,经其他监察委员三人审查通过后,即可移付惩戒"。⑤ 同时,按照五权宪法设计,弹劾与惩戒分属监察权与司法权,监察院依法提出的弹劾案经审查决定移付惩戒的,须移交专门的惩戒机关议决是否给予被弹劾者惩戒,对于惩戒结果监察院无权干涉。

按照以上规定,1934年6月初,监察院就"顾案"呈文国民政府,就已经完成了弹劾权的行使。但同月底监察院又将此案公布报端,并将"监院呈国府文"、"审查报告书"、"弹劾案原文"一同刊出。⑥

---

① 《委员刘侯武弹劾文》,《监察院公报》第23期,1934年。
② 《委员杨天骥李正乐刘荄青审查报告书》,《监察院公报》第23期,1934年。
③ 关于这个时间,徐矛、刘云虹、段智峰等文均有误。徐矛:《于右任与监察院——国民政府五院制度撷要之二》,《民国春秋》1994年第2期,误记为"1933年";刘云虹:《从"顾孟余案"看监察院的弹劾制度》,《民国档案》2010年第4期,记为"1933年6月2日";段智峰:《蒋汪合作格局下的另一种局面——以1934年顾案为中心》,《民国档案》2011年第1期,记为"1934年6月29日"。根据档案记载,时间应为1934年6月2日,参见《行政院所属官员弹劾案》,台北,"国史馆"藏"国民政府档案",档案号:001-018310-0001。
④ 《行政院所属官员弹劾案》,台北,"国史馆"藏"国民政府档案",档案号:001-018310-0001。
⑤ 许师慎编《国民政府建制职名录》,台北,"国史馆",1984,第113页。
⑥ 《监院弹劾顾孟余 大潼路购料订约 有违法舞弊情事 应依法惩戒》,《申报》1934年6月30日。

缘何要发表,按监察院的说法,"本院数年来每被外间指摘,谓为只弹劾小官,不敢弹劾大官。其实稍大之案,多被搁置,所能求社会对于监察权之认识者,惟此公布弹劾案之权而已"。① 从1931年12月南京市党部提出的《建议三全大会严令国府从速彻底执行监察院所提弹劾案》中陈述的情况来看,"自监察院成立以来,所提弹劾案总计不下数百件,除极少数事务官由惩戒委员会归案办理外,其余各案均如石沉大海,渺无影响",② 弹劾权在行使过程中,的确存在瓶颈。

但此案一发表,引起轩然大波。顾孟余于7月1日发表书面谈话,称"监察委员等审查报告所称之违法舞弊情事三项,全无事实之根据,悉属臆测之言辞"。③ 在申辩书中,他指摘:"该委员刘侯武不但昏聩糊涂,不察事实,且又造此毫无根据之谰言,全以毁坏他人名誉为事,但使国家有常法,社会有良俗,此种谰言,一出诸私人之口,已构成毁谤之罪,今以监察院之尊严,其行使职权,提出弹章,公开发表者,乃为文明国家法律所戒,风俗之所不许,诚不禁为吾国监察制度之前途悲矣。"④ 就此愤然辞职,欲离沪北上。与此同时,监察院委员对顾的言论,极为不满,自比"弹劾权要,无异捕虎",称其申辩中"有许多地方,不惟近于谩骂,亦实不明法理"。⑤ 双方矛盾不断激化。

7月11日,中政会举行第四一六次会议,汪兆铭、叶楚伧等20余委员出席,居正任主席,针对顾孟余被弹劾案进行讨论,最终在汪精卫的力主下,通过了《关于监察院弹劾案等三项办法》,规定:"一、监察院弹劾案原文与被弹劾人申辩书及一切有关该案之内容消息,非经受理本案之机关决定公布以前,概不得披露;二、凡经中

---

① 《为维护监察权独立精神 监院对汪谈话发表声明》,《中央日报》(南京)1934年7月19日。
② 《监察院弹劾渎职官员(一)》,台北,"国史馆"藏"国民政府档案",档案号:001000002198A。
③ 《顾孟余被弹劾后发表谈话》(上),《申报》1934年7月3日。
④ 《顾孟余被弹劾后发表谈话》(下),《申报》1934年7月4日。
⑤ 炯:《顾孟余申辩弹劾案》,《时代公论》第3卷第15期,1934年。

央政治会议决定之政务官,经惩戒机关决定处分后,中央政治会议认为必要时得复核之;三、关于国策及有关中国在国际地位之重要文件,非经中央之政治会议之核定,不得披露。"①

《关于监察院弹劾案等三项办法》一经出台,"监院大哗,以此案有违监察权独立之旨",②认为是案"限制监察院职权",③"尤其第二项,等于修改弹劾法,实际上对于监察委员的弹劾权加以重大限制"。④一时反对之声甚嚣尘上,对中政会的权限颇有质疑,指摘中政会此次决议有"越权"、"违法"等情形。

而汪精卫坚称"关于五院重大的事,无一不须提出中政会议通过","对于政务官之被付惩戒,中政会议得加以复核。这不是不信任弹劾机关,也不是不信任惩戒机关,乃是中政会议应有的权限"。⑤按天津《大公报》社评所称,"现在中国系党治而非法治,一切法律,根据皆极薄弱,中央政治会议以议决案变更法律,盖不知已有若干次"。⑥时任监察院院长于右任甚至致电蒋介石,"吁请中央将中政会议决案撤销",蒋亦复以"中政会为调节各机关之枢纽,既经决定,弟绝不敢率请撤销也"。⑦可见,尽管舆情与监察院方面质疑中政会的权限,汪和蒋都主张对中政会的权威应予以维持。

中政会在训政时期成为"全国实行训政之最高指导机关",⑧职权不断扩大,几乎涵盖了施政的各个层面。按陈之迈的说法,"虽有

---

① 《中政会补订弹劾办法》,《申报》1934年7月12日。
② 台北中研院近代史研究所编印《王子壮日记(手稿本)》第2册,2001,第105页。
③ 田炯锦:《重订弹劾案件办法于监察院》,《时代公论》第3卷第34期,1934年。
④ 《顾案的发展》,《国闻周报》第11卷第29期,1934年。
⑤ 《汪院长昨在沪发表谈话 说明修改弹劾法理由》,《中央日报》(南京)1934年7月17日。
⑥ 《弹劾问题之论争》,《大公报》(天津)1934年7月19日。
⑦ 《蒋介石复于右任电》(1934年7月20日),台北,"国史馆"藏"蒋介石档案",档案号:002-080200-00436-190。此电文在《蒋中正总统档案:事略稿本》第27册(台北,"国史馆",2007,第58页)也有收录,记为"7月23日",查原档,记为"号",应为20日。
⑧ 《中央政会暂行条例》,《申报》1928年10月26日。

'为限'的字样,但事实上实等于没有限制,而历次修改亦只为文字上的改变,其职权则早已到了无可扩充的地步",① 但无论是在《中央执行委员会政治会议暂行条例》还是在《修正中央执行委员会政治会议条例案》中,均有"政治会议不直接发布命令及处理政务"②的规定。在"顾案"中,显然中政会已突破此条,无怪乎朱雷章、刘莪青、巴文峻、田炯锦、张华澜、李世军、杨仁子、李梦庚、乐景涛等监委联名发表谈话,指"中政会议之决议,乃法律命令之渊源,而非法律命令也","补订弹劾办法""无法律上约束力"。③ 在"顾案"中,中政会并未谨遵"指导"之权限,已突破"政治会议不直接发布命令及处理政务"的规定,对五院院务有所指摘。虽然此种情形的发生是因中政会作为"党治"体制中"训政时期最高指导机关"的权限之广所致,但并非所有的情事均缘于此,对这种非常态事件的处理时,"人"的因素被凸显出来。

二 "顾案"中的人事纠葛

1932 年淞沪抗战爆发后,形成了蒋主军、汪主政的蒋汪合作格局,宁粤对立局面结束,但并不意味着中国国民党高层之间龃龉不再。而此次"既为汪精卫之宠臣,又为改组派之要人"④的顾孟余被弹劾,正是于右任、孙科等与汪精卫、顾孟余矛盾激化所致。

于右任与汪精卫、顾孟余向属不睦。1931 年四届一中全会时,蒋介石曾属意于右任为国民政府主席,⑤ 后因多方反对而未果。按照

---

① 陈之迈:《中国政府》第 1 册,第 96 页。
② 《中央政会暂行条例》,《申报》1928 年 10 月 26 日;《修正中央执行委员会政治会议条例案》,荣孟源主编《中国国民党历次代表大会及中央全会资料》(上),第 797—798 页。
③ 《监委朱雷章等发表谈话》,《申报》1934 年 7 月 26 日。
④ 青松:《顾孟余舞弊案发(南京通讯)》,《礼拜六》第 558 期,1934 年。
⑤ 陈铭枢:《"宁粤合作"亲历记》,《文史资料选辑》第 9 辑,中华书局,1960;杨玉清:《关于〈"非常会议"前后〉一文的补充》,《文史资料选辑》第 23 辑,中华书局,1962。

曾一度代理行政院院长、后被选任为行政院副院长的陈铭枢的说法，蒋介石是接受了他的建议，改变了初衷，同意由林森任国民政府主席。① 但据杨玉清②的说法，主要是因为汪精卫收到了胡汉民的信。胡汉民在信中说："今天的国府主席，不负实际政治责任，谁也可以当。不过，人选慎重点也好。以我的意思，是觉得林森最为适当。"于是汪"千方百计完成了这个任务"。③ 而据长期担任顾孟余秘书的周德伟回忆，于右任任国府主席之议，已经在报端公布，但因胡汉民恢复自由后，径去上海，仍坚称反蒋，"顾孟余与宋子文、陈铭枢紧急会商，'若大部分立法委员随胡南行，则合作又生顿挫。'乃急电商驻上海之汪、蒋二巨头，拟改选原任立法院副院长林森为主席，以羁縻系立法委员"，"次日全会开会，林森由大多数通过为国民政府主席，于右任大愤，因此恨顾孟余入骨"。④

除此之外，于右任任监察院院长一职时，又多受汪精卫掣肘，如于右任曾提任刘侯武为监察委员，也因汪等反对未能通过，对此于右任非常气愤，与汪嫌隙益甚。1932年5月，于右任以《上海停战协定》"不交立法院议决，遽行签字"为由弹劾汪精卫，⑤ 后以"上海停战协定，系中央政治会议第二十九次临时会议决议：此项协定，既非媾和条约，应准外交部所拟办理，交行政院，俟办理完竣，再由行政院向立法院报告在案。此案既经中央政治会议议决，所请惩戒行政院院长汪兆铭一节，应毋庸议"⑥ 草草收场。对于于右任

---

① 陈铭枢：《"宁粤合作"亲历记》，《文史资料选辑》第9辑，第65页。
② 杨玉清，历任三民主义青年团临时中央团部宣传处副处长，行政法院评事，"行宪"第一届立法院立法委员、立法院外交委员会委员等要职；曾当选中国国民党第六届中央执行委员。
③ 杨玉清：《关于〈"非常会议"前后〉一文的补充》，《文史资料选辑》第23辑，第229页。
④ 周德伟：《落笔惊风雨——我的一生与国民党的点滴》，台北，远流出版社，2011，第320页。
⑤ 《行政院所属官员弹劾案》，台北，"国史馆"藏"国民政府档案"，档案号：001-018310-0001。
⑥ 《行政院所属官员弹劾案》，台北，"国史馆"藏"国民政府档案"，档案号：001-018310-0001。

的弹劾，汪曾直言："此次停战协定是一种军事协定，非以双方宣战后的一种和约，故由中央政治会议通过后，也无须交立法院之必要，于右任弹劾个人，就是弹劾中央政治会议，中央政治会议的决议案任何人不能推翻，不要说一个于右任不能推翻，就是一千个于右任也不能推翻的。"① 由引可见，于、汪之矛盾激化。

孙科原在宁、粤对立时与汪合作，得以出任行政院院长，组成新政府，后却因蒋、汪联合压迫，孙科不得不辞去行政院院长一职。但仍"欲为梁寒操、马超俊等谋一二阔部，如铁道、交通"，② 孰料汪先致电蒋，向其表示了因铁道部部长"猝难其人"，其"可暂兼"之意，③ 后又委其"宠臣"顾孟余出任。而其他各要部，孙科亦无一所获，"于是衔汪甚，与于之合作以密"。④

监委刘侯武，与汪关系亦属不和。按汪的说法，"前岁于右任兄提刘侯武为监察院委员，因中央监察委员会谓其开除党籍未经恢复不予通过，右任兄颇愤且迁怒及弟"，"乃刘侯武最近得任监委后，公然对人谓，必发难以报前岁不为帮忙之怨"。⑤ 刘自然成为于右任、孙科联合倒汪的得力帮手。

刘侯武此次借大潼铁路购料案提请弹劾顾孟余，在已被确认"尚无实证"的情况下，监察院仍以"手续不合"，对顾提出弹劾，一改监察院"只能作打苍蝇之工作"，⑥ 打起"老虎"来。用顾的话讲："若辈所以不加细察，断章取义，贸然提出弹劾者，实因其目的本在弹劾。"⑦

---

① 《第四届中央执行委员会第21次常务会议速记录》（1932年5月24日），台北"党史馆"藏，档案号：会4.3/2。
② 《王子壮日记（手稿本）》第2册，第8页。
③ 《汪精卫致蒋介石电》（1932年2月6日），台北"国史馆"藏"蒋介石档案"，档案号：002-070100-00023-035。
④ 《王子壮日记（手稿本）》第2册，第9页。
⑤ 《汪精卫致蒋介石电》（1934年5月9日），台北"国史馆"藏"蒋介石档案"，档案号：002-080200-00164-033。
⑥ 《王子壮日记（手稿本）》第2册，第78页。
⑦ 《铁道部长顾孟余对弹劾案之申辩》，《中央日报》（南京）1934年7月2日。

前文已述，除顾孟余外，汪精卫亦因签订《上海停战协定》受到监察院弹劾，其弹劾文亦曾被送到报社，意欲发表，但因警备部扣压而未果。① 此次监察会弹劾顾孟余，将弹劾文公布，影响极大。如何杜绝类似事件的发生？中政会无疑成为汪最好的工具。1931年12月，宁、粤、沪三方联合召开中国国民党四届一中全会。是会上，粤方欲削弱蒋在党内地位，曾提出《中央政制改革案》，拟以"国民政府委员会"为国家最高权力机关，取代原来中政会的职能，此议并未通过，但在通过的《中央政制改革案》中，明确规定国民政府主席"不负实际政治责任"，② 并在《修正国民政府组织法》中，确立了"五院独立"的原则。国民政府主席负责制的废除、五院的独立，客观上使得国民政府的权力转移至国民党，"中央最高决定机关在中政会，凡对内对外施政方针，必经讨论决定，政府方能施行"。③ 按照《决定中央政治会议组织原则并推举中央政治会议常务委员案》规定，由蒋介石、汪精卫、胡汉民任常务委员，④ 开会时轮流主席，加上此时形成的蒋主军、汪主政的局面，中政会自然多为汪精卫主持。所以，面对监察院的步步逼进，汪精卫决定利用中政会的特殊地位，对其进行打压。

按照《关于监察院弹劾案等三项办法》的规定，不仅监察院弹劾权受中政会控制，且连政务官的惩戒权也收归中政会所有。换言之，汪精卫在行政院之外，还有效地扩张了他实际控制的中政会的权限。无怪乎邵元冲在中政会第四一六次会议结束后，在日记中写道："此年余以来，行政院方面既尽量破坏立法权（如修改之海关税则，不经立法程序，径行公布），又尽力摧毁监察权，此非关于对监察院负责人选及处事问题，面〔而〕为关于整个监察权之破坏也。"⑤ 时人亦有"溯自汪院长秉政以来，举凡行政院单独不能举办

---

① 孟真：《监察院与汪精卫》，《独立评论》第4期，1932年。
② 荣孟源主编《中国国民党历次代表大会及中央全会资料》（下），第119页。
③ 《孙院长招待新闻界》，《中央日报》（南京）1932年1月6日。
④ 荣孟源主编《中国国民党历次代表大会及中央全会资料》（下），第119页。
⑤ 《邵元冲日记》，第1136页。

三 蒋介石对"三项办法"的态度

在"顾案"中,汪精卫与于右任等因立场对立,壁垒分明,对《三项办法》的存废争辩异常激烈,双方均有"辞职"等强烈表示。此时蒋介石的态度至为重要。那么,蒋介石在"顾案"中的态度如何呢?

近年来,有学者认为:"蒋汪此时意见分歧的核心也集中在第一项办法的存废。蒋主张废除"。因第一项"不利于蒋钳制汪精卫","所以主张保留第二项,以防止国民党内的反汪力量因谋去汪而威胁蒋汪合作的格局",从而得出"在本质上,这是蒋对汪一贯既压又保、两面政策的延续"的结论。② 但是"蒋介石档案"中有关史料显示,蒋不仅没有主张废除第一项办法的表示,而且对第一项办法还较为支持。

在《三项办法》出台的前一日,蒋便收到中执会秘书长叶楚伧电询其对次日即将提出的"三项办法"意见,蒋批示:"所拟在中政会提案三点完全同意,希即表明弟意共同主张。"③ 7月14日,蒋在致顾孟余的挽留电中称:"今日党国根本铸错,实在党之组织与政之制度机构太松懈,事权太分离,遂不免有种种支离灭裂自相抵触之象。致兄苦心所以为中央为党国者,乃转因而为同室之戈所攻摘,其可痛心,实深同慨。今后只有一面亟谋党政机构之改善,以治其本。一面由中央常委积极负责,镇压嚣张,消弭纷扰,以治其标。"④ 次日,蒋致电于右任,称"中政会亦已议定适当解决之办法,收帆息纷,此正其时,尚希我兄转劝各监委同仁,适可而止,

---

① 伍宏仪:《汪院长与监察制度》,《时代公论》第3卷第17期,1934年。
② 参见段智峰《蒋汪合作格局下的另一种局面——以1934年顾案为中心》,《民国档案》2011年第1期。
③ 《叶楚伧致蒋介石电》(1934年7月10日),台北,"国史馆"藏"蒋介石档案",档案号:002-080200-00170-042。
④ 高素兰编注《蒋中正总统档案——事略稿本》第26册,台北,"国史馆",2006,第599—600页。

不可再起波澜，激起意气。国家危难至此，无论内外，均有人企愿中枢解体，以起大纷。吾辈于互相规勉之余，正宜益加团结，以期免于栋折榱崩之局"。① 可见，此时蒋介石在"顾案"问题上采取了支持汪的态度，并似有改善党政机构之意。

9月19日，"顾案"因原审查报告"尚无实证"，"核系实情，自难认为不合"，惩戒委员会议决"顾孟余应不受惩戒"。② 这引发了监察院极大的反对之声，10月20日，监察委员召开谈话会，"以改正三项决议案迄无消息，于先生表示非常坚决，必须全部取消，大家乃决定促于先生送辞呈以示决心，于此时间委员先行请假"。③ 面对监察院全体请辞的情形，汪于10月23日致电蒋介石，表示"中政会议三项办法最大目的，即为防止片面弹劾文之公布，公务人员赖此保障，得以安心服务。弟意为和缓形势起见，虽不妨稍示让步，而对于原则不能完全取消"。④

针对10月24日叶楚伧的电询，"闻钧座曾电于先生允取消一三两项，不知确否？汪先生意则表示可放松二三两项，于第一项至少加以修正，不愿取消，而于先生之表示则又为全部撤销。尊意如何？"⑤ 蒋介石复电称："关于中央补订弹劾三项办法之存废问题，中前此与于先生往来各电，并未有一三两项可以撤销之表示，在陕时接其灰巳电谓三项办法议决后监院等于关闭，当复以现行五院制度，一面固应力谋其职权各个之均衡，一方尤应有集中之节制，其他四院，如行政、立法均受节制于中央，即对司法机关业已确定判决案件，中央仍得行使其大赦、减刑等职权以资救济，则对监院补订三办法，亦事同一律，似不可认为等于关闭，请其切劝监委勿生

---

① 高素兰编注《蒋中正总统档案：事略稿本》第26册，第602页。
② 《行政院所属官员弹劾案》，台北"国史馆"藏"国民政府档案"，档案号：001-018310-0001。
③ 《王子壮日记（手稿本）》第2册，第149页。
④ 《汪精卫致蒋介石电》（1934年10月23日），台北"国史馆"藏"蒋介石档案"，档案号：002-080200-00188-054。
⑤ 《叶楚伧致蒋介石电》（1934年10月24日），台北"国史馆"藏"蒋介石档案"，档案号：002-080200-00189-012。

误解,力弭纠纷等语而已。至最近汪先生来电谓曾望吁及,中意任何弹劾案在未经依法移付惩戒机关以前,监察院人员不得对外宣泄内容,尤不得将弹劾文公布,此项原则似必应维持,乃解除流弊而重法纪,除此而外,应如何斟酌情势,量为和缓,即请兄等酌办为荷,并已以此意另达汪先生矣。"①

10月28日,汪再致电蒋,提出:"监院弹劾案仅以一人之提议三人之附议即告成立,而成立之后即可移付惩戒机关,同时即可对外宣泄内容,及将弹劾文发报公布,而当其时惩戒机关犹未开始审查,被弹劾者犹未得有申辩之机会也,故弹劾文之公布,成为片面攻击,绝不予对方以余地,不平已甚。前者中政会议为救此弊,故确定原则,凡弹劾案非经惩戒机关核定不得公布,实较为公允,今监委欲取消此原则,若从其请,则无数未经惩戒机关核定之弹劾案,必复在报纸上尽量发表,被弹劾者熟视而无如之何,行政机关实无自存之道。"对此,蒋再次明确表示:"凡弹劾案非经惩戒机关核定不得公布,此项原则必应维持。"②

细析"三项办法",不难发现,其中第一项为与"顾案"直接相关者,是对弹劾权的直接限制。弹劾权是监察院重要职权之一,对此项权力的限制与收归,无疑是对监察院的重大打击。因此,蒋对此项办法表示支持,实为袒汪慰顾之举。第二、三项办法系为"顾案"衍生者,关于第三项已有相关规定,对此项争议不大,而第二项主要是对惩戒权的限制。如前文所述,惩戒属司法权,在监察院依法提出的弹劾案经审查决定移付惩戒后,将由专门的惩戒机关议决是否给予被弹劾者惩戒,惩戒结果监察院无权干涉。所以,此三项办法,是对弹劾权和惩戒权的限制,是将监察权、司法权直接置于中政会之下。就"顾案"本身而言,尤其是惩戒机关已经做出顾孟余"不受惩戒"决议的情况下,第二、第三项并非至要,蒋意

---

① 《叶楚伧致蒋介石电》(1934年10月24日),台北,"国史馆"藏"蒋介石档案",档案号:002-080200-00189-012。
② 本段引文出自《汪精卫致蒋介石电》(1934年10月28日),台北,"国史馆"藏"蒋介石档案",档案号:002-080200-00189-046。

可量为和缓，以求双方谅解局面。

10月31日，中政会举行第四三一次会议，重新议决"三项办法"如下："一、弹劾案移付惩戒之后，应由受理机关将弹劾文与被弹劾人之申辩书同时发表，交立法院修正弹劾法及公务员惩戒法；二、凡经中央政治会议决议任命之政务官，被付惩戒时，其惩戒之决定书，应呈报中央政治会议；三、关于国策及有关中国在国际地位之重要文件，非经中央政治会议核定，不得披露一节，本年6月已有办法，不必重复规定。"① 此次决议的修改，体现了蒋、汪之间的共识，也对监察院做了一定让步。王子壮认为此次决议与之前相较，"不过减轻文字上之分量而已"，② 实际上，对于惩戒权，中政会放弃了"复核变更"权，对司法独立原则有所保留，从这个角度来讲，此次修订较前有了重大变化。所以当王子壮忧心忡忡，"深感此事之难于解决，或将扩大"，但却意外发现"大家均认为满意"。③ 蒋得知修订结果时，亦表示"决议洽当，悬案结束，至慰"。④ 至此，"顾案"告一段落。

按照中国国民党训政体制的构架，行政、立法、司法、考试、监察五项治权归国民政府总揽，中政会负责指导监督国民政府重大国务之施行，中政会应只有"最高指导"权，而"不直接发布命令及处理政务"。⑤ 透视"顾案"，可以看到中政会在实际运作中，早已突破"指导"之责，成为实际掌控政治运作的权力机构。与此同时，中国国民党的人事纠葛、大小派系之间的恩怨由来已久。虽然1931年九一八事变、1932年一·二八事变的相继发生，以及蒋介石的下野与复出、蒋汪合作格局的形成，曾经使得这类矛盾有所缓和，但并不意味着高层人士之间龃龉不再。蒋介石、汪精卫、胡汉民、于右任、孙科等人之间的复杂关系，既有矛盾，又相互利用，是导

---

① 《补订弹劾案件办法重行议定》，《申报》1934年11月1日。
② 《王子壮日记（手稿本）》第2册，第156页。
③ 《王子壮日记（手稿本）》第2册，第154页。
④ 《叶楚伧致蒋介石电》（1934年11月2日），台北，"国史馆"藏"蒋介石档案"，档案号：002-080200-00443-018。
⑤ 详见《训政纲领》、《中央执行委员会政治会议暂行条例》、《修正中央执行委员会政治会议条例案》条文规定。

致"顾案"持续发酵的制度外重要因素。而体制内的制度权限和体制外的人事矛盾交织在一起,必然共同作用于中国国民党中政会所体现的政治体制运行之中。

第三节 中政会的改组与暂行停止职权

一 中政会改组前之情形

中政会成立伊始,因系孙中山首创,权限较大,至孙中山逝世后,关于中政会存废问题一再发生争论,如在中国国民党分裂时,西山会议以攻击中政会为标靶另立中央,至特委会时期,中政会更是一度被取消。关于此中情形,谭延闿在中政会会议上的一次发言,曾做了回顾:"当总理组织政治会议时,自为主席,提出个人意见辄经通过。时鲍罗廷为顾问亦出席。后总理殁,众议政会存废问题,结果仍存,此第二次全国大会前之情形也。举凡一切党政、省政均由政会核定,故以有以太上政府目之者。十五年四月,复经第二次全国大会议决仍存,人选由大会指定,仅聘鲍为中央执委会顾问,不复使其出席于政会矣。第二次中央全体会议提出改名为政治会议,专为讨论政治事项,委员亦不限于中央委员,得聘政治专家任之。是年九月间,提出将政会与常务会议合并,使党政统一,办党即为政治。后本党北伐胜利,中央迁至南昌时,仍恢复旧制,为名称则冠以'中央执行委员会',汉口举行第三次中央全体会议时,改名为政治委员会,中央常委,均须加入,并拟俟第四次全会时再整理之。然不果,特别委员会开会时,议决取消,凡政治案件均由国民政府会取决之,外传一切党政均由特别委员会核定者不确。现经四次全会决议恢复,并得加入专家,重要案件保守秘密,对外用中央执委会名义。常务会议则代表全会之党务计划,故在大会闭会期间,常委均为政治委员,俾得使其全负责。此政治会议之经过情形也。"[①]

---

① 《中国国民党中央执行委员会政治会议第129次会议记录》(1928年2月22日),台北,"党史馆"藏,档案号:中央0129。

至中国国民党进入训政时期,《训政纲领》明确了中政会成为新的负责决策的最高机关,为全国训政之发动与指导机关,但仍一再遭到质疑。1931年12月22日至29日,中国国民党各派鉴于局势紧张,不断谋求内部合作,南京、广州、上海三方中央执监委员,在蒋介石宣布辞去国民政府主席及行政院院长后,联合召开中国国民党四届一中全会,中政会的存废问题是会议焦点之一。

1931年12月22日,中国国民党四届一中全会第一次会议在南京中央党部第一会议厅召开,由孙科任主席,中央执行委员孙科、何应钦、陈果夫、陈铭枢、叶楚伧、朱培德、吴铁城、于右任、王柏龄、邵元冲、朱家骅、刘峙、杨树庄、周启刚、陈立夫、陈肇英、曾养甫、王伯群、伍朝枢、李文范、邹鲁、李烈钧、覃振、石青阳、熊克武、王法勤、陈公博、程潜、顾孟余、经亨颐、甘乃光、石瑛、丁超五、孔祥熙、王正廷、顾祝同、夏斗寅、贺耀组、杨杰、桂崇基、马超俊、林翼中等42人出席,候补中央执行委员、中央监察委员、候补中央监察委员58人列席,将政治改革案列为第一项讨论事项。

沪方有意取消中政会,而以国民政府委员会代之,但遭到了反对。是会上各委员发言及主要观点列举如下。

何应钦:上海和会认为政和党应划分,政治会议似乎有些非党非政的样子,现在依本席的意思把政治会议和党及政府,成为三个并列的机关,如此政治会议中更可以加入民选的代表了。

孙科:国民政府委员会与政治会议的问题……原案的用意是无形中把政治会议自党的机关变成国家的机关,虽然名曰国民政府委员会,并不是国民政府之下的机关,而是国家最高权力机关,从前政治会议名为党的机关,实为国家最高权力机关,意义很欠明了,现在就确定为国家的最高权力机关。

吴稚晖:在宪政时期以前,人民不能行使政权,就把政治权交给中国国民党,在代表大会闭会期内,就由中央执行委员会负责，但党务、政治总须分开，所以中央常会专管党内的事情，另外组织政治会议来管理政治，这是总理遗下来最宝贵的东西，我们应该把它维持下去，而且现在更可逐渐使人民代表加入，到宪政成熟时，就可开国民大会，把政权完全交给人民，现在要把中央委员都成为国府委员，不特人数太多，反使总理设立政治会议的意义失掉了。

吴铁城：本席主张把国民政府委员会改为中央政治会议，又使党政分开。

伍朝枢：至于有人主张改为中央政治会议，究竟是国家的机关，还是党的机关，本席无成见，不过（一）依照上海和会决议已主张废除政治会议，设立国民政府委员会；（二）既有国民政府，自应有国民政府委员会的机关。

段锡朋：本席以为把政治会议改为国家机关，既无什么重大理由，亦无多大效果，还是维持原来制度，不须更改。

孔祥熙：本席主张把国民政府委员会改为政治会议，委员人选不限于中央委员，在现在训政时期，中央政治会议为训政机关，一方面训政领导之责，同时为使人民参政起见，亦可逐渐增加民选代表，又行政院各部会长，在会议中，亦应随时报告说明，可改称为任务委员，以别于中央委员之为当然委员。

邹鲁：国民政府既有主席，自然要有国民政府委员会的组织，现在的制度一件事情，由几层机关去处理，费时费力结果完全相同，非常不经济，所以上海会就想把政治会议裁去，使政治简单，以免重复，至于设立人民机关，系另一问题。

桂崇基：本来政治会议是党与政府的连锁机关，但人民不明了，往往易起误会，现在如以国府委员会来代替，就使人民很清楚的认识了。

伍朝枢：至于政治会议照上海和会是决议废除，就是不废除，现在讨论中央政治，也不必提出党的机关。

何应钦：本条可改为"国民政府委员会设常务三人，委员若干人，常务轮流主席"，至"为国家最高权力机关"，易使人民误会，不能规定，可在将来国民政府委员会组织条例中说明，至政治会议系党的机关，另一问题不必牵入在内。

朱家骅：国民政府的主席，本是由委员会中产生的，现在既有国民政府主席，而国民政府委员会又有常务三人轮流主席，意义很不明了，而且我们讨论政治制度，要注意到总理的遗教以及约法，不能随便推翻的。

桂崇基："最高权力机关"字样不能删去，无论何国中有最高权力机关，我们在宪政时期以国民大会为最高权力机关，训政时期就要以国民政府委员会为最高权力机关，单单党是不能成为国家最高权力机关的。①

该次会议决议："（一）国民政府主席不负实际行政责任，不兼其他公职，任期一年；（二）国民政府委员会设委员若干人，并于其中推常务委员三人，会议时轮流主席。"

从以上讨论可以看出，上海和议中的粤方拟以"国民政府委员会"为国家最高权力机关，取代原来中政会的职能，但此议并未能通过。该会通过的《中央政制改革案》，明确规定国民政府主席"不负实际政治责任"，置于"超然"的位置。接下来在12月28日召开的中国国民党四届一中全会第四次会议，又通过了《中央政治会议组织原则并推举中央政治会议常务委员案》，决议："（一）中央政治会议组织原则兹拟定如下：一、中央政治会议以中央执行委员、中央监察委员组织之；二、中央政治会议设常务委员三人，开会时轮流主席；三、中央候补执监委员得列席政治会议。（二）推举蒋中正、汪兆铭、胡汉民三同志为中央政治会议常务委员。"② 按此规定，第四届中央执行委员已增至72人，中央监察委员增至24人，共96人。连同列席的候补中央执行委员55人，候补中央监委21人，共76人，总计172人。与此同时，除了当然列席的中央候补执

---

① 《第四届第一次中央全体会议速记录》，台北，"党史馆"藏，档案号：会4.2/52。
② 《第四届第一次中央全体会议速记录》，台北，"党史馆"藏，档案号：会4.2/52。

第三章 中政会在训政时期的演变（1928—1937）

监委员外，中政会又陆续特许非中央候补执监委员列席。如1935年2月20日，中政会第四四五次会议议决："行政院所属各部会部长、委员长得列席政治会议"；又例如1935年3月7日，中政会第四四七次会议议决："考试院考选委员会，及铨叙部长得列席政治会议。"这样中政会的人数便接近200人。①

除中政会组成人员的扩充，客观上造成机构臃肿外，所选三位常委又事实上难以负责。在四届一中全会当选中政会常委的蒋介石、汪精卫、胡汉民，同时他们还当选中常会常委、国府委员，形式上形成三人的"合作"。但蒋此时下野赴奉化，并致何应钦电文称："中正决不参与党政任何职务，请兄力排众议，以全区区，否则是逼中正脱离一切公私也。"② 汪称病留沪，胡在香港坚持不合作态度。在此形势下，孙科出任行政院院长，重组政府，困难重重。"新政府元旦就职时，府委仅方振武、薛笃弼、刘守中、经亨颐、孔祥熙五人，院长仅孙科、于右任二人，副院长仅陈铭枢、覃振二人。余均不到，且迟至三小时后始行礼，全场惰气充满，大不景气。"③ 面对如此情形，孙科上台后第二天，即电蒋："新政府虽已产生，以先生及展堂（即胡汉民）、季新（即汪精卫）两兄均不来京，党国失却重心，弟等何克负荷，不幸而颠踬，弟个人焦头烂额，固不足惜，其如国事不易收拾，何以先生平昔爱国、爱党，逾于恒人，想不忍袖手而坐视也。务恳莅京坐镇，则中枢有主，人心自安。"④ 1月5日，孙科向新闻界谈时局近况时，再次无可奈何地表示：国府《组织法》修改后，中央最高决定机关在中政会，凡对内对外施政方针，必经讨论决定，政府方能施行。但中政会"负最高指导责任"的三常委蒋介石、汪精卫、胡汉民均不在京，行政院更无所秉承，一切

---

① 参见陈之迈《中国政府》第1册，第101页。
② 《蒋介石覆何应钦电》（1931年12月26日），台北，"国史馆"藏"蒋介石档案"，档案号：002-020200-00014-047。
③ 周美华编注《蒋中正总统档案：事略稿本》第13册，台北，"国史馆"，2004，第8页。
④ 周美华编注《蒋中正总统档案：事略稿本》第13册，第9页。

不能决定,故不免种种困难。为此,他向新闻界呼吁:扩大舆论宣传,共同欢迎蒋、胡、汪来京主持。① 在这种"没有领袖的领导"、"很空、很散,没有力量撑此危局"② 的情况下,孙科政府在蒋汪合作局面下解体。

然而,在蒋汪合作局面下,蒋由于负责"剿共"与"国防",戎马倥偬,几乎不在京,汪精卫以中政会常委兼行政院院长身份留京,从而形成蒋主军、汪主政的局面。面对此种情况,中政会曾于1932年8月31日召开第三二三次会议,陈公博、朱家骅、邵元冲、宋子文、陈肇英、丁超五、张继、周启刚、朱培德、汪精卫、石瑛、居正、甘乃光、陈果夫、石青阳、陈璧君、顾孟余、褚民谊、方觉慧出席,唐有壬、陈树人、李宗黄、李次温、黄吉宸、萧吉珊、谷正纲、白云梯、克兴额、曾仲鸣、段锡朋、郭春涛、王祺、萧忠贞、张道藩、邓飞黄、罗家伦列席,由汪精卫主持,讨论是否应请蒋、胡推举代理人参加中政会。汪精卫首先以会议主席的身份提出:"政治会议原有常务委员三人,现在胡先生没有来,而蒋先生又在汉口,所以商量请蒋、胡二常委提出代理人,但胡先生方面,恐怕引起误会,前几天电询蒋先生,复电谓不愿自加提出,现在是否由本会议推定?"陈果夫说:"本席以为开会时之主席,不一定要怎样轮流,蒋先生不在南京,就请汪先生代理好了。"唐有壬道:"常委仅剩汪先生一人在京,汪先生难免因事不克出席会议,则会议有停开之虑。"汪精卫发言:"常务委员除为会议主席外,别的事也有的,有人代蒋先生,有事商量方便一点。"陈果夫又提出:"重要的事要商量,仍可用电报往返,本席以为可不必推出代理人。"在得到蒋的心腹陈果夫的明确意见后,中政会以无异议通过陈果夫所提"不必推出代理人"之决议,③ 蒋、汪间达成默契。正如蒋介石曾说:"中央

---

① 《孙院长招待新闻界》,《中央日报》(南京)1932年1月6日。
② 《申报》1932年1月12日。
③ 《中国国民党中央执行委员会政治会议第323次会议速记录》,台北,"党史馆"藏,档案号:中央0323。

第三章 | 中政会在训政时期的演变（1928—1937）

政府即国家之代表，破坏中央，即破坏国家"，① 为维护一个稳定而健全的中央政府，蒋尽量"对汪使之安心"。② 但无形中，胡此时已被排挤出中枢权力了。

即便如此，中政会仍时常会陷入困境。1932年8月，汪精卫欲张学良与其同时下野，故坚决辞行政院院长，并于10月赴德就医，中政会无人负责局面再一次出现。是年9月8日中常会第三十七次会议上，谷正纲就有感"政治会议乃指导政治最高机关，如停顿一天，则外面必发生许多不好感想"。③ 至9月21日，中政会召开第三二四次会议，吴稚晖、林森、叶楚伧、邵元冲、朱培德、陈公博、何应钦、陈果夫、朱家骅、陈肇英、居正、顾孟余、陈立夫、贺耀组、洪陆东、杨虎出席，黄吉宸、萧吉珊、陈树人、王陆一、唐有壬、赵丕廉、郑占南、李宗黄、郭春涛、谷正纲、克兴额、张道藩、纪亮、苗培成、谢作民、王懋功、曾仲鸣、邓飞黄、段锡朋、罗家伦列席，由于三常委均不在，叶楚伧代为主持，会中针对汪精卫因病续假，值蒋、胡二常委均不在京临时推选主席案进行讨论。

> 唐有壬：上次大家的意思"在汪常务委员病假期间，政治会议举行谈话会，凡重要案件，送请汪先生核阅"的办法，未得汪先生同意，汪先生的意思，以为当蒋先生任主席时，遇事离京，每托委员一人代理，现在因病请假，适值蒋胡两常委均不在京，则援照前例，托委员一人于开会时代理主席，以免会务停滞，实为当然云。
>
> 众称：那末请中央常务委员轮流代理。
>
> 唐有壬：查中央常务委员共计九人，现在京者乃叶楚伧、顾孟余、陈果夫、于右任、居正五人，若依次轮流，则今日之代理主席，应请叶先生担任。

---

① 《蒋介石日记》，1934年8月24日。
② 《蒋介石日记》，1935年1月27日。
③ 《第四届中央执行委员会中常会第37次会议》，台北，"党史馆"藏，档案号：会4.3/4。

陈肇英：轮流代理，固为补救办法，但自法律上言之，则请假之手续，尚未完备——请假应得会议之通过——而代理之办法，何由产生？人民苟以此质问，中央将如何解释以自圆于法理？

吴稚晖：现在国难严重至此，政治会议实不能一再延会，变通办法，殊有必有，刻政治会议原隶于中央执行委员会之下者，今政治会议常委缺席，开会发生困难，则由中执会常委代理主席，以免会务停滞，既属必要，似亦于法理无背。

林森：请先开会，而后讨论汪先生请假之应否照准。

叶楚伧：现在为尊重大家的意思，今日的会议主席，由兄弟代理，但代理为会议时之主席，固非代理常务委员之职务也。[1]

讨论后，主席叶楚伧总结道："关于汪常务委员请假案，请先有决定——在汪先生请假期中，会议主席由中央常务委员轮流代理"，"各位如无异议，应予照准"。该案无异议通过。

该案在中政会通过后，在中国国民党四届三中全会上提出："查本届第一次全体会议曾决议中央政治会议设常务委员三人，开会时轮流主席，并经推定蒋中正、汪兆铭、胡汉民三委员为中央政治会议常务委员；胡委员迄未视事，汪委员赴德就医，蒋委员又将出都剿赤，为中央最高政治指导机关之实际需要计，提议即以中央执行委员会常务委员为中央政治会议常务委员，是否有当，请公决案。"该案得到通过。[2] 而这种由中常会的九位常委兼任中政会常委是过渡方法，并未取得应有的成效。"就在这九位常委的制度下重要人员也常常离开。例如在二十四年七月中旬，蒋委员长远在成都主持剿匪军事；胡汉民氏方作海外养疴之游，且更不与闻中央之事；孙科氏

---

[1]《中国国民党中央执行委员会政治会议第324次会议速记录》，台北，"党史馆"藏，档案号：中央0324。

[2] 荣孟源主编《中国国民党历次代表大会及中央全会资料》（下），第183页。

身兼立法院长,因该院适放暑期例假,故赴青岛避暑,于右任、顾孟余二氏在上海养病,陈果夫氏则兼为江苏省政府主席,常在镇江,不能时时入京出席会议;故留在首都者只余居正、叶楚伧二氏;所以即有常委九人之多,也有不敷之感。在这种情形下,留在首都的人遇有重要事务,便用电报向主要的人物商议决定,而不取决于中政会的会议席上。"①

在中日矛盾不断升级的同时,汪的"政治病"时常发作,蒋对此颇感"幼稚可叹",② 不得不寻找"善后办法"。③ 此时,中央无人负责局面日益严重。1935年7月24日,中政会召开第四六七次会议,商讨上海局势,中政会委员覃振的发言道出当时中央"空城"之状况:"近日上海方面,空气复杂,人心摆动,闻张啸林、杜月笙等拟电蒋委员长,请取消党治,后因杜等亦为党员,乃变更方式,电请蒋委员长回京坐镇。因上海外报,批评南京为'空城计',我们自己一想,'空城'是不错的,'计'却没有。局面实在太危险了,政治会议为最高决议机关,大家对于此种情况,应加以研究。若长此以往,良心上也说不过去。"④ 在这种情势下,"要有强有力的、有策略的,肯负责的政府","中政会的组织应当改革"。⑤

二 中政会改组"政治委员会"

中国国民党第五次全国代表大会召开前,中国国民党四届六中全会召开。是时,改革中央政治制度的要求甚为普遍,除了主张开放政权的论者和领袖独裁论者外,在党治的大前提下也有许多关于制度和机构改革的具体建议,而改革政制者的批评基本集中在中政会身上。如中政会"人数减至十五人至二十人,委员多数应为中央

---

① 陈之迈:《中国政府》第1册,第101页。
② 《蒋介石日记》,1935年8月11日。
③ 《蒋介石日记》,1935年8月15日。
④ 《中国国民党中央执行委员会政治会议第467次会议速记录》,台北,"党史馆"藏,档案号:中央0467。
⑤ 陈之迈:《政治改革的必要》,《独立评论》第162号,1935年。

执监委员",①"中政会不妨取消",②"中政会应立即取消,很少实际负责"③ 等。

"这个现象,一方面固然是因为中政会为中国政治的最高指导机关,地位异常重要,本诸改革应从最高之处做起的信念,故咸主彻底改革中政会,一方面亦因是时中政会组织太不健全,运用太不灵敏之所致。"④ 中国国民党四届三中全会的《对于中央政治会议工作报告审查意见案》称:"一、政治会议原为主动机关,现时变为被动机关,失却原来意义;二、政治会议对于政治问题,形式会议太多,研究讨论机会太少;三、政治会议委员之组合太扩大复杂,无中心力量;四、政治会议对于每次全国代表大会,或全体会议后,应根据决议,制成大纲。此后对于各机关及各委员之提案,应按大纲审核施行;五、政治会议对于决议之实施,缺少监督之力量;六、政治会议各组审查案件时,精神殊嫌散漫,工作遂欠紧张,嗣后宜集中精神,加紧工作,凡大会交各组审查案件,应规定审查期限,各组应将审查结果如期报告大会。"⑤ 按钱端生的认识,"中政会的不健全有四大原因:第一,可以出席之人太多,而且人数不固定。第二,出席者不能代表党的力量。蒋及许多封疆大吏不能代表党的力量。第三,参加讨论及决议者即为执行者。第四,中政会委员在实际上太不平等。所以讨论的价值大大减少"。⑥ 而此时的"中政会的弱点就是整个中央政府的弱点"。⑦ 改组中政会,使其成为名副其实的最高指导机关,成为关注点。

与此同时,中国国民党要员也已经在考虑中政会改组事宜,如杨永泰曾致电蒋介石:"安定中枢打开僵局之方针,面陈未详,窃谓留汪尚属第二问题,目前第一问题应先就中央现行之政制及人事,

---

① 钱端生:《对于六中全会的期望》,《独立评论》第162号,1935年。
② 君衡:《当前的三个问题》,《独立评论》第164号,1935年。
③ 张佛泉:《政治改造的途径》,《国闻周报》第12卷第34期,1935年。
④ 陈之迈:《中国政府》第1册,第104—105页。
⑤ 荣孟源主编《中国国民党历次代表大会及中央全会资料》(下),第195—196页。
⑥ 钱端生:《对于六中全会的期望》,《独立评论》第162号,1935年。
⑦ 钱端生:《对于六中全会的期望》,《独立评论》第162号,1935年。

立谋适当之改革，草重述管见如此：一、改善中政会议之组织，并撤销国防会议，将国府会议之法定人选，改为中政会之法定委员，庶负切实，组织简单，事权集中；二、中政会应设正、副主席各一人，如会议意见不一致时，可交由正、副主席决定，遇时机紧急，不及开会议决时，亦得由正、副主席先行决定，交付执行，然后报告会议；三、以上改革为一切推进之枢纽，应由中常会即决即行，不可延待六中全会，以免人庞言杂；四、凡对外国策及一切大政方针，经中政会决定后，不得再持异议，起攻讦违者制裁。"①

1935年12月2日至7日，中国国民党五届一中全会在南京举行。是会上，收到关于改革中央政制的提案多项。如张厉生、王柏龄、梅公任、蒋伯诚、张冲、田崑山、周伯敏等七人提出《改进政治会议原则案》，内称：

> 中央政治会议为本党一切政令之策源地，凡建国纲领，立法原则，施政方针，军事大计，财政计划，及府院长官委员与特任特派官吏之人选，胥取决于此。其任务之重要，实远过于任何国家之国务会议，质言之：乃兼元首与议院之大权，而为"党政合一"制度所特有。本党为代替人民行使四权，并使主义及政纲，政策贯彻于政治，不得不设此强力之机构，以资发动。一面沟通党政，使其精神衔接，一面监督政府，依本党主张实行，其组织健全与否，实关系党治之能否成功，与整个国家之理乱，故不可不斟酌尽善，以增效能。方今政治会议，为全体中央委员所组成，人数既多，精神散漫，且政府中之最高行政长官，亦出席会议，遂致权能混淆，流弊所及，使党对于政府，不能尽指导监督之责任，凡议案之有涉于关系部院者，多互相胆徇，不能尽量批评，发挥说见。政治会议遂成为追认备案之机关，以言纡谟定命，决策行权，实属相距过远。往时中央政

---

① 《杨永泰电蒋介石改善中央政治会议组织等六点改革中央现行政制及人事意见》，台北，"国史馆"藏"蒋介石档案"，档案号：002-080200-00245-023。

治委员会之设立，其人选皆由总理指定，任政治委员者不必系中央委员，而中央委员亦不皆为政治委员，关于军事外交之最终裁可权，仍属之总理。故人少而工分，责专而权一。即民国十八年订定之政治会议条例，委员名额尚不得超过中央执监委总数之半，候补委员名额不得超过委员名额三分之一，合计犹不过数十人耳。自四届后，始以全体中委为政治会议委员，名虽逾百，而到会者极少，其中常务委员，又以分居各地，不克共同负责，以之应付瞬息万变之国际局势，处理艰难盘错之国内政务，无怪因循迁就，而不能有所振作也。今则中委名额愈多，若犹承袭四届办法，全体为政治会议委员，则精神愈散，意见愈歧，发言盈庭，无人尸笞。非惟不能收集思广益之效，抑恐贻筑室道谋之讥，殊非迅赴事机，拯救国难之道也。

对此，他们提出改进原则。

一、规定政治会议委员名额为二十五人，由中央执监委员中选出；二、政治会议设主席一人，由中央执监委员全体会议推举。主席因故不能出席时，得于委员中指定一人代理之；三、国府主席五院院长得出席政治会议。其他各部会长官于必要时得列席报告政情，以备咨询；四、政治会议之下，设经济财政外交军事教育法制地方政治各组。每组设委员若干人，以致政治会议委员充任之。并选其他中央执监委员中之富有政治智能者加入，以收分门研究，集中讨论之效；五、取消特务秘书，另聘请专家顾问若干人，备政治问题之研究咨询。其人选不限于党员，以收罗国内专家学者为目标；六、政治会议设秘书长一人，由主席指定。①

萧铮、陈立夫、吴醒亚、邵华、张厉生、吴开先、狄膺、陈布

---

① 《改进政治会议原则案》，台北，"党史馆"藏，档案号：会 5.2/10.1。

雷、王子壮等9人所提《健全本党组织案》，针对中政会提出：

> 中央执行委员会常务委员，及监察委员会常务委员合组政治委员会（或仍称政治会议）为国民政府最高指导机关，其组织纲领如次：1. 政治委员会由中央执行委员会、监察委员会常务委员及本委员会各组正副主任委员组织之；2. 政治委员会设正主席一人，副主席二人主持会务，主席因公缺席时由副主席轮流代理之；3. 政治委员会下设外交、内政、军事、财政、经济、土地、交通、教育，各分组委员会由政治委员会于中央执监委员、候补执监委员中分别推定之；各分组委员会委员除经临时指定列席外，概不出席政治委员会；4. 各分组委员会设正副主任委员各一人，主持各组会务，凡关国民政府各院部会施政方针及重要政事，统应先由分组委员会详加研究，提请政治委员会决定之；5. 国民政府各部会长官，除经临时指定列席外，概不出席政治委员会及分组委员会；6. 国民政府预决算，先须经中央监察委员会预决算审议委员会审定，移送政治委员会决定之。①

中国国民党五届一中全会对中国国民党中央政制做了重大改革，通过了《中央执行委员会组织大纲案》，除规定中常会添设主席、副主席外，对中政会亦规定："中央执行委员会设政治委员会，由中央执行委员会就中央执行委员、中央监察委员中推定主席一人、副主席一人，委员十九人至二十五人组织之，为政治之最高指导机关，对中央执行委员会负其责任。"② 照此大纲，通过了《中央政治委员会人选案》，委员共25人，分别为张静江、阎锡山、许崇智、李烈钧、王宠惠、李文范、张学良、唐生智、陈璧君、宋子文、朱培德、顾孟余、朱家骅、马超俊、邵元冲、刘守中、陈公博、王伯群、程

---

① 《改进政治会议原则案》，台北，"党史馆"藏，档案号：会5.2/10.1。
② 荣孟源主编《中国国民党历次代表大会及中央全会资料》（下），第386页。

潜、陈果夫、梁寒操、张定璠、何应钦、黄绍竑、王陆一；主席、副主席分别由汪精卫、蒋介石担任。① 12月12日，第五届中央常务委员会第一次会议通过《中央执行委员会政治委员会组织条例》，内容如下：

第一条 政治委员会为政治之最高指导机关，对于中央执行委员会负其责任。

第二条 政治委员会委员，由中央执行委员会就中央委员中推定主席一人、副主席一人、委员十九人至二十五人组织之。

政治委员会开会时，中央常务委员会主席、副主席，国民政府主席，五院院长、副院长，军事委员会委员长、副委员长，均应出席本会；所属各专门委员会主任委员及国民政府各部会长官，于必要时得通知列席。

第三条 政治委员会讨论及决议之事项如左：

甲、立法原则

乙、施政方针

丙、军政大计

丁、财政计划

戊、特任特派官吏及政务官之人选

己、中央执行委员会交议事项。

第四条 政治委员会开会时，由主席或副主席为会议之主席，主席副主席均不能出席时，由主席副主席委托委员一人为会议之主席。

第五条 政治委员会于每星期开会一次，由主席副主席召集之。

遇有非常紧急事项，主席副主席得先行决定处置，于处置后报告于会议追认之。

第六条 政治委员会之决议，直接交由国民政府执行。

---

① 荣孟源主编《中国国民党历次代表大会及中央全会资料》（下），第389—390页。

第七条 政治委员会之决议,有提交国民政府及各院各军事最高机关讨论决定执行者,由各该长官负责办理。

第八条 政治委员会之下设法制、内政、外交、国防、财政、经济、教育、土地、交通等九专门委员会,各设委员九人至十五人,以中央委员及各该委员会主管事项有专门研究之党员充任之,并得聘请专家为顾问,分别担任设计与审查事宜,其组织通则另定之。

第九条 政治委员会设秘书处,置秘书长一人、副秘书长一人,由中央执行委员会任命之,秘书若干人、办事员若干人,由主席副主席任命之,秘书处组织规则另定之。

第十条 政治委员会之议事日程由主席、副主席先期决定之。

第十一条 本条例自中央执行委员会决议之日施行。①

在中常会和中政会主席、副主席的人选上,蒋如是考虑:"推胡为常委会主席,汪为政会主席,而余自兼任副主席,以为本党复合之张本","非以此不能救国,更不能安内"。② 时人分析:"按此次通过之中执委会组织大纲,与中央以前之组织有数点重要之变更。"兹分述如下:(1) 常务委员之人数仍旧,但推定主席、副主席的各一人,则为国民党之创举。又常务委员开会时,之前凡中央执监委员、候补执监委员均得列席,嗣后只组织大纲中规定之人员得以列席。(2) 主持中央组织、宣传、民众训练三部分工作之机关,在四全大会之前为"部",设部长一人,副部长二人;至四届一中全会改为"委员会",设主任委员、副主任委员各一人,委员若干人;现仍恢复为"部",但副部长只设一人,必要时得设委员若干人,担任设计工作。(3) 执委会之下,除财务、抚恤、党史史料编纂各委员会

---

① 《中央执行委员会政治委员会组织条例》,台北,"党史馆"藏,档案号:特30/120.1。

② 《蒋介石日记》,1935年11月28日。

照常设立，并将常务委员制改为主任委员、副主任委员制外，新设海外党务、地方自治、国民经济、文化事业四计划委员会。（4）中央政治之最高指导机关，二届为"政治委员会"，没主席团；至三届一中全会，改为"政治会议"，实行常务委员制；现仍改为"政治委员会"，并设主席、副主席各一人。又之前政治会议开会时，凡中央执监委员及候补执监委员均得列席，嗣后亦只组织大纲中规定之人员，得以列席。（5）政治委员会添设副秘书长一人。（6）政治委员会之下，所设之各专门委员会，以前称为"组"，各推定"召集人"；嗣后改为主任委员、副主任委员，并规定副主任委员不得兼任其他职务，以专责成。① 由上可见，"此为中枢干部采取集权精神之表现"。②

三　中政会暂行停止职权

中政会在1935年改组后，虽从制度上有所变革，但仍存在事权不统一等弊病，加之中日战事不断升级，战争的环境对中国政治走向提出新的要求。

按照胡汉民等人对训政时期"以中央政治会议为全国实行训政之最高指导机关"的设计，中政会讨论及决议范围是包含"军事大计"的。③ 以此为基础，1928年中常会第一七九次会议通过修正《中央执行委员会政治会议暂行条例》，明确规定中政会讨论及决议之事项以"甲、建国纲领，乙、立法原则，丙、施政方针，丁、军事大计，戊、国民政府委员、各院长副院长及委员、各部长及委员会委员、各省政府委员主席及厅长、各特别市长、驻外大使特使公使及特任特派官吏之人选"为限，④ 其中"军事大计"为重要的一

---

① 荣孟源主编《中国国民党历次代表大会及中央全会资料》（下），第403页。
② 《五届一中全会记》，《国闻周报》第12卷第48期，1935年。
③ 胡汉民、孙科：《今后党国建设之大计》，转引自蒋永敬《北伐时期的政治史料——一九二七年的中国》，第580页。
④ 《中央执行委员会政治会议暂行条例》，台北，"党史馆"藏，档案号：会00.1/31。

项。此后"军事大计"一项在中政会条例修改中始终被列入，1935年中政会改组时，改为"军政大计"，并在中政会之下设含"国防"在内的九个专门委员会。① 但实际上，中政会在应对军事及国防事宜时，处疲软状态，钱端生曾有言："中央现行的政制，说完全的实话，是蒋先生与中央政治会议分治的政治。军事及蒋先生所处理的其他事项，他有全权处理，中政会的决议仅是一种形式。此外的事项中政会有全权处理。"②

早在1932年面对日本入侵，中国国民党驻南洋英属吉打邦直属支部执行委员会执行委员马立三、王健臣、陈登榜等人于中国国民党四届三中全会上提出《请迅立国防委员会以固边围案》。该案称："我国年来军阀作乱，匪共窃发，中央用其全力以讨伐，国防要务未能顾及，现在外患日深，而匪共因蒋委员长督师清剿暂告弭平，自应迅立国防委员会，以固边围，且东北沦亡倏忽年余，国联既无力解决，而抗日义勇军势渐崩溃，将来日寇占有东北，必整军经武，侵入我国内部，以实现其大陆政策，致不幸而引起世界大战，我国首当其冲，不有充分准备，无以应付未来之困难环境，亡国灭种可立而待，国防委员会之组织势难再还也，至其主持人，选以著有革命劳绩及富有军事学识者为宜，为此提请钧会请予通过设立，以便集军事专家迅速成立国防委员会，俾得有备无患。"③ 至1933年2月1日，因日本进逼热河，鉴于汪、蒋等均不在南京，中政会负责无人，朱培德、唐生智等呈请蒋介石，建议成立军事委员会："外患日迫，党国累卵，度支之困，亦其一端，设因此影响军事进展，责任岂容旁贷。职等再四思维，佥以设一国防委员会，邀集党政军当局对军事外交财政共决应敌方案，救亡图存之道，庶几有济。"④ 在得

---

① 《中央执行委员会政治委员会政治条例》，台北"党史馆"藏，档案号：特30/120.1。
② 钱端生：《对于六中全会的期望》，《独立评论》第162号，1935年。
③ 《请迅立国防委员会以固边围案》，台北，"党史馆"藏，档案号：政6/47.20。
④ 《朱培德唐生智电蒋中正外患日迫设国防委员会共决应敌方案拟具条例呈核》（1933年2月1日），台北，"国史馆"藏"蒋介石档案"，档案号：002-020200-00023-007。

到蒋介石批复后,按照蒋的主张,他们将"名称改为'国防委员会议',其委员名额应加入军事委员会各委员",①并于2月8日中政会第三四三次会议上提出讨论。会上,戴传贤提出:"故目前之所注重,实为国防问题,务使外交、财政、铁道、教育、实业等均为国防之用,则各主要行政机关理应在同一指挥之机关之下,然后国力将得集中,国家将得捍卫也。"朱培德亦表示需要严密指导,指挥统一等,会议提出"为应付国难起见,应组织统一指挥之机关,由常务委员召集各关系机关长官草拟方案",并推定于右任、孙科等13位委员审查《国防委员会条例》。②

1933年2月10日通过的《国防委员会条例》规定:"国防委员会以军事委员会委员长为主席",③即采主席制,由蒋介石出任。后蒋为羁縻汪精卫,同意汪的意见,国防委员会"当以责任内阁制为主"。④并于3月29日中政会第三五〇次会议上修正《国防委员会条例》,改为:"就中央政治会议常务委员中推定一人为国防委员会执行委员长",⑤并推汪精卫为国防委员会执行委员长。⑥

按《国防委员会条例》规定,"国防委员会为全国国防最高决定机关,对于中央执行委员会政治会议负其责任",⑦即国防委员会为中政会下的特设机关,是为"统筹防卫之长策,决定战守之大计",⑧成员包括党政军三方面的负责人。

---

① 《朱培德唐生智电蒋中正外患日迫设国防委员会共决应敌方案拟具条例呈核》(1933年2月1日),台北,"国史馆"藏"蒋介石档案",档案号:002-020200-00023-007。
② 《中国国民党中央执行委员会政治会议第343次会议速记录》,台北,"党史馆"藏,档案号:中央0343。
③ 《国防委员会条例》,台北,"党史馆"藏,档案号:政7/28。
④ 高明芳编注《蒋中正总统档案:事略稿本》第19册,台北,"国史馆",2005,第233页。
⑤ 《国防委员会条例》,台北,"党史馆"藏,档案号:政7/28。
⑥ 《中国国民党中央执行委员会政治会议第350次会议速记录》,台北,"党史馆"藏,档案号:中央0350。
⑦ 《国防委员会条例》,台北,"党史馆"藏,档案号:政7/28。
⑧ 李云汉编《抗战前华北政局史料》,台北,正中书局,1982,第230—231页。

然而，国防委员会与中政会的冲突就此不断发生。1933年11月8日，就华北外交事件中通车、通邮、设关的交涉问题，中政会举行第三八二次会议。吴稚晖、邵元冲、石青阳、陈公博、陈肇英、张贞、居正、朱培德、孔祥熙、陈立夫、顾孟余、褚民谊、石瑛、贺耀组、甘乃光、丁超五、洪陆东出席，邓家彦、黄慕松、陈树人、焦易堂、谷正纲、唐有壬、戴愧生、萧吉珊、郑占南、王祺、萧忠贞、白云梯、苗培成、谢作民、梁寒操、郭春涛、罗家伦、张道藩、李元鼎、王世杰列席，因汪精卫时赴南昌未回，由居正主持会议。会上，针对居正等的提议，即"政府如向日本进行关于东北谈判，应先经中央政治会议决定原则"，委员先后发表愤懑之词。王祺："政治会议对于外交案件，完全没有听说要怎么办。"张道藩："上星期政治会议，汪先生对此事曾有报告，行政院纪念周，汪院长也报告，若有所决定，必经中央通过，在未经中央通过前，不至于就去做的，这样我们已可放心了。但报载三事，似甚确凿，而中央政治会议则未知前文，岂政治会议不能知悉其内容乎？然则国防委员会，总是知道的，希望国府委员会报告一下，我们才可加以讨论。"焦易堂："张委员说我们要知道外交情形，要向外国报纸上去找，这是很伤心的一件事，查国防委员会之职权，以军事为主，若此次传闻之华北外交问题，则纯属政治，本会对国家负政治之责，自应有所讨论，希望参加国防委员会的委员或外交次长报告一下，我们才好讨论。"随着讨论的深入，石瑛等直指国防委员会之弊，并提议取消国防委员会。石瑛："政治会议数月以来，奄奄无生气……国防委员会之存废问题，当时设立国防委员会，原为国防上预备总动员起见，今则多少罪恶，假国防委员会来做，把政治会议弄得没有办法，故本席提议，国防委员会应即停止开会。"王祺："石委员的提议非常之好，外交事件，必须经中央决定原则，若由少数人一意孤行做了这种事，那末国民党便成了卖国的党，这是全体党员所不能承认的，如国民党要卖国，本席请先开除党籍，北平政务整委会把中央政府的面子丢完了，今天派一个代表到长春，明天又派一人到日本，还有什么可说？华北各省都有省政府处理政务，而外交可直由中央办理,则该会无设置之必要,国防委员会之成立,原为做总动员之预备工作,现可将军事部分,交军事机关办理,外交由外交部办,政治方面,由政治会议决定,那末国防委员会也可以不要,本席赞成石委员的提议。"朱培德解释说:"国防委员会,其主要任务,为联络军事与政治,往昔军事与政治,各不相谋,缺乏联络,办理边疆与国防问题,亟感困难,自国防委员会成立以后,凡国防情报、军事边疆问题,切能集中讨论,得到很大的进步。据本席之所知,其所处理者,并未超越政治会议所赋予之职权,凡所讨论,均请政治会议决定。"① 会议气氛由此才得以缓和。

11月9日,针对此种情形,汪精卫发表《中政会谈话会之报告》,称:"闻得有些同志,以为自从国防会议成立之后,一切重大事件都是决定处理之后,方才报告于中央政治会议,于是中央政治会议遂感觉无足重要,因此不免有些同志,心灰意冷,兄弟以为这是极大的误会了,国防会议之设立原因及其组织条例之决定施行,当时兄弟在出国疗病期间,未知详细,及兄弟回国之后,感觉得国防会议所讨论的,是国防外交,国防军事,国防财政,集合中央执行常委,中央监察常委,中央政治常委,五院、军事委员会,及行政院所属各部会长官,以共同讨论共同决定,换句话说,中央党部及各政治军事机关都荟萃于此了,不但使党政机关有沟通的机会,且使军事和政治机关有联系会议的作用,其重要性不言可喻,但是国防会议所能决定的,只是处理事件,这些处理事件若没有国防会议,则由行政院,或军事委员会单独决定,或会商决定,与中央政治会议无关,这与其他一切,如法律、条约、预算及重大政策,则属于中央政治会议之权限,国防会议虽加以详细讨论,亦只能贡献意见于中央会议,待其决定,绝对没有侵夺中央政治会议之权限之可能,如果以为塘沽协定、棉麦借款,事前并未请示中央政治会议,遂以为国防会议决定在前,仅于事后报告中央政治会议,这真是绝

---

① 《中国国民党中央执行委员会政治会议第382次会议速记录》,台北,"党史馆"藏,档案号:中央0382。

大的误会,国防会议对于此两件事,均是签定之后,才得报告,一得报告,即提请中央政治会议决定的,并没有侵夺过中央政治会议之权限,如今若将国防会议取消,其结果不过使党政机关失了联络,军政机关无联席会议之机会,中央政治会议之权限绝不会因而扩张,因为国防会议所讨论决定的,只是处理事件,这些处理事件在性质上是不适宜于中央政治会议来讨论决定的,换句话说,行政处理,军事处理,若取决于中央政治会议,将不胜其烦了。"①

与此同时,11月18日,蒋介石致电汪精卫表示:"国防委员会负责较专,各方主要分子之网罗亦较普遍,自成立以来,办事敏捷,呼应灵便,足以稍微矫正已往不负责任,人庞言杂之宿弊,不失为中心之组织","盖中枢应付当前之时局,非有中心组织不可,纵撤销国防委员会,亦非另组替代之机关不可,然内容扩大则徒蹈已往各种会议覆辙,缩小则更非各方之所乐从,故不如以维持现状为愈也。"② 20日蒋再致电汪,请其与于右任、居正等人商议:"现制中委人多,遇事未能缜密,已与往日之国会无大异。故制定政策之原则及最终之核定权,当然属诸中政会议。而根据原则以定推进运用之步骤,自不能不有中心组织,负责行之,既非侵权,尤非对于任何方面有所排除,实为应付当前严重之时局,使处理国务圆活起见,理应如此,固亦现代各国之通例也。自前年国府组织法改订以来,行政院所负国务之责任特重,今由行政院主持之国防委员会,实与扩大之内阁无异,性质说明,权责攸关,不获参列阁议者,固不能以向隅而立异,即主持阁议者,亦何嫌何疑,尤不必以积疑成毁为例也,事关政制之存废,似不宜轻于主张,尚期诸同志平心商榷为幸。"③

11月22日,中政会召开第三八五次会议,汪精卫宣读蒋介石发来的电文,戴季陶亦发言:"国防委员会问题,因需联络军事政治于一机关,以应付严重之国难,始有此项组织……政府各当局,欲使

---

① 《中政会谈话会之报告》,台北,"党史馆"藏,档案号:一般240/1235。
② 周美华编注《蒋中正总统档案:事略稿本》第23册,台北"国史馆",2005,第473—474页。
③ 周美华编注《蒋中正总统档案:事略稿本》第23册,第484—485页。

均知国防情形,并为一致之行动,故有国防委员会之组织。既有组织,自有其所事。政治会议为权的机关,而国防委员会可立为能的机关,能的机关所行之事,自应由权的机关负之。盼各位同志勿以负责之重,而遂倡撤销之议。"面对此种情形,石瑛等亦表示:"此问题因讨论华北外交问题而附带言及,因其实外报纷纷载通车通邮等事,而政治会议毫无所闻,同志间以为政治会议应起而负责,若仅由国防委员会决议执行,似非所宜,故谓国防委员会可停止开会,但本席旋即撤销此项请求,现可勿必再提。"①

虽然一场关于撤销国防委员会的争议,在汪精卫、蒋介石等的力主下,得以平息,但国防委员会与中政会分权之现象,并未根除。"国防委员会委员的大多数为负有实际政治及军事责任的要员,人数较政治会议为少,以行政院长兼委员长,其讨论范围限于军事。自二十二年初至二十四年十一月(第五届全国代表大会开会时期),一切重要外交问题,实际上以该委员会为指导中心;其所决定大都径交各关系机关执行,仅于事后由主席择要报告于政治会议。"② 至中国国民党"五大",为统一事权,改组中政会,成立国防专门委员会,国防委员会随之取消。

但因国防专门委员会并非决策机关,面对日益严重的国难,仍需成立专负军事责任之机关。1937 年 7 月,卢沟桥事变爆发,亟须国防决策的机关。8 月 10 日,何应钦、程潜、唐生智、陈调元、邵力子提出《拟请设立国防最高会议案》,案称:"本月七日国防联席会议曾有'作战期间关于党政军一切事项应统一指挥之'之决议,兹为实现此项决议起见,拟就原有国防委员会及国防会议并合而设立国防最高会议,谨拟具组织条例一份,伏乞付议,公决。"③ 中政会经讨论,议决:"《国防最高会议组织条例案》修正通过,送国民政府,并径请中央执行委员会备案,五届第二次全体会议议决组织

---

① 《中国国民党中央执行委员会政治会议第 385 次会议速记录》,台北,"党史馆"藏,档案号:中央 0385。
② 陈之迈:《中国政府》第 1 册,第 102 页。
③ 《国防最高会议组织条例案》,台北,"党史馆"藏,档案号:政 3/1。

之国防会议，五届第三次全体会议议决组织之国防委员会，均请中央执行委员会撤销之。"① 从此以国防最高会议取代之前的国防会议及国防委员会。

依照《组织条例案》的规定，国防最高会议以军事委员会委员长为主席，中央政治委员会主席为副主席，集党、政、军为一体，其初成立时名单如下。②

国防最高会议名单

主席　军事委员会委员长　蒋中正

副主席　中央政治委员会主席　汪兆铭

中央执行委员会常务委员　蒋中正　汪兆铭　居正　冯玉祥　丁惟汾（在京否待查）叶楚伧　孔祥熙（出国）邹鲁　陈立夫

秘书长　叶楚伧

组织部长　张厉生

宣传部长　邵力子

民众训练部长　陈公博

中央监察委员会常务委员　林森　张继　蔡元培（常在沪）吴稚晖（在京否待查）张静江（病假）

中央政治委员会秘书长　张群

行政院院长　蒋中正　副院长　孔祥熙　秘书长　翁文灏（出国由魏道明代）

立法院院长　孙科　副院长　叶楚伧

司法院院长　居正　副院长　覃振

考试院院长　戴传贤　副院长　钮永建

监察院院长　于右任　副院长　许崇智（似不在京）

内政部长　蒋作宾　外交部长　王宠惠　财政部长　孔祥熙

交通部长　俞飞鹏　铁道部长　张嘉璈　实业部长　吴鼎昌

教育部长　王世杰

---

① 《国防最高会议组织条例案》，台北，"党史馆"藏，档案号：政3/1。
② 《国防最高会议组织条例案》，台北，"党史馆"藏，档案号：政3/1。

军事委员会副委员长　冯玉祥　阎锡山（太原）

常务委员　何应钦　程潜　李烈钧（病假）唐生智　陈绍宽　白崇禧　徐永昌　陈调元

参谋总长　程潜

军政部长　何应钦　海军部长　陈绍宽　训练总监　唐生智

军事参议院院长　陈调元

全国经济委员会常务委员　汪兆铭　蒋中正　孙科　宋子文　孔祥熙

从以上名单可见，共57人，资格重复者18人，实39人。后又有添补，如国防最高会议第四次会议加推李宗仁为委员，第五次会议加推刘湘为委员，第六次会议加推陈果夫、顾孟余为委员等。①

国防最高会议在成立之日起，其地位崇高。按规定，"在作战期间，关于党政军一切事项，国防最高会议主席，得不依平时程序以命令为便宜之措施"，而此时国防最高会议主席即由军事委员会委员长蒋介石出任。按1937年8月中政会拟订的《陆海空军大本营组织法》规定，"中央常会同时推定国防最高会议主席为陆海空军大元帅，后又决议为军事委员会委员长，行使陆海空军最高统帅权，并授权委员长对于党政统一指挥"。此时的国防最高会议主席已掌有党政军大权。②

"际此暴日侵凌日益加甚，前后方应付诸务集中本会，而本会按照条例，应出席列席人数不少，召集开会，实感困难，各案循例审查，亦嫌迟滞，计惟有就紧密之组织，为党国尽最善之努力，爰经国防最高会议常务委员第三十一次会议决议，非常时期中央党政军机构调整及人员疏散办法，其关于政治委员会者，议决中央政治委员会暂行停止，其职权由国防最高会议代行"，中政会"职权准由国防最高会议代行"，中政会"暨其他附属机构均暂行停止"。③ 在此

---

① 《国防最高会议组织条例案》，台北，"党史馆"藏，档案号：政3/1。
② 参见陈之迈《中国政府》第1册，第117—118页。
③ 《中政会职权由国防最高会议代行案》，台北，"党史馆"藏，档案号：政6/58。

形势下，1937年11月17日，中政会按中常会第五十九次会议决议："中央政治委员会暂行停止其职权，由国防最高会议代行，国防最高会议应在军事委员会委员长所在地"，"即日办理结束"。① 从此，中政会结束其职权，虽抗战胜利后中政会曾重开，但其性质、职权与战前已大为不同。

小　结

1928年，中国国民党底定平、津后，宣告军政时期结束，进入训政时期。按照孙中山的权能学说，人民有"权"，政府有"能"，但在训政时期"以党治国"的核心理念下，中国国民党独负全责，"保育"人民，总揽政府，"握有发动训政之全权"。②

中政会系"全国实行训政之最高指导机关"，③ 职权不断扩大，按照衡量一个机关是否重要的三个要素：是否政策的制定机关、是否制定法律来表现政策的机关、是否执行法律以实行政策的官吏的任命机关来看，中政会兼具以上三个要素。在训政时期，中政会不断演变，职权不断扩充，讨论及议决事项以"建国纲领"、"立法原则"、"施政方针"、"军事大计"、"财政计划"以及"国民政府委员，各院长、副院长及委员，各部长，各委员会委员长，各省政府主席及厅长，各特别市市长，驻外大使、特使、公使，及特任、特派官吏之人选""为限"，几乎涵盖了施政的各个层面。按陈之迈的说法，"虽有'为限'的字样，但事实上实等于没有限制"，"其职权则早已到了无可扩充的地步"。④

与此同时，在实际运作过程中，中政会又不局限于"政治会议

---

① 《国防最高会议代行中政会职权》，台北，"国史馆"藏"国民政府档案"，档案号：001-070000-0044。
② 《胡汉民孙科提出政治纲领》，《京报》1928年6月21日。
③ 《中央政会暂行条例》，《申报》1928年10月26日。
④ 陈之迈：《中国政府》第1册，第96页。

不直接发布命令及处理政务"① 的规定。如本章所探讨的中政会对立法权的运用，中政会不仅决定立法原则，并掌握复议权，从而掌握法律的制定出台，甚至面对具体案例时，直接决定是否要交立法院讨论，成为事实上的最高立法及决定机关。除此之外，在1934年顾孟余被弹劾案中，体制内制度权限和体制外的人事纠葛，相互作用，在该案持续发酵的过程中，中政会通过"三项办法"的出台，对监察权有所收归。

正因中政会在党政体制中的显要地位，中国国民党内的派系纷争、人事纠葛，不断在中政会上演，在中国国民党四届一中全会上再一次以中政会的存废问题展现。虽然废除中政会之议最终并未被采纳，但中政会自身所存在的问题，亦无法克服。人员数目的扩大，机构的臃肿、负责无人等问题日益凸显。随着中日矛盾不断升级、国难加剧以及"空城"②之危机，中政会的改组迫在眉睫。

1935年，中政会改组，增设主席、副主席，缩减人员，成立专门委员会，虽从制度上有所改善，但事权不统一、负责无人等弊病，仍然存在。紧迫的战争环境对中国政治走向提出严峻的要求，为此，以"国防"为名号的国防委员会、国防专门委员会等组织先后出现，至国防最高会议这一国防决策机关的出现，将党、政、军权集于一体，主席借此更具有便宜之权。中政会暂行停止活动，由国防最高会议代行其职权，虽抗战后中政会曾重开，但与战前相比，已大相径庭。

---

① 《中央政会暂行条例》，《申报》1928年10月26日；《修正中央执行委员会政治会议条例案》，荣孟源主编《中国国民党历次代表大会及中央全会资料》（上），第797—798页。

② 《中国国民党中央执行委员会政治会议第467次会议速记录》，台北，"党史馆"藏，档案号：中央0467。

第四章
政治分会（1926—1929）

政治分会①存在于1926年至1929年，先为中国国民党在势力未及的重要地区所设的政治先行机关，如北平政治分会；后为中国国民党在北伐过程中接收军事所达地区的政治、党务等的最高指导机关。它自设立到裁撤，既是中国国民党政治制度建设理念的推行，又渗透着中国国民党内党政权力之争、派系之争，并一度演化为中央与地方的权力之争。"这一段事实，虽已成陈迹，要亦为研究者所应深切注重者。"②

关于政治分会的研究，早在20世纪三四十年代，一些法政学者在对政治制度研究时就有涉及。如杨幼炯的《近代中国立法史》和《中华民国立法史》，钱端升、萨师炯等的《民国政制史》，陈之迈的《中国政府》（第1册）等，均简要地对政治会议分会及其沿革、组织、权限等做了阐述。而近世关于政治分会的研究，虽在中国国民党政治制度研究和党治研究中或有涉及，但专门著述所见不多。所见著述大多集中于中央与地方之间的争斗。如张皓的《论政治分

---

① 政治分会或类似于政治分会的临时政治分会，最初全称应为中国国民党中央执行委员会政治委员会分会（临时政治委员会）；1926年7月6日，中国国民党第二届中央执行委员会临时全会通过《改善中央执行委员会各部间办事关系案》，规定嗣后政治委员会亟应集中与中央常务委员会合开一会，是为中央政治会议，遂有中央政治会议分会（临时政治分会）之称；在宁汉对峙时期，中央执行委员会政治委员会和中央政治会议一度同时存在，遂又有中央执行委员会政治委员会分会和中央政治会议分会并称的情况，为了行文方便，除特别需要说明之处，本章统一简称为政治分会（临时政治分会）。

② 陈之迈：《中国政府》第1册，第104页。

会的存在和撤销》①和《国民党政治分会之设置与存废之争》②，在前文中，张皓等认为各地方政治分会的成立和存在是"地方实力派所求的在法律上对地方王国的承认，是其对抗中央的表现"，而它的取消也是当时"南京国民政府统一和巩固的需要"；③后文则认为"政治分会是一种国民党特有的地盘和权力角逐现象"，"无论谁执掌国民党中央大权，都会设法取消政治分会，国民党的政治体制不可能是分权共掌，只能走向个人专制"。④陈惠芬在《北伐时期的政治分会——中央与地方的权力纠葛》一文中认为，"在北伐革命的过程中，国民党中央成立了几个政治分会，作为所辖地区的最高政治指导机构，有些地区甚至囊括数省，其权限之大，几使地方呈现自主样貌"，政治分会"昙花一现，实已触及中央与地方权力的纠葛"。⑤

第一节 政治分会的设立及其纷争

一 政治分会的设立

关于设立政治分会的决议，最早见于1926年1月18日中国国民党第二次全国代表大会通过的《中央党务总报告决议案》（以下简称《决议案》）。《决议案》指出，鉴于"过去两年中各地执行部，除北京执行部外，不惟成绩甚少，且又是妨碍工作，以时势，以事理，均无继续存在之必要。至于以后督促党务进展"，特做五项规定，其中提及："除国民政府所在地设置政治委员会外，各重要地点必要时，经中央执行委员会常务委员会之核准，得分设政治指导机

---

① 张皓、田成刚：《论政治分会的存在和撤销》，《中学历史教学参考》1995年第7期。
② 张皓：《国民党政治分会之设置与存废之争》，《首都师范大学学报（社会科学版）》2011年第4期。
③ 张皓、田成刚：《论政治分会的存在和撤销》，《中学历史教学参考》1995年第7期。
④ 张皓：《国民党政治分会之设置与存废之争》，《首都师范大学学报（社会科学版）》2011年第4期。
⑤ 陈惠芬：《北伐时期的政治分会——中央与地方的权力纠葛》，《台湾师范大学历史学报》1996年第24期。

关。"① 23 日，中国国民党二届一中全会通过《中央执行委员会政治委员会组织条例案》②（以下简称《组织条例案》），规定："政治委员会为中央执行委员会特设之政治指导机关，对于中央执行委员会负其责任。""政治委员会认为必要时，得推任同志在某地方组织分会，其权限由政治委员会定之。"③

细析条文，不难察觉，中国国民党二届一中全会通过的《组织条例案》与"二大"通过的《决议案》有冲突。按《决议案》规定，政治分会的设立，由中央执行委员会常务委员会核准；《组织条例案》规定，由政治委员会组织，权限由政治委员会定之。显而易见，二者对权力来源的规定不同，一为中常会，一为中政会。缘何如此？这与中政会成立之初与中执会、中常会的关系不明等有关，从而客观上造成了政治分会职权不清、隶属不明。关于中政会成立之初的权限在本书第一章中已有详细分析，此处不再赘述。从人员重叠、隶属关系不明、职能混淆的状况来看，政治分会自其设立之日起，就存在权力来源不明等问题。

在《决议案》的指导下，各地政治分会相继成立。1926 年 3 月 1 日，因北京为政治中心地，④率先成立了政治分会，委员有徐谦、于右任、李大钊、丁惟汾、于树德、王法勤、顾孟余、陈友仁、刘

---

① 荣孟源主编《中国国民党历次代表大会及中央全会资料》（上），第 114—115 页。
② 《中央执行委员会政治委员会组织条例案》，台北，"党史馆"藏，档案号：部 1526。《组织条例案》计有七条："一、政治委员会为中央执行委员会特设之政治指导机关，对于中央执行委员会负其责任；二、政治委员由中央执行委员会推定之；三、政治委员会认为必要时，得推任同志在某地方组织分会，其权限由政治委员会定之；四、政治委员会设委员若干人、候补委员若干人。政治委员有缺席时，由出席之候补委员依次递补，有临时表决权，余只有发言权；五、中央执行委员会得聘任政治执行委员会顾问，在政治委员会只有发言权；六、政治委员由委员互选一人为主席；七、政治委员会设秘书主任一人，秘书、办事员、书记若干人，由主席任命并指挥之。"在荣孟源主编的《中国国民党历次代表大会及中央全会资料》中，共记载了六条（上，第 225 页），《时报》（上海）（1926 年 2 月 1 日）记有七条，但实际内容中漏序号五（内容为：中央执行委员会得聘任政治委员会顾问，在政治委员会只有发言权），实为六条。
③ 《中央执行委员会政治委员会组织条例案》，台北，"党史馆"藏，档案号：部 1526。
④ 《中国国民党第一、二次全国代表大会会议史料》（下），第 762 页。

守中、吴稚晖、李石曾11人，①由徐谦任北京政治分会主席。②"政治分会之设原因所在地离中央太远，政治党务指挥不便之故"，"政治分会之设即为对于党政负有监督指挥责任"，但此时北京分会"原无政治可办，实专管党务"。③该会在国民政府迁南京后，收到方本仁、赵丕廉的联名电报，请蒋介石扩充太原政治分会为北京政治分会："北京接受伊始，对内对外关系綦重，而政治上情形尤为复杂，但非设立政治分会不足以资应付，查天津原本有政治分会之设，立百公（阎锡山）兼任主席，直晋既相毗连，百公又卫戍京津，为便利起见，拟请即特太原分会扩大范围，再增加资深望重之委以若干，改称北京政治分会，俾使处置理直晋热察绥五省区政务，查特别三区，统计不过三十余县，收在一起亦易照料，如钧座以为可行，祈即由中央政治会议共同讨论，是否有当仍乞钧裁"。④蒋"提议将其迁设山西以作北方政治中心，并可指挥察绥等区，当经议决，因北京政治分会，此时不能行使职权，故决定暂在山西设政治会议太原临时分会，以处理一切，在武汉方面亦因开封分会成立于1927年6月13日，议决取消北京分会"。⑤

由于北伐军不断克复重要地区，政治分会即成为克复地区重要指导机关，对政治、党务均负指导责任。以湖北来说，当国民革命军克复汉阳、汉口时，国民革命军总司令蒋介石于1926年9月18日，以中央政治会议主席名义开始筹设临时政治会议，并设湖北临时政务会议，由蒋兼任主席，特委邓演达为湖北政务委员会主任，陈公博为湖北财政委员会主任，并指派鄂人尽瘁于党者蒋作宾、刘佐龙等13人

---

① 《政治总报告》（1929年3月15日），上海市档案馆藏，档案号：D4-0-331。
② 郭廷以编著《中华民国史事日志》第2册，台北中研院近代史研究所，1984，第22页。
③ 陈红民辑注《胡汉民未刊往来函电稿》第1册，广西师范大学出版社，2005，第507页。
④ 《方本仁、赵丕廉电请蒋中正请扩充太原政治分会为北京政治分会》，台北，"国史馆"藏"蒋介石档案"，档案号：002-020100-0027-006。
⑤ 《政治总报告》（1929年3月15日），上海市档案馆藏，档案号：D4-0-331。

为政务委员会委员,以为组织正式政府之预备。① 凡民政、军政皆由政务会议通过,该会直属中央党部,其性质即同于政治会议。但蒋仍觉此举尚未完善,所以催促广州中央尽速派员至鄂组织政治委员会,以代替临时政治会议。② 并发出任命两道:(1)特派唐生智、邓演达、陈公博、刘佐龙、李宗仁、陈可钰、詹大悲、董用威、刘文岛、喻毓西、陈铭枢、胡宗铎、夏斗寅为湖北省临时政治会议委员;(2)特派唐生智代理湖北省临时政治会议主席。③

按照蒋介石的理念:"各省正式政府未成立以前,暂设临时政治委员会,实为过渡期内,一省政治、军事、立法最高机关,惟系最高决议性质,而委员又多属兼任,故一切用人行政,多委之政务、财政两会执行,而政治会议则居于监督指导地位,至关于全省政务之设施,及高等官吏之任免,则应由政治会议及总司令核行之。"④ 在所颁布的《湖北省临时政治会议条例》⑤ 中,大抵秉承此理念。

从《湖北省临时政治会议条例》来看,湖北临时政治会议确属过渡机构。在条例中明确规定,在湖北省政府成立时,其即取消;

---

① 《申报》1926 年 9 月 24 日。
② 中国第二历史档案馆编《蒋介石年谱初稿》,档案出版社,1992,第 691—692 页。
③ 《申报》1926 年 9 月 24 日。
④ 《蒋中正电何应钦各省正式政府成立前暂设临时政治委员会》,台北,"国史馆"藏"蒋介石档案",档案号:002-090106-00006-125。
⑤ 《申报》1926 年 9 月 24 日。《湖北省临时政治会议条例》有十条:"第一条 湖北省临时政治会议(以下简称本会)由中央党部政治会议主席命令组织之;第二条 湖北省政府未成立以前,本会承中央党部政治会议之命,得以会议方式决定湖北省一切军事、政治、财政之权,全省军事、政治、财政各机关须承受本会决议,处理一切军事、政务、财政;第三条 湖北省政府成立日,本会即宣告取消;第四条 本会设主席一人,委员十三人,于必要时得添设之;第五条 本会主席由中央党部政治会议主席兼任之,主席因事缺席时,得另派委员一人代理之,本会委员由中央党部政治会议主席任命之;第六条 本会定每周开会一次,于必要时得由主席临时召集之;第七条 本会会议须有过半数委员出席,方得正式成立议决案;第八条 每次会议须于开会后三日内,将开会情形及议决案,呈报中央党部政治会议及国民革命军总司令,如有特别重要问题,须经中央党部政治会议核准施行;第九条 本会组织细则由本会会议另行制定;第十条 本条例由中央党部政治会议主席颁布施行。"

临时政治会议是以会议方式决定军事、政治、财政之权,可见此时的政治分会为地方最高决策机关,其决策是以会议方式来做出;议决案不仅要呈报中政会,同时要呈报国民革命军总司令,具有军事时期特点。此后北伐克复区以湖北省临时政治会议为模本,相继建立临时政治会议。

江西底定后,蒋拟照湖北办法组织江西政务委员会,① 并于1926年11月12日,电呈中央,组织江西临时政治会议。至1926年底,随着北伐不断推进,12月,浙江省筹建临时政治会议。12月17日,《申报》报道:"至于浙省政治建设则拟援照湖北、江西先例组织临时政府,设政治会议为最高权力机关,设政务委员会及财政委员会为执行机关,政治会议一席将以现在中央党部代理主席张人杰担任,褚辅成任政务委员会主席,其财政委员会主席或将属之杭州中国银行行长陈其采,其他委员闻亦已内定,不日将由总司令部委任。"② 1927年1月8日,浙江省临时政治会议在宁波成立,成为浙江省最高机关,以会议议决方式决定政治、军事、财政各项政策,其议决案则由政务委员会及财政委员会分别执行,委员有张静江、周凤岐、韩宝华、陈其采、经亨颐、宣中华、蒋梦麟、蔡元培、褚辅成、戴任、马叙伦,并任命张人杰为主席。在张静江就职之前,由蔡元培任代理主席,在浙江全省肃清后,该会议于3月1日迁至浙江省城杭州执行职权。③ 3月6日,蒋介石电蔡元培,请其"早莅浙境以慰民望"。④

1926年12月20日,面对福建省即将克复的情势,蒋介石致电何应钦,在福建暂设临时政治会议,称"福建省政府,须待三月后,全省平定,方可组织",⑤ "政治临时组织,决照鄂、赣办法,设福

---

① 《蒋介石年谱初稿》,第712页。
② 《申报》1926年12月17日。
③ 《申报》1927年3月9日。
④ 台北,"国史馆"藏"蒋介石档案",档案号:002-010100-00006-065。
⑤ 《蒋介石年谱初稿》,第852页。

建临时政治会议为最高机关，由中正以中央主席名义兼任，请兄代理"。① "何应钦进驻闽垣后，即已宣传率师入浙，惟福建省政府尚未成立，何氏系兼临时政治会议代主席职务"，"在省规划一切"，② 并"派江董琹为福建政治会议会员"。③ 1927 年 1 月 3 日，福建临时政治会议代主席何应钦，委员戴任、江董琹、何玉书、陈季良、方声涛、黄展云、丁超五、王允恭就职。④ 2 月 25 日，福建政治分会收到中政会发来的指示："福建政治分会诸委员钧鉴，对于教会产业及教士，应令各地方军警一律保护，不得有没收或侮辱等，请希即通令遵照为要。"⑤

在北伐战争时期，相继克复地区不仅需要军事稳定，且需要政治建设、经济整理，面对克复地区百废待兴的情况，各地相继成立的此种具有过渡性质的政治分会，无疑是必要的。而且，各地临时政治分会的设立对确立中国国民党统治、统筹建设所属地区、健全机构等起了重要作用。

二 政治分会的纷争

政治分会作为地方最高决策机关，在中国国民党中枢分裂之际，必然会引发各方势力对之争夺；同时，各派系为了掌控地方，发展势力，对政治分会掌控权的争夺也在所难免。可见，政治分会自其成立之日起，就无法摆脱中央和地方以及各派系之间的争斗。

第一，中枢分裂与政治分会之争。

1926 年，北伐军取得节节胜利，在其占领两湖与江西后，武汉成为革命的中心，国府北迁成为必要之举。中政会遂于 11 月 26 日

---

① 《蒋总司令拟命白崇禧入浙指挥电》（1926 年 12 月 22 日），黄嘉谟编《白崇禧将军北伐史料》，第 16 页。
② 《申报》1927 年 1 月 1 日。
③ 《蒋介石电饬何应钦任江董琹为指挥部政治部主任及福建政治会议委员》，台北，"国史馆"藏"蒋介石档案"，档案号：002-010100-00004-071。
④ 《申报》1927 年 1 月 7 日。
⑤ 《中央政治会议电令福建政治分会饬各地军警保护教会产业及教士》，台北，"国史馆"藏"蒋介石档案"，档案号：002-010100-00006-051。

决定国民政府北迁武汉。① 不料在北迁过程中，发生中枢分裂，形成宁、汉对峙局面。宁、汉双方各以己为中枢，先后发表政治分会条例，对政治分会的职权、隶属、组织的规定均有不同。

1927年3月，中国国民党二届三中全会在汉口开幕，会议改组了中央常务委员会、政治委员会，于3月13日通过了《修正政治委员会及分会组织条例》。②

在这个修正条例中，有两点需要注意，一是强化了中执会对政治委员会分会的权限，改政治委员会分会为对中执会负责，如二届三中全会在讨论政治分会委员资格时，吴玉章曾提出"监察委员亦可被选，分会组织应规定"，徐谦当即答道："此乃中央执行委员会之政治委员会，非中央执监委员之政治委员会，应请注意"；③ 二是政治委员会分会的权责，对于地方政治问题之决议，得直接交由地方政府执行之，但须报告中执会，关于与党部关系，由中执会规定之，也就是说，与党部关系并未明确。关于政治分会权限，在讨论过程中，詹大悲曾提出："政治分会得直接交议于地方政府执行之规定似不合。中央政治委员会且不能直接交决议于中央政府执行，分

---

① 《民国15年11月26日，中政会第二次临时会议（广州）》，转引自蒋永敬《鲍罗廷与武汉政权》，台北，精华印书馆，1965，第33页。
② 《国民党中执会档案》，《中国国民党第一、二次全国代表大会会议史料》（下），第776页。《修正政治委员会及分会组织条例》有十条："一、政治委员会依第二届中央执行委员会第三次全体会议议决：'统一党的领导机关'案第七、第八两条之规定组织之；二、政治委员会为中央执行委员会下之最高政治领导机关；三、政治委员会因适应革命之需要，得向中央执行委员会建议，在国内各重要政治地区设立政治委员会分会；四、各地政治委员会分会，对中央执行委员会负责；五、政治委员会分会委员，不限于中央执、监委员及候补中央执、监委员；六、政治委员会分会之人数、权限、任务及与当地党部之关系，由中央执行委员会规定之；七、政治委员会分会委员，经中央执行委员会指定，得列席政治委员会会议，但无表决权；八、政治委员会分会，对于全国大局有关系之重要决议，须经中央执行委员会之认可，方发生效力；九、政治委员会分会，对于地方政治问题之决议，得直接交由地方政府执行之，但须报告中央执行委员会；十、政治委员会及分会秘书处之组织，由政治委员会及分会自定之。"
③ 《中国国民党第二届中执会第三次全体会议速记录》，《中国国民党第一、二次全国代表大会会议史料》（下），第810页。

第四章 | 政治分会（1926—1929）

会反能之，且恐因此使分会有直接行动之弊。"但因"地方问题非分会直接交地方政府执行，恐有旷时失机之虞"，"分会之设乃适应革命之需要，自应予以直接交地方政府执行之权。为完满起见，原十条改九条之末可加一'但书'，'但须报告中央执行委员会'"。①

而在此期间，南京方面于 1927 年 6 月 17 日政治会议第一〇六次会议修正通过、28 日中央执行委员会常务会议第一〇一次公布施行《政治会议分会条例》。② 与《修正政治委员会及分会组织条例》相较，此条例规定政治分会对政治会议负责，其职权范围由政治会议因地制宜处分，并于必要时受中央执行委员会委托，处理其特定缔约内之党务，可见南京方面是对三中全会前政治分会权力的进一步扩大和发展。

另，仅就名称而言，宁、汉对立期间，各有党部，而宁方始终沿用第三次全体会议以前存在的政治会议的名义，③ 并未使用第三次

---

① 《中国国民党第二届中执会第三次全体会议第三日速记录》，《中国国民党第一、二次全国代表大会会议史料》（下），第 832 页。
② 《司法公报》第 1 期，1927 年。《政治会议分会条例》内容有："第一条　中国国民党中央执行委员会政治会议认为有必要时得于特定地域设立政治分会；政治会议分会之管辖区域由中央政治会议临时指定之。第二条　政治分会依照政治会议于其特定地域内指导并监督最高级地方政府；政治分会于不抵触政治会议之决定范围以内得对于政治会议未经明白或详细决定之事项为因地制宜之处分；政治分会遇非常事变得依委员出席人数三分之二以上之决议为紧急处分。以上第二项第三条处分应于最短时间呈请政治会议追认。第三条　政治分会依第二条所为之决定咨该特定地域内之最高级地方政府执行之。第四条　最高级地方党部与最高级地方政府之间有争议时由政治分会裁决之。第五条　中央执行委员会认为有必要时得委托政治分会处理其特定地域内之党务。第六条　政治分会委员之员额及其选任由政治会议定之；凡政治会议委员得出席于政治分会。第七条　政治分会设主席一人由政治会议任命之。第八条　政治分会设主席一人由政治会议任免之。第九条　政治分会委员中兼各该地域最高级政府职务者不得过政治分会委员全额之半；政治分会委员之兼职限于该特定地域内之最高级机关。第十条　政治分会设秘书处掌理记录文书会计庶务等事项秘书处设秘书长一人、秘书若干人。第十一条　政治分会每次会议后应速将会议情形及其议决案报告政治会议。第十二条　政治分会议事及办事细则由各分会自行议定之。第十三条　本条例由政治会议议决，由中央执行委员会公布施行。"
③ 陈之迈：《中国政府》第 1 册，第 98 页。

全体会议的政治委员会之称，如上海临时政治分会，关于此会情形，本书将在上海临时分会个案分析中进行详细论述。

武汉政治分会的设立，相较上海临时分会更为复杂，历经宁汉分裂时期议决成立、并未成立，特委会时期裁撤地方分会、分会成立，以及中国国民党二届四中全会时囊括两湖的地方权力机关。

武汉政治分会筹建的动议是在1926年9月9日，国民革命军攻克汉阳、汉口后，湖北既定，蒋介石移师攻赣时，发佳电中央常务委员会主席张静江与国民政府委员会代主席谭延闿，称"武汉为政治中心，务请政府常务委员先来主持一切，应付大局。否则，迁延日久，政治恐受影响，请勿失机。最好谭主席先来也"。① 但张、谭一时无法赴鄂，遂设立湖北临时政务会议，但仍感措施欠妥，遂于18日再发巧电张、谭，力请中央派人主持湖北政务，"武汉政治恐不易办，非由政法委员及中央委员先来数人，其权恐不能操之于中央。必中央来人另组政治委员会以代临时政治会议为妥"。② 武汉克复后，一度发生中政会与武汉临时联席会议争议，为了取消武汉临时联席会议，1月7日，南昌中央政治会议举行第七次临时会议，做出"由宋庆龄、徐谦、宋子文、孙科、陈友仁、蒋作宾、陈铭枢、唐生智、邓演达、王法勤、李宗仁、刘骥、董用威十三人组织中央政治会议武汉分会"③ 的决定。但武汉临时联席会议决议不遵奉南昌中央政治会议的决定，"临时联席会议暂时继续进行"。④ 几经交涉，是会并未成立。

南京国民政府成立后，中国国民党出现了两个政府、三个中央并存的局面，几经斡旋，宁、汉、沪三方代表商定"由宁汉沪三方合组特别委员会为党的最高机关"。⑤ 在中央特别委员会做出"中央

---

① 毛思诚编纂《民国十五年以前之蒋介石先生》，第1047页。
② 毛思诚编纂《民国十五年以前之蒋介石先生》，第1069页。
③ 《政治总报告》（1929年3月15日），上海市档案馆藏，档案号：D4-0-331。
④ 《武汉临时联席会议第十三次会议记录》（1927年1月15日），转引自《中华民国史事纪要（初稿）——中华民国16年（1927）1—6月份》，第88页。
⑤ 郭廷以编著《中华民国史事日志》第2册，第257页。

执行委员会政治委员会，或称政治会议，及各地方政治分会，一律取消"① 的决议时，汪精卫、顾孟余、唐生智等以在汉口成立的武汉政治分会，反对南京特委会。汪精卫在汉口发表演说，报告设立武汉政治分会一事，称武汉政治分会是循广州政治分会成立之例，中央党部及国民政府迁宁，而"武汉不可无政治分会"；"武汉政治分会已可依法成立"，"为武汉革命根据地前途极有希望的事"。② 29 日，武汉政治分会通电："南京特别委员会代行中央执权，在党章上毫无根据，不能承认。"③ 10 月 20 日，特委会下令西征，讨伐唐生智。程思远曾回忆此段："汪精卫由于在党政方面都没有取得绝对领导地位，心里不免怏怏失望，所以会后就去庐山休息，并致电'中央特别委员会'：'破碎之党，归于完整，兆铭可以引退矣。'实际上他到庐山后，即派顾孟余去武汉晤唐生智，又派陈公博、甘乃光去广州晤张发奎有所策动。顾到武汉与唐生智接洽结果：武汉即成立'政治分会'，表示不受南京统治。21 日，汪精卫到汉口，29 日'武汉政治分会'公开声讨'特别委员会'，指为'违法篡党'。"④ 22 日，武汉政治分会"宣布独立"，"与宁断绝关系"。⑤ 11 月 11 日唐生智因军事失败被迫通电下野，武汉政治分会事实上解散。由此，至中国国民党二届四中全会才议决设立武汉分会，并规定以湖南、湖北为其政治指导区域。⑥

第二，派系斗争与政治分会之争。

中国国民党派系在政治分会中的斗争亦甚激烈，以广州政治分会为例，其设立与李济深对广东的控制及同汪精卫集团、桂系和蒋介石的政治关系演变相关。

1926 年 12 月 5 日，中国国民党中央和国民政府离粤北上，"于时

---

① 《中国国民党中央特别委员会第三次会议速记录》（1927 年 9 月 19 日），台北，"国史馆"藏"汪兆铭史料"，档案号：118-010100-0006-009。
② 《时报》（上海）1927 年 9 月 27 日。
③ 《东方杂志》第 24 卷第 22 号，1927 年。
④ 程思远：《政坛回忆》，第 7 页。
⑤ 《申报》1927 年 10 月 24 日。
⑥ 《政治总报告》（1929 年 3 月 15 日），上海市档案馆藏，档案号：D4-0-331。

因广州为革命策源地，其所有之政治问题有非以一省政府所可解决者，国民政府委员会第四十三次会议乃议决，政府迁移后宜于广州先设临时政治分会，负过渡期中一切任务"。① "管理粤桂闽政务，以何香凝、甘乃光、戴传贤、陈树人、李济琛（深）、孙科、宋子文七人为委员"，② 12月21日广州分会正式成立。③ 在宁、汉对立时，李济深站在蒋介石一边。《申报》在《党潮中之粤政府态度》一文中报道：

> 广东现政府自国民政府迁鄂后，已完全右倾，因而右派之总工会乘时而起，左派之工人代表会见本派实力不足，遂亦延庆，汉方以粤局之压制左派也，近挟中央党政府之权威下令改组省市党部，而粤局党人以有实力故，遂置中央党政府命令于不顾，甚且对汉方之中央政府发生疑问，曾在某报发表一篇反对中央改组粤省党部之谈话，最近更进一步再在某报刊登一消息，略谓中央监察委员对汉方中央政府否认拟召集第三次全国代表大会予以根本改选云云，据此，则此后粤省似已不再奉行汉之中央党政府命令。例如近日汉交通部委陈剑如接任广东电报局长，旧任已准备交代，但忽接南昌总司令部来电嘱勿擅行交替，于是交通部委任之新任局长竟始终不能接事，但汉方虽命令不行，然对于粤省党政仍陆续下令更动，如最近中央政治会议议决，令广州政治分会着粤省政府任命黎照寰为广州市市政委员长，又由中央常务会议派黎照寰、陈剑如、郭寿华、杨匏安、黄侠生、刘尔崧等组织广州特别市党部改选筹备委员会，进行改选市党部，但现在中央实力已不能及于粤省，恐黎照寰之市长梦与改选广州市党部之企图，终等于纸上空文，其结果等于新任电报局长陈谋之落空而已。粤政府既已卷入政争漩涡，自趋于右倾后，对左派之中央党部固不受命，对于左派

---

① 《政治总报告》（1929年3月15日），上海市档案馆藏，档案号：D4-0-331。
② 《申报》1926年12月2日。
③ 《申报》1927年1月1日。

第四章 政治分会（1926—1929）

要人，尤特别注意，故近日左派领袖已相继离粤潜赴湘鄂，粤政府更恐因此而惹起军事之行动，故连日省城已无形宣布戒严，凡邮政电报各机关已加派检查员严密检查，以防敌派之活动，革命军总司令部于克复沪宁后发表一种新口号，就中有数条对左派已显然取敌对地位，此项新口号已见粤当局之趋向，即谓为左右派争持中粤方态度之宣示，亦无不可也，兹摘录新口号如下，"拥护民众武力的领袖百战百胜之蒋介石"、"国民党忠实份子团结起来"、"打到离间国民党领袖的奸徒"、"促成蒋汪合作"、"实行三民主义"、"改南京城为中山城"，以上各口号最令人注目，其余各条从略。①

于是，武汉方面于1927年4月2日免去李济深广州分会委员职务，5月6日决定于湖南重新组织广州分会，但此决议并未被执行。而李由于对蒋的支持，得到南京方面极大认可，"南京中央政治会议以清党运动后，对于广州政治分会议决改组并从新任命古应芬、李济琛（深）、黄绍竑、戴传贤、陈孚木、甘乃光、陈可钰、朱家骅、李福林、李宗仁、宋子文、白崇禧、何香凝等十三人为委员，广州分会奉命后业已依照改组并将该会最近处理西南各省要政情形向中央政治会议报告一切"。② 5月16日，宁方通过《政治会议分会条例》，"授权广州分会处理两广党务"。③ 17日又加派陈策、林云陔、李文范为委员。④ 此次改组中，李济深通过出任广州政治分会主席，坐镇广州。"广州政治分会，刻即为当局所保存，但政治分会不过为最高行政机关，对于军事上多未能处决一切，最近此间将领以现值西南时局多故，两粤军事不可无最高机关为之指挥整理，倘遇军事时期尤须统筹一切进行事宜，因此遂有组设临时军事委员会之提

---

① 《申报》1927年4月14日。
② 《申报》1927年5月14日
③ 陈红民辑注《胡汉民未刊往来函电稿》第1册，第364页。
④ 《申报》1927年5月22日。

议"，① 10月18日，李济深成立广州分会临时军事委员会，以"统一各军之指挥"，② 通过了《中国国民党中央政治会议广州分会临时军事委员会组织大纲》。③

11月17日，陈公博、黄琪翔打着反对特委会的旗号发动旨在推翻李济深的广州政变，④ 由陈公博接任广州分会主席并兼广东省主席，张发奎任分会临时军委会主席。11月29日，广州分会宣布李济深、黄绍竑的罪状，"并将其政分会主席职即日停止职权"。⑤ 为了重返粤省，李竭力破坏蒋汪合作，并成功劝说桂系在特委会与二届四中全会召开问题上让步，指特委会"于章程亦实有不合的地方"。⑥ 白崇禧在11月18日发表的谈话中强调特委会"实即目前党的最高机关，绝不容一二人之意见，则欲对特别委员会谋所推翻"。⑦ 同月29日，李宗仁等便同意"特委会于第四次中央全体会议开会时停止职权"。⑧ 从而得到蒋首肯，同意讨伐张发奎等。⑨ 12

---

① 《申报》1927年10月18日。
② 《广州政治分会为设立临时军事委员会电》，罗家伦主编《革命文献》第17辑，台北，中国国民党党史会，1957，第3113页。
③ 《申报》1927年10月18日。《中国国民党中央政治会议广州分会临时军事委员会组织大纲》内容有："（一）临时军事委员会受中国国民党政治会议广州分会之指挥及监督，对于驻在政治分会管辖区内之陆海空军，及一切军事机关有指挥整理之权；（二）临时军事委员会由驻在政治分会管辖区内之军事委员组织之，并于委员中推举一人为主席；（三）临时军事委员会内设参谋处、军务处、副官处、秘书处、军需处、军械处、军医处、军法处、政治部，分掌本会事务，其组织就规则另定之；（四）临时军事委员会设参谋长一人，副参谋长一人，承主席之命指挥会内各处，处理寻常事务；（五）临时军事委员会以议决由主席署名、以军事委员会命令行之；（六）须有当地之委员过半数通过方为有效，如多数委员不在临时军事委员会所在地时，主席与委员一人有决定处置之权；（七）临时军事委员会办事细则另定之；（八）本会组织大纲如有未尽事宜，得由广州政治分会修改之；（九）本大纲自公布日施行。"
④ 《申报》1927年11月27日。
⑤ 《申报》1927年11月30日。
⑥ 《申报》1927年12月11日。
⑦ 《申报》1927年11月21日。
⑧ 《申报》1927年12月3日。
⑨ 《申报》1927年12月4日。

月2日，南京国民政府下令，将"张发奎、黄琪翔着即褫职拿办"。① 1928年1月4日，李济深回穗复职，"自从张发奎、黄琪翔等退出以后，代他们的是李济深。李是前政治会议广州分会主席，这次回来，对于政治措施，当然要恢复原状，好继续从前未竟的功。头先即恢复政治分会，以它执行一切政务。计委员到的有李济深、林云陔、陈策等。前秘书长胡春霖，因政变离了粤，委员邵元冲接任。在张黄时代的议决案，一律取消，作为无效。李又以广东年来多事，民生憔悴，颠连痛苦，亟应乘时绥缉，与民休息，因在政治分会之下，组织了建设委员会，事实训政建设各项计划。又设了宣传委员会，以广宣传，使一般民众，不为谬说所惑"。② 至此，广州政治分会重回李济深执掌之下。

三　政治分会的裁撤

政治分会如陈之迈所讲，"在北伐军事途程中，国民政府实无固定的所在地，政令亦未统一，设置政治分会在理论上实有其充足之理由，但设置政治分会，一经试验，便发生重大的弊端，足见办法未妥，一时取消之议，曾酿成轩然大波，卒耗费许多精力，才把政治分会，在十八年间次第取消"。③

关于裁撤政治分会的决议，如前文所述，中央特别委员会曾于1927年9月19日第三次会议上，议决取消政治会议及各地政治分会。但由于特委会根基薄弱，蒋介石下野未出，汪精卫隐退不就，其决议并未得到支持。相反，武汉政治分会公然与之对立；广州政治分会与汪合作，曾"通电主张须取消特别委员会"。④ 因此，裁撤政治分会的决议，并未取得实质性的进展。

直至1928年2月2日，在各派暂时取得统一的情况下，中国国民党二届四中全会在南京召开。汪精卫等提议选出政治委员若干，

---

① 罗家伦主编《革命文献》第17辑，第3123页。
② 《中央日报》（南京）1928年2月15日。
③ 陈之迈：《中国政府》第1册，第104页。
④ 郭廷以编著《中华民国史事日志》第2册，第278页。

组织政治委员会，以决定政治方针，并主张详细规定政治委员与政治分会之权限。张静江提议恢复政治会议，并于必要地点设置分会。经数次审查委员会之审查，于2月3日决议，中央政治会议及各地分会，仍可存在，候第三次全国代表大会决定，① 并于3月1日公布《政治会议分会暂行条例》②（以下简称《暂行条例》）。需要注意的是，《暂行条例》首次明确政治分会"不兼管党务"，并规定其对特定区域最高级地方政府有指导和监督之权，决议案直接交由地方政府执行，这实际上是对政治分会为地方最高政治指导机关的认可。

3月7日，中央政治会议推蒋介石为主席，又通过李济深、李宗仁、冯玉祥、阎锡山分任广州、武汉、开封、太原政治分会主席，③进行政治"分赃"。④ "关于政治指导之区域，广东、广西属广州分会，湖南、湖北属武汉分会，河南、陕西、甘肃属开封分会，山西、绥远、察哈尔属太原分会，其不属于以上四区分会者，概由中央政

---

① 谢振民编著《中华民国立法史》，第236页。
② 《政治会议分会暂行条例》，《中央日报》（南京）1928年3月2日。内容有："第一条 中央执行委员会得于特定地域设立政治分会；中央政治会议各分会之管辖区域，由中央政治会议随时指定之。第二条 政治分会依照中央政治会议之决定，于其特定区域指导并监督最高级地方政府，不兼管党务。政治分会于不抵触中央政治会议之决定范围以内，得对于中央政治会议未经明白或详细决定之事项，为地方制之处分。政治分会遇非常事变，得依委员出席人数三分之二以上之决议为紧急处分。以上第二项、第三项处分应于最短时间呈请中央政治会议追认。第三条 政治分会每次会议后，应速将会议情形及其议决案报告中央政治会议。第四条 政治分会之决议案，交给特定地域内之最高级地方政府执行之。第五条 政治分会委员之额及其选任，由中央政治分会决定之。中央政治会议委员，得出席政治分会。第六条 政治分会设主席一人，由中央政治会议任命之。第七条 政治分会委员中兼各该地域最高级政府职务者，不得过政治分会委员全额之半。政治分会委员之待遇，限于该特定地域内之最高级机关。第八条 政治分会设秘书处，掌理记录、文书、会计、庶务等事项。秘书处设秘书长一人，秘书若干人。第九条 政治分会议事办事细则由分会自行议定之。第十条 本条例由中央执行委员会公布执行。"
③ 郭廷以编著《中华民国史事日志》第2册，第324页。
④ 章乃器：《不可以同时反对专政集权吗？》，毕修匀编《分治合作问题讨论集》，革命周报社，1929，第55页。

第四章 | 政治分会（1926—1929）

治会议处理之。"① 5月14日，蒋介石电告李宗仁，"拟先发表兄之第四集团军总司令，及速成立武汉政分会"。② 18日由李宗仁领衔，程潜、白崇禧、胡宗铎、张知本、严重、陈绍宽、李隆建、张华辅、刘岳峙、鲁涤平等联名在武汉汉口发表通电："奉中央郑重会议任命，李宗仁、程潜、白崇禧、胡宗铎、张知本、严重、陈绍宽、李隆建、张华辅、刘岳峙、鲁涤平为武汉政治分会委员，并指定李宗仁为主席，遵于五月十八日在汉口正式就职。慨自共党肆虐以后，湘鄂民众犹在倒悬，凡百设施，均难容缓，断当秉承党义，次第推行，尚望赐以箴言，藉匡不逮。"③ 事后，李宗仁在回忆录里这样写道："政治分会的设立，原就是非驴非马的制度。政治分会的权力极大，有任命所辖地区地方官吏及处理政、军、财、教、建各要政的全权。然政治分会并非中央政府以下的二级机关，管辖地区有限，凡不属于政治分会掌握的省份，却又直属于中央，与各政治分会错综而治，形成一种奇特的政治制度，实与素主中央集权的蒋先生的意旨大相径庭。蒋先生复职后，忽然搞起这种制度来，或系一种权术的运用。因蒋氏下野之前，党内党外曾一致攻讦其为新独裁者。今番故意奠立此一分权制，或借以表白而已。"④ "蒋先生何以忽然要将中央的权力分散到我们四人身上呢？他无非是想利用冯、阎为北伐卖力，挥军北进击破奉军。"⑤ 毋庸置疑，政治分会的设立是对地方各军事集团事实上的承认与让步。

从中国国民党"三大"的《政治总报告》中所保留的政治分会委员构成名单中，可以得知此时的政治分会的基本情况。广州分会，李济深为主席，委员戴传贤、陈铭枢、李文范、冯祝万、黄绍竑、林云陔、朱家骅、陈可钰；开封分会，冯玉祥任主席，委员郭春涛、

---

① 《上海特别市市政府工务局收文第1974号》（1928年4月25日收），上海市档案馆藏，档案号：Q215-1-5。
② 台北，"国史馆"藏"蒋介石档案"，档案号：002-020100-00017-091。
③ 《李宗仁、程潜、白崇禧等电南京中央党部中央政治会议等》，台北，"国史馆"藏"蒋介石档案"，档案号：002-090101-00011-009。
④ 李宗仁口述、唐德刚撰写《李宗仁回忆录》（上），第424、425页。
⑤ 李宗仁口述、唐德刚撰写《李宗仁回忆录》（上），第422页。

邓哲熙、李兴中、张吉墉、何其巩、刘郁芬、宋哲元、马福祥；太原分会，阎锡山任主席，委员赵戴文、南桂馨、贾景德、商震、马骏、温寿泉、田桐、方本仁、张厉生、祁志厚；武汉分会，李宗仁为主席，委员程潜、张知本、严重、张华辅、刘岳峙、陈绍宽、李隆建、白崇禧、胡宗铎、鲁涤平；北平临时分会，张继为主席，委员阎锡山、冯玉祥、李煜瀛、刘守中、王法勤、鹿钟麟、蒋作宾、白崇禧、马福祥、陈调元、李宗侗、商震、刘镇华、方振武、何其巩、温寿泉、朱绶光。① 其中，关于北平临时分会委员人选问题，蒋介石曾致电时任国民政府主席谭延闿，称"北京政治分会（应为北平临时分会——引者注）委员似宜加入德邻或健生，直省政府冯、阎两方人选确宜调剂妥善"，② 可见北平临时分会为调和各派，其委员为各派要员组成，这与广州分会、开封分会、太原分会、武汉分会有所不同。

随着军事行动的推进，尤其是底定平津后，关于裁撤政治分会的争论再度爆发。1928年8月，"五中执委员会，原定十日开第二次大会，因政治分会存废问题，内部争执甚烈，主张废去者有十三案，李任潮主席提案保留政分会，以疏通未妥，遂延期，李主席有即日离京之说，五中会形势不好"。③ 直至14日，二届五中全会才得以召开，对政治分会的存废问题进行了讨论。

会上，王法勤、郭春涛等分别提出议案，要求取消政治分会。王法勤等人所提的《重新确立党的基础案》明确要求"确定中央政治会议权限。一切中央事件须取决于党部，并裁撤各地政治分会"。④ 其理由为："政治会议，本为中央执委会附设之辅助机关，其地位在中央党部之下，今则中央党部反成附庸。各地方政治分会在未统一以前，不过为便于军事时期的工作而设，现在尤应立即撤

---

① 《政治总报告》（1929年3月15日），上海市档案馆藏，档案号：D4-0-331。
② 台北，"国史馆"藏"蒋介石档案"，档案号：002-020100-00021-070。
③ 《南京王献丞潘太初壁密蒸电》，台北，"国史馆"藏"阎锡山档案"，微卷号：131000007772M。
④ 国民政府委员鉴定《国民政府五中全会》，法政学会，1928，第1—2页。

废，以除分割之凭借。"① 郭春涛等提出《取消政治分会案》，理由为："查政治分会，原为在军事时期，各地政治，或以国民政府所在地偏于一隅（如在广东时期），或以地区为敌人所隔断，交通不便，邮电不通，中央不便直接指导而设，今军事既已粗定，统一渐告完成，对于各省政治有全国一致之性质者，中央可直接指导，已无前此之障碍，政治分会已无存在之必要，此其一；当此训政开始时期，依据建国大纲，所确定地方权限之办法，即凡十五，有因地制宜之性质者，划归地方政府办理，如此则各地政治，自有各省政府负责指导，中央与省之间，实无设立政治分会之必要，此其二；政治分会既已失其存在之根据，如仍让其设立，徒资少数人以割据统治之工具，与党国毫无所补，何况现在之政治分会，事实上已表现封建之色彩，若不即予取消，则中央之权限日以削减，徒拥虚名，各地则将形成割据之形势，尾大不掉，其危险何堪设想。"②

与王法勤、郭春涛等人观点不同的是，李济深力主保留政治分会，指出："查本年二月三日第二届中央执行委员第四次全体会议第一日议事录决议事项内，有'中央政治会议及各地分会，可仍存在，候第三次全国代表大会决定。'据此则各地政治分会之存废，应候第三次全国代表大会决定，而不应再在此会议提出讨论。""现在中国境内虽已同意，然在北则有军阀残部，尚待肃清，在南则共产分子，仍思蠢动，若各地无政治分会之设立，安能就近体察情形，予以适宜及迅速之处分，此裁撤各地政治分会之不便者一；吾国幅员之大，并世无匹，中央与地方各省之距离既远，若各省政府之设施，事事均须请示于中央，则无论中央对于各省之复杂事情，未尽瞭然，不易置答，以吾国今日之交通，公牍往返之稽延，以政务进行之迟滞，识者所公认也，有政治分会之设立，则正可使之代表中央，对于地方政府负指导监督之任，而免上述之缺憾，此裁撤政治分会之不便者二；各省政府仅有行政的职务，而无立法之权能，则关于各种地

---

① 国民政府委员鉴定《国民政府五中全会》，第6页。
② 国民政府委员鉴定《国民政府五中全会》，第68页。

方法院之制定与颁布，舍政治分会外无适当之机关，政治分会一旦裁撤，则如此种职权将何所附丽，此裁撤政治分会不便者三；抑尤有进者，建国大纲第十七条，明明规定采均权制度，必欲绝对集权于中央，固为总理所未许，即在势亦有不可能，则毋宁以指导监督地方政府之权，在此训政期内，暂授之各地政治分会，政治分会委员皆由中央任命，则政治分会实不啻代表中央之机关，且其所有议决，均须呈报中央，若中央发觉其议决为不当时，尽可随时取消或更正之。故政治分会之在今日，只有补助中央耳目之不周，鞭长之莫及，而于全国政权之统一，绝无丝毫之妨碍也。"① 并质问蒋介石："谓有此机关，即足以割据耶？则在中央机关者，又谁敢保其不设会筹安，作杨度辈之第二以乱天下？"他指责蒋当初为了复职"喜而存之"，现在却"怒而废之"。② 此外，李济深还公开表示："对大会各议案的意见，认为不妥当者有四，一限制军人参与党务案，二各级的党部监督各政府案，三民众运动离开党部自成系统案，四取消政治分会案"，认为"取消政治分会案"，"提案者专讲理论，不顾于事实，如广州政治分会，对于一切省市政府所不能指挥监督之事，赖政治分会以补救之，可代中央之劳。如谓此制容易割据，安保中央无如袁世凯第二者，李张二监委之赴沪亦即为此四事，不甚满意"。③ 接着，他前"往汤山休息"。④

维持政治分会的存在，是李济深和桂系的共同立场。在李赴汤山的同时，白崇禧在北平入院治"病"，李宗仁留沪"养病"。早在二届五中全会前，李宗仁于6月12日通电强调两点：其一，政治分会须暂时存在，因为"中国幅员广大，军事甫定，中央对于各省仍觉鞭长莫及，自不能不使各地政治分会，上分中央之劳，下尽地方之责"；其二，撤销的前提须是"各方贤智，集之中央，成一色强有

---

① 国民政府委员鉴定《国民政府五中全会》，第71—72页。
② 《中央日报》（上海）1928年8月10日。
③ 《中央日报》（上海）1928年8月13日。
④ 《中央日报》（上海）1928年8月12日。

力之政府","实行真正之集权"。① 6月28日,李济深强调:"在决定中央集权、地方分权、分治合作、统政制度及统一各省军政费以前,宜维持现在之政治分会制度。"②

"李济琛(深)、李宗仁均未出席,何香凝因母忧,故本晚赴沪往香港,按何系蒋公及粤方诸委员之枢纽关系极重,此次离京其影响会议前途,政治分会取消案,蒋谓可俟三次代表大会解决,刻下已无形搁置。"③ 面对地方实力派的反对,二届五中全会最后议决"各地政治分会,限于本年年底,一律取消"。④《政治会议分会暂行条例》第四条规定,"政治分会之决议案交该特定地域内之最高级地方政府执行之","但不得以分会名义对外发布命令,并不得以分会名义任免该特定地域内之人员"。⑤

按照二届五中全会的规定,政治分会要在1928年底撤销,后因"第三次全国代表大会已延期举行,国军编遣事宜方在进行,为各省政务之指导及经过一切事件之结束,计应予以结束之时期,兹经中央决议,各分会展期至十八年三月十五日以前裁撤"。⑥ 并"申令各该分会须确守分会暂行条例之规定,不可逾越权限,以期行政系统日就整饬。"⑦ 在编遣会议召开期间,蒋介石与胡汉民商议"便中解决"政治分会,此议遭到桂系反对。就在此时,发生了武汉分会议决罢免鲁涤平湖南省政府主席之职并派兵入湘的事件,史称"湘变"。

"1929年2月20日,武汉政治分会没有征求李宗仁同意,以突然袭击的手法,通过决议,罢免湖南省主席鲁涤平的职务,并派何

---

① 《中央日报》(上海)1928年6月12日。
② 《中央日报》(上海)1928年6月29日。
③ 《南京孔芸生等绩密真亥电》,台北,"国史馆"藏"阎锡山档案",微卷号:131000007772M。
④ 《政治总报告》(1929年3月15日),上海市档案馆藏,档案号:D4-0-331。
⑤ 《政治总报告》(1929年3月15日),上海市档案馆藏,档案号:D4-0-331。
⑥ 《上海特别市工务局收文第陆号上海特别市市政府秘书处公函一件》(1927年7月12日收),上海市档案馆藏,档案号:Q215-1-5。
⑦ 《河北省政府公报》第157期,1929年。

健为湖南省政府主席。同时又派夏威、叶琪两部入湘,鲁只得仓皇出走,从而掀起轩然大波。"① 武汉政治分会此次做法,违反了二届五中全会通过的《政治会议分会暂行条例》,即政治分会"不得以分会名义对外发布命令,并不得以分会名义任免该特定地域内之人员"。② 由此引发了新的争端。

27日,中央政治会议召开第一七七次会议,到会者有王宠惠、蒋梦麟、贺耀组、魏道明、蔡元培、赵戴文、周启刚、褚民谊、叶楚伧、邵力子、王伯群、王正廷、恩克巴图、孔祥熙、易培基、孙科、蒋介石、胡汉民、张人杰、谭延闿、陈果夫,由蒋介石任主席,③议决"武汉政治分会此次关于改任湖南省政府主席及委员之决议案,兹准中央政治会议认为,此案与第五次中央执行委员会全体会议《修正政治会议分会暂行条例》第四条,不得以分会名义任免该特定区域内之人员,及编遣委员会现有各部队静候检阅,非奉命令不得转移之决议案向违,在此训政开始时期,行政与军事系统,不容或紊,中央议决案尤应绝对遵守,兹特派监察院院长蔡元培会同国民政府委员李宗仁切实查明,以凭核办,至双方军队应各驻原防,不得自由行动,另派编遣委员会总务部主任李济深与中央编遣区主任何应钦会同秉公彻查,听候核办。"④ 会后,中政会电李济深,促其即日赴汉,彻查湘事。⑤

"湘变"后,李宗仁于3月8日致电南京中央政治会议及国民政府,请辞国民政府委员一职,称:

> 宗仁自追随本党同志,努力革命,无役不从,幸免陨越,猥蒙不弃,选任国民政府委员,复寄以武汉政治分会主席,及

---

① 程思远:《政坛回忆》,第5页。
② 《政治总报告》(1929年3月15日),上海市档案馆藏,档案号:D4-0-331。
③ 《申报》1929年2月28日。
④ 吴淑凤编注《蒋中正总统档案:事略稿本》第5册,台北"国史馆",2003,第150—151页。
⑤ 《申报》1929年2月28日。

第四章 政治分会（1926—1929）

第四集团军总司令重任，就职以来，军事方面虽勉力赞助，完成北伐，而政治方面日惟在奔走调节之中，建设本业未举前，一五中会议之顷，编遣会议之前，莫不谣诼纷传，遭人疑惧，卒赖党国先进，苦心调护，乃鲍和平，方深庆幸迹者，湘局改组，宗仁虽不在汉，二事属整顿内部，消除隐患，各集团军整饬所部，不少先例，姑置勿论，惟既举，明令查明办理，尚未执行，下游竟有军事行动，似已迫不及待，迭电呼号，未蒙鉴谅，窃思北伐以来，共党土匪横行无忌，疮痍满目，革命军队本为救国救民，乃不能绥靖地方，解民倒悬，已属有负使命，岂可因局部细故，遂不惜重大牺牲，劳师动众，日来道路传闻，裁兵债业已移作战费，如果属实，良可痛心，宗仁自维不才足以济变，学不足以匡时久，应退避贤路，今政治分会及集团军总部，行将裁撤，职责已了，惟忝任国民政府委员，仍负党国安危重责，既不能有所建，白谋政治之修明，何忍见袍泽自相残杀，重增人民痛苦，再四思维，只有仰恳辞去国民政府委员，以谢国人，宗仁身列戎行，罔研政治，从此闭户潜修，或有所得，再图报称，披沥电呈，伏乞俯察微忱，准予所请，不胜屏营，待命之至！①

从电文中，不难读出李为"湘变"辩解之意，并以辞职要挟。与李不同，白崇禧采取退忍态度，表示"武汉当局尊重中央"，"白崇禧电李石曾，请转蒋，已致电武汉，以党国为重，静候中央澈查，并令各军回防，不可轻动，又武汉某要人电训练总监部徐参事，转呈何应钦，始终服从介公，静候中央澈查办理，绝不轻易启衅，致大局陷于不可收拾之境"。②

3月13日，中央政治会议第一七九次会议召开，由蒋主持，蔡

---

① 《李宗仁电南京中央执行委员会中央政治会议国民政府请辞国民政府委员一职》，台北，"国史馆"藏"蒋介石档案"，档案号：002-090106-00007-246。
② 《申报》1929年3月7日。

元培、孙科、胡汉民提出《取消各政治分会案》，对于"湘变"，因"李委员宗仁已自请处分可不必置议"，"张知本、张华辅、胡宗铎先行免职交监察委员会议处"，"对于一般的分会限期裁撤，而对武汉分会可即日撤销示分别"，① 并"电告各地政治分会应与三月十五日以前裁撤，本日起停止开会"。② 次日，武汉、北平、广州三处政治分会均告结束，开封政治分会亦于15日通电撤销。可是，事情的发展并不顺利。15日，何应钦致电蒋介石将其间情形汇报："（1）元（十三日）电奉悉，任潮元日到京，即出席政治会议，主张撤销各地政治分会；（2）湘省事件关于政治方面免张知本、胡宗铎、张华甫委员职，交中央监察委员会处，至军事方面如何处分，尚未得一结果，将来能否和平解决，全视德邻之有无觉悟，及来京与否。"③

23日，蒋介石得知"桂系攻湘，湘主席鲁涤平被逼走"，大为感叹："时局动摇矣！"④ 并做应战之准备，当日"乃别家行。二十四日，晨抵上海，晚回京。二十五日，会商处置湘局，并分电冯玉祥、阎锡山、李济深商之。二十七〔六〕日，商决处置湘局办法，电令刘峙、顾祝同、缪培南、朱绍良、蒋鼎文、方鼎英、曹万顺、夏斗寅各师长：'于三月三日以前，完毕出师准备，以消弭长江上游变乱。'二十七日，开政治会议，决议派蔡元培会同李宗仁澈查湘事，并下令双方军队不得自由行动。会毕，曰：'查办事，未知结果如何？中央应有实力准备也！'又电刘峙等：'积极进行。'二十八日，考虑曰：'此次湘变，中央与桂系之强弱如何？一、内部团结，二、交通便利，三、经济充裕，四、奉、晋同情，五、海军用命，六、衅由彼启，此乃中央之强点也；然亦有弱点：一、冯态不明，

---

① 《中国国民党中央执行委员会政治会议第一七九次会议速记录》，台北，"党史馆"藏，档案号：中央0179。
② 《申报》1929年3月14日。
③ 《何应钦电蒋中正报告全国代表大会开会要点》，台北，"国史馆"藏"蒋介石档案"，档案号：002-090102-00011-023。
④ 黄自进、潘光哲编《蒋中正总统五记：困勉记》（上），第184页。

二、赣南不稳,三、外交未定,四、战后复杂,五、大会期间,六、干部不健。'"① 3月6日,"编遣会议第八次常会议决责成国民革命军总司令蒋中正令派第一集团军克日调遣部队,扼据要点,捍卫首都,静候中央解决,并电知各集团军亦取相当之防卫,以杜意外,仰即查照办理,此咨等因,特电转达,遵照办理为要"。②

3月21日,蒋在中国国民党第三次全国代表大会上发表演讲,称:"党的病源就是党内意见分歧、思想复杂,政治的病源就是在地方割据、中央法令不行","例如这一次的湖南事件,完全表现出地方反抗的态度,五中会议明白的规定,政治分会不能任免他们辖区内的人员,而武汉政治分会竟擅自任免湖南省政府主席和全部委员,编遣会议决议各地部队不得编委会命令不能擅自调动,而离编遣会议不到半月,武汉竟调动军队扰乱湖南、江西,湖南事件发生之后,政府即明令制止军事行动,并且命令各军各驻防区听候查办,而武汉竟置中央命令于不顾,仍旧进击湘西,至今有进无已,如此真是服从其名,而反抗其实,这些现象,都是表现中国的政治到现在还没有达到真正统一的状态"。这表明蒋对解决政治分会纷争的决心。在李济深被扣后,蒋于3月26日以国民政府主席名义下令:李宗仁、白崇禧、李济深,撤职查办。27日中国国民党"三大"做出决议:"开除李宗仁、李济深、白崇禧党籍。"③

至此,政治分会成为陈迹,新一轮的军阀混战即将展开。

第二节 个案研究:上海临时分会

中国国民党即将进取上海时,南昌国民党中央政治会议于1927年2月21日④即议决设立上海临时政治委员会,以此作为上海地方

---

① 黄自进、潘光哲编《蒋中正总统五记:困勉记》(上),第184页。
② 吴淑凤编注《蒋中正总统档案:事略稿本》第5册,第162页。
③ 程思远:《政坛回忆》,第11页。
④ 《中央政治会议秘书处致中执会秘书处函》,台北,"党史馆"藏,档案号:汉5944。

指导机关。后因中国国民党在迁都过程中发生武汉、南昌之间的争议，武汉中央政治委员会亦于 1927 年 3 月 21 日的议决成立上海临时政治委员会，① 但并未建立起来。而南昌方面议决成立的上海临时政治委员会于 4 月 8 日正式开始办公，"以会议方式决定上海市一切军事、政治、财政之权，并指导当地党务部"，② 后遵南京中央政治会议 4 月 17 日议决，改称"政治会议上海临时分会"。③ 俟上海特别市政府 7 月 7 日成立，政治会议上海临时分会宣告结束。④ 本书为行文方便，除引用和需要说明的地方外，简称上海临时分会。

　　上海临时分会在其存续期间，以会议方式主掌上海军事、政治、财政大权，甚至在初期对党务也负全责。不仅其会议报告、讨论及议决各项关系到北伐时期上海的政治、经济、军事、党务、教育、卫生等诸多方面，且其设立直接关涉中国国民党在迁都过程中赣汉间的矛盾交锋。此外，上海临时分会亦是蒋介石在上海分共前后，借以抵制上海临时市政府和进行"清党"的工具。或因上海临时分会存在时限较短，并未引起学者关注。虽然早在 1940 年代，一些法政学者在政治制度史研究中，已对政治分会问题有所关注，但关于上海临时分会的记述只有只言片语，如在钱端升、萨师炯等的《民国政制史》中，只提及"自十五年三月一日北平政分会成立时起，至十八年三月十五日开封分会报告撤销时止，此种分会先后设立者，计有北平（及以后北平临时分会）、广州、武汉、开封、西安、上海、浙江与太原（临时）等处"。⑤ 陈之迈的《中国政府》，亦只有"上海原来也有设立分会之决定，但因清党关系，迄未成立"⑥ 之语。实际上南昌方面所议决的上海临时分会是成立了的，陈之迈在此处

---

① 《中国国民党中执会政治委员会议第三次议事录》（1927 年 3 月 21 日，汉口），《中国国民党第一、二次全国代表大会会议史料》（下），第 972 页。
② 《成立之通电》，《申报》1927 年 4 月 9 日。
③ 《改名政治会议上海临时分会》，《申报》1927 年 4 月 19 日。
④ 《中央政治会议上海临时分会布告》，《申报》1927 年 7 月 2 日。
⑤ 钱端升、萨师炯等：《民国政制史》，第 166 页。
⑥ 陈之迈：《中国政府》第 1 册，第 104 页。

应指武汉方面的议决。近年来,在对政治分会的研究中,专述有张皓的《论政治分会的存在和撤销》①和《国民党政治分会之设置与存废之争》,②陈惠芬的《北伐时期的政治分会——中央与地方的权力纠葛》,③它们对政治分会情况、性质有所讨论,但对上海临时分会也仅是述及,并未做深入分析。④上海通史类著述也只是在叙述上海成立临时市政府情况时,得见上海临时分会的痕迹。⑤而至张宪文

---

① 张皓、田成刚:《论政治分会的存在和撤销》,《中学历史教学参考》1995年第7期。
② 张皓:《国民党政治分会之设置与存废之争》,《首都师范大学学报(社会科学版)》2011年第4期。
③ 陈惠芬:《北伐时期的政治分会——中央与地方的权力纠葛》,《台湾师范大学历史学报》1996年第24期。
④ 在论述时亦有不尽准确之处。如张皓、田成刚《论政治分会的存在和撤销》一文在述及各分会成立情况时,提及其特点之一是"反映了新军阀之间的矛盾,蒋介石南京中央政治会议决定成立上海分会,武汉中央政治会议决定成立上海分会",应在南昌的中央政治会议决议成立上海分会,而非南京中央政治会议。张皓的《国民党政治分会之设置与存废之争》述及"北伐军进占上海后,蒋介石指示4月8日成立上海临时政治委员会","福建、浙江、上海三个政治分会,随着蒋介石1927年8月12日下野和9月19日特委会规定'限于十月一日以前取消'后而撤销"。其中上海分会设立的时间及裁撤时间均不准确。陈惠芬的《北伐时期的政治分会——中央与地方的权力纠葛》述及"与南昌中央政治会议决设立上海临时政治会议的同一天,武汉方面之政治委员会会议,亦决议派吴稚晖、钮永建等七人组织政治委员会上海分会"。显然时间上有误,南昌方面和武汉方面议决成立上海分会并非在同一天,而是相隔了一个月。
⑤ 如唐振常主编的《上海史》在论及蒋介石对上海市临时政府成立的态度时,记有:1927年4月"7日,蒋介石踢开临时市政府,成立'上海临时政治委员会',由其亲信吴稚晖、钮永建、白崇禧、陈果夫等15人组成,宣称这是'上海最高机关,有处决上海市一切军事、政治、财政大权,并指挥当地党务'。这就是说,蒋介石根本已否定了上海临时市政府这个上海人民最高权力机构的存在"(上海人民出版社,1989,第626页);熊月之主编的《上海通史》(第7卷)亦是在叙述上海市政府成立情况时称,"当上海起义胜利,市民政府成立,武汉政府立即加以批准。武汉政府还作出'应付上海政治情势'的四项决议",其中第二点为"派外交、财政、交通三部部长赴沪指导应付策略,并指定吴稚晖、钮永建、杨杏佛、白崇禧、张曙时、侯绍裘、汪寿华等七人组织政治委员会上海分会"。"但蒋介石早已视夺取上海、南京等地为既定方针,尤其是对上海,蒋早在三月初就预委了主持上海军政事宜的上海临时政治委员会及掌管上海交通、警察、海关等方面的人选。"(上海人民出版社,1999,第217—218页)

等的《中华民国史》①和李新总编的《中华民国史》②,更将上海临时分会的情况隐去。如李新总编的《中华民国史》,在叙述3月21日武汉国民党中央政治委员会③和4月17日南京中央政治会议④时,有关上海临时分会的决议均不被提及。

鉴于此,本节拟对北伐期间中国国民党发生分裂时,上海临时分会是如何建立、发展的,以及在存续期间部分决议案做细致研究,以期拓宽民国政治史和上海史的研究领域。

一 赣、汉争议下的上海临时分会的成立

随着武汉克复,中政会议决迁都武汉,但在中央党部和政府北移过程中,发生了南昌与武汉之间的争议,关于其中细节,在本书第二章中已有叙述。

1927年2月21日,在北伐军完全占领杭州,乘胜即将攻取上海之际,南昌中央政治会议召开第六十二次会议,因"上海为中外人民生命财产集中之地,亦即帝国主义者在远东最后根据地,若上海一隅处理不当,则将牵动大局,故吾军队势力到沪后之种种对内方略似宜预为计划,以免临时步骤错乱","由丁惟汾、陈果夫、陈公博三委员起草中央对沪方略,计分外交、财政、军事、党务、民众五项,又提议组织一处理上海事件之委员会","派定委员吴敬恒、蔡元培、钮永建、杨树庄、蒋尊簋、陈其采、何应钦、陈果夫、郭泰祺、叶楚伧、杨铨、林焕廷、杨贤江为上海临时政治委员会委员,吴敬恒为代理主席"。同时又议决三项,以中央党部名义训令上海特别市党部:"一、中央已组织上海临时政治委员会;二、中央对沪方略已交与上海临时政治委员会上海特别市党部受该委员会指导;三、中央预备款项交上海临时政治委员会,上海特别市党部如有要需,

---

① 张宪文:《中华民国史》第2卷,南京大学出版社,2006。
② 李新总编、杨天石主编《中华民国史》第6卷(1926—1928),中华书局,2011。
③ 李新总编、杨天石主编《中华民国史》第6卷(1926—1928),第330页。
④ 李新总编、杨天石主编《中华民国史》第6卷(1926—1928),第359页。

可请该会核发。"① 26 日，南昌中央政治会议开第六十四次会议，通过《上海临时政治委员会组织条例》七条，②规定上海临时分会"承中央党部政治会议之命令，得以会议方式，决定上海市一切军事、政治、财政之权，全市军事、政治、财政各机关，须受本会议决，处理一切军事、政治、财政"，③第六十六次会议又决议加派白崇禧、吴忠信二人为委员。④虽然由于战事，该会在此时并未建立起来，但已经构建了上海临时分会的基本架构，日后所建立的上海临时分会即以此为基础。

3 月 21 日北伐军克复上海，标志着蒋系势力进入上海。"武汉当局深信蒋氏以南京、上海为据点，展开反武汉的行动，因而决定不让蒋氏有完全支配上海、南京的机会。"⑤ 所以上海克复之日，武汉方面召集了政治委员会议，谭延闿、宋庆龄、徐谦、宋子文、吴玉章、林祖涵、陈友仁、王法勤、孙科、邓演达、顾孟余出席，徐谦任主席，会议针对上海情势，做出"上海方面外交事务由陈外交部长自行担任"、"派外交、财政、交通三部长赴沪指导应付策略，并指定吴稚晖、钮永建、杨铨、白崇禧、张曙时、侯绍裘、汪寿华七同志组织政治委员会上海分会"、"指定孙科、顾孟余、陈友仁、宋子文、徐谦五同志为外交委员会委员并指定陈友仁同志为主席委员"、"着总政治部主任派郭沫若同志为上海军队中之政治工作指导员"等项决议。⑥

从以上决议不难看出，武汉方面此时试图在上海组建自己的分会，无形中是对南昌方面关于成立上海临时分会的决议的否认，除此之外，对上海的外交、财政、交通、军队等权也意欲掌控。但由于武汉方面所委任的上海临时分会委员中，吴稚晖、钮永建、杨铨、

---

① 《中央政治会议秘书处致中执会秘书处函》，台北，"党史馆"藏，档案号：汉 5944。
② 《临时政治委员会昨日成立》，《申报》1927 年 4 月 9 日。
③ 《上海临时政治委员会组织条例》，台北，"党史馆"藏，档案号：会 00.3/1。
④ 《临时政治委员会昨日成立》，《申报》1927 年 4 月 9 日。
⑤ 张国焘：《我的回忆》第 2 册，香港，现代史料编刊社，1981，第 192 页。
⑥ 《中国国民党中执会政治委员会议第三次议事录》（1927 年 3 月 21 日，汉口），《中国国民党第一、二次全国代表大会会议史料》（下），第 972—973 页。

白崇禧四人①为南昌方面所委派人选，张曙时、侯绍裘、汪寿华三人为中共党员，不久即发生"清党运动"，所以"政治委员会上海分会因人数不足未能开会"，②即武汉方面的上海临时分会始终未建立起来。

就在3月21日北伐军进入上海之前，上海工人举行第三次武装起义。此次武装起义，按《中共上海区委宣传大纲》来看，"并不是简单的欢迎北伐军，而是与北伐军合作，铲除军阀余孽，取得民众政府，建立民选的市政府"。③起义胜利后，22日，上海第二次市民代表会议宣布组织上海特别市临时市政府，④并电呈汉口国民政府称，"漾（廿三）日先行办公"。⑤25日，武汉国民政府复电："决议承认上海市民代表大会通过之白崇禧等十九人为上海特别市临时市政府委员，即由国民政府任命。"⑥

对于武汉国民政府对上海特别市临时市政府合法性的迅速承认，蒋介石并不认同。早在3月3日，蒋得知上海欲成立市民政府的消息后，就致电何应钦："闻共党有组织上海革命政府之议，凡类此之机关，应即勒令取消之。"⑦3月24日蒋拟赴沪时，又言："闻上海奸党有市政府之组织，应禁止之。"⑧3月29日上海特别市临时市政府在举行就职典礼时，收到蒋介石的致函，称："查上海市之政治建设，实为当今要图，欲谋市政之建设，在此军事期内，一切行政，处处与军事政治统系攸关，若不审慎于先，难免纠纷于后，中正为完成政治统系及确定市政制度计，已另电中央熟商办法，务望暂缓

---

① 吴稚晖、钮永建、杨铨为南昌中央政治会议第六十二次会议派，白崇禧为南昌中央政治会议第六十六次会议加派。
② 《孙科同志临时报告上海方面来电二通》（1927年3月23日），《中国国民党第一、二次全国代表大会会议史料》（下），第975页。
③ 《中共上海区委宣传大纲》，上海市档案馆编《上海工人三次武装起义》，上海人民出版社，1983，第365页。
④ 《第二次市民代表会议详纪》，《申报》1927年3月23日。
⑤ 《上海临时市政府致中执会函》，台北，"党史馆"藏，档案号：汉3313.2。
⑥ 《上海临时市政府致中执会函》，台北，"党史馆"藏，档案号：汉3313.2。
⑦ 王正华编注《蒋中正总统档案：事略稿本》第1册，第105页。
⑧ 王正华编注《蒋中正总统档案：事略稿本》第1册，第138页。

办公,以待最后之决定。"① 此即是对上海特别市临时市政府合法性的否认。4月14日,上海临时分会派员接收了上海市临时市政府、市党部。② 当国闻通讯社记者问及:"(上海市临时分会——引者注)市政府将改组之,抑取消之?"市党部秘书长黄惠平称:"彼在组织法例上毫无根据,自无继续存在必要,将来上海最高之行政机关,当即为政治委员会(即指上海临时分会——引者注)。"③

实际上,进取上海是蒋介石既定腹案,绝不可能让武汉方面和中共有所介入。早在北伐出师之际,鲍罗廷即曾建议缓取江浙,至江西克复,蒋介石以南昌为国民政府和中央党部驻地,"鲍乃益形恚怒,竟嗾武汉财政及军事当局,扣发驻赣、闽各部军队之饷械"。④ 1926年底,江西驻军的饷械问题已极为严重,尤其是掌握财政大权的财政部长宋子文,亦主张将政府迁鄂。鲍罗廷在共产国际执行委员会远东局委员会会议上亦有"蒋介石迄今为止还没有掌握的唯一一个方面就是财政方面"⑤ 等语。为此,蒋深感,"受财政之压迫,军事颇受其影响,苦痛极矣!"⑥ 可见财政问题是赣汉之争的关键,亦是蒋受制于汉方的软肋。但在蒋主持下,南昌中央政治会议议决中央党部和政府暂驻南昌时,武汉方面"感到惊恐的主要一点是,蒋介石会利用国民政府和中央来向上海和南京进军"。⑦ 1927年3月3日,南昌中央政治会议举行第六十六次会议,出席委员有蒋介石、陈果夫、何香凝、丁惟汾、张人杰、谭延闿、李烈钧、朱培德、柏文蔚、陈公博等,会上,蒋介石发现谭延闿、何香凝、陈公博等人

---

① 《蒋总司令致临时市政府函》,《申报》1927年3月30日。
② 《市党部 市政府昨被接收》,《申报》1927年4月15日。
③ 《市党部改组后之进行计划谈》,《申报》1927年4月16日。
④ 李云汉:《从容共到清党》(上),第580页。
⑤ 《共产国际执行委员会远东局委员会与鲍罗廷会议记录》(1926年8月16日,广州),〔俄〕《联共(布)、共产国际与中国国民革命运动(1926—1927)》,第395页。
⑥ 黄自进、潘光哲编《蒋中正总统五记:困勉记》(上),第82页。
⑦ 《鲍罗廷在老布尔什维克协会会员大会上所作的〈当前中国政治经济形势〉的报告(秘密)》(1927年10月23日,莫斯科),〔俄〕《联共(布)、共产国际与中国国民革命运动(1926—1927)》,第493页。

均已动摇,迫于形势,会议议决:"中央党部、国民政府于本月六日全部迁鄂。"① 但即在同日,蒋致电东路军总指挥何应钦,请其转东路前敌总指挥白崇禧,②"指示进取上海"。③ 蒋似有"'我不要两湖了'的决心,极力经营着长江下游的军事,打算另创新局"。④ 所以,蒋将尽快进取上海,以此作为这场博弈的重要筹码。

3月21日,上海克复。26日,蒋介石即亲抵上海,当晚吴稚晖、李煜瀛、蔡元培、张人杰、邵元冲等人同往会晤,次日在丰林桥总部行营"开会讨论与共产党分裂之办法",⑤ 28日,白崇禧即奉蒋介石命令宣布上海戒严。4月7日,蒋介石离沪赴宁,临行前委任白崇禧为上海驻军司令,有权解除"一切非法武装分子的武装",⑥ 以对抗4月1日武汉中央政治委员会所做的决议:"在本党未组织党的宪兵维持革命秩序时,承认纠察队为维持革命的秩序之合法武力;如军政长官有任意解散者,即为反革命"⑦。翌日,由南昌中央政治会议指派组织的上海临时政治委员会正式办公,"得以会议方式决定上海市一切军事、政治、财政之权",并指导当地党部各界,⑧ 成为上海最高权力机关,按《上海临时政治委员会组织条例》规定,接受中央政治会议及国民革命军总司令的指导。⑨ 10日,决议"在本会未议定如何处理上海市各地方机关以前,上海市公所职员不得将

---

① 《第六十六次政治会议议事录》(1927年3月3日),转引自《中华民国史事纪要(初稿)——中华民国16年(1927)1—6月份》,第256页。
② 白崇禧于1927年1月5日任东路前敌总指挥,担任进攻浙江方面。见《白崇禧任东路前敌总指挥讯 民国十六年一月五日》,黄嘉谟编《白崇禧将军北伐史料》《中央研究院近代史研究所史料丛刊(25)》,第17页。
③ 王正华编注《蒋中正总统档案:事略稿本》第1册,第104页。
④ 陈公博:《苦笑录》,第69页。
⑤ 《邵元冲日记》,第327页。
⑥ 《时报》(上海)1927年4月8日。
⑦ 《武汉中央政治委员会第八次会议速记录》(1927年4月1日),转引自李云汉《从容共到清党》(上),第627页。
⑧ 《申报》1927年4月9日。
⑨ 《委员会条例》,《申报》1927年4月9日。《条例》第五条规定:"本会须将开会情形及议决案,随时呈报中央政治会议及国民革命军总司令,如有特别重大问题,须经中央党部政治会议核准施行。"

公所及附属机关交与任何人接收",并"派陈群、潘宜之、罗家伦、吴倚沧往上海特别市党部指导工作"。① 12日,是会再次决议,"自本会成立以后,关于上海市区内之政治事件应由本会议决,由各主管机关执行其他各机关未经本会议决,如有越权,行动一概无效"。② 同日在军、政、党安排妥当后,白崇禧发布《取缔上海总工会武装纠察队布告》,③ 开始实行"清党"。16日,上海临时政治分会针对"清党"事件,发表布告,内称:"最近上海总工会及上海工界联合总会,亦有此种不幸之械斗情事,发生军事当局因戒严期间,恐酿事变,乃采取必要手段,将双方军械悉行解除,由东路军敌前总指挥部政治部派员指导,另行改组工会,并经本会第四次会议,对军事当局此种之处置认为适当在案,但本会有须声明者,工人自恃武装借端械斗,不特于工人自身利益毫无裨益,且害及地方公安,此后各种真正之工人组织、农民组织,其运动必须在中国国民党指导之下,本党任扶植保护之责,否则一律严厉禁止,决不宽容。"④

二 宁、汉争议中以政治会议为圭臬的《上海临时分会条例》

1927年4月8日,上海临时分会开第一次委员会,委员出席者有杨树庄、陈果夫、杨杏佛、蒋尊簋、陈其采、叶楚伧、白崇禧、何应钦、吴忠信、郭泰祺、蔡元培11人,吴稚晖因事缺席,临时推杨树庄暂代主席,狄膺记录。⑤ 会议宣告该会开始办公,执行中央执行委员会政治会议所赋予的:"得以会议方式决定上海市一切军事、

---

① 《中国国民党上海临时政治会议第三次会议议事录》,台北,"党史馆"藏,档案号:会00.3/1。
② 《中国国民党上海临时政治委员会第五次会议议事录》,台北,"党史馆"藏,档案号:会00.3/1。
③ 黄嘉谟编《白崇禧将军北伐史料》,《中央研究院近代史研究所史料丛刊(25)》,第57页。
④ 《中国国民党上海临时政治委员会第四次谈话会议事录》,台北,"党史馆"藏,档案号:会00.3/1。
⑤ 《临时政治委员会昨日成立》,《申报》1927年4月9日。

政治、财政之权",并指导当地党务部。① 同时对外宣告该会条例。②

《上海临时政治委员会条例》第七条明确指出:"本条例经二月二十六日第六十四次政治会议决议通过,颁布施行。"③ 这里需要注意的是,中国国民党已于3月在汉口召开二届三中全会,并在13日通过《修正政治委员会及分会组织条例》(内容详见前文)。显然,《上海临时分会条例》与中国国民党二届三中全会所议决的《修正政治委员会及分会组织条例》中对政治委员会分会的有关规定,存在明显的差异:一是权力来源不同,《上海临时分会条例》规定"由中央党部政治会议,议决组织之",而《修正政治委员会及分会组织条例》则规定由"政治委员会"设立;二是决议生效方式不同,《上海临时分会条例》规定,"以会议方式决定上海市一切军事、政治、财政之权,全市军事、政治、财政各机关,须受本会议决,处理一切军事、政务、财政","须将开会情形及议决案,随时呈报中央政治会议及国民革命军总司令,如有特别重大问题,须经中央党部政治会议核准施行",而《修正政治委员会及分会组织条例》则规定,"对于全国大局有关系之重要决议,须经中央执行委员会之认可,方发生效力"、"对于地方政治问题之决议,得直接交由地方政府执行之,但须报告中央执行委员会"。

那么,这种差异的产生,主要缘于"政治会议"和"政治委员

---

① 《成立之通电》《申报》1927年4月9日。
② 《上海临时政治委员会条例》,台北,"党史馆"藏,档案号:会00.3/1。《条例》共七条:"第一条,上海临时政治委员会(以下简称本会)由中央党部政治会议,议决组织之;第二条,本会承中央党部政治会议之命令,得以会议方式决定上海市一切军事、政治、财政之权,全市军事、政治、财政各机关,须受本会议决,处理一切军事、政治、财政;第三条,本会设主席一人,委员十二人,于必要时,须添设委员;第四条,本会主席由中央党部政治会议主席兼任之,主席因事缺席,得指定委员中一人代理之,本会委员,由中央党部政治会议指定之;第五条,本会须将开会情形及议决案,随时呈报中央政治会议及国民革命军总司令,如有特别重大问题,须经中央党部政治会议核准施行;第六条,本会办事细则,由本会会议另行制定之;第七条,本条例经二月二十六日第六十四次政治会议决议通过,颁布施行。"
③ 《上海临时政治委员会条例》,台北,"党史馆"藏,档案号:会00.3/1。

会"之间的分歧,关于此点,本书第二章中已有述及,在此不再详述。此时的《上海临时分会条例》并未遵照《修正政治委员会及分会组织条例》有关规定,仍标榜其是"由中央党部政治会议,议决组织之",并"须将开会情形及议决案,随时呈报中央政治会议及国民革命军总司令"。可见上海临时分会是以蒋介石为首的南昌国民党中央政治会议为圭臬,并受国民革命军总司令,即蒋本人节制。

至4月15日,原定在南京召开的二届四中全会,因武汉方面委员未到,而改开谈话会。17日,中央执行委员会政治会议召开第七十次会议,在做出"国民政府于本月十八日开始在南京办公,同时举行庆祝典礼"重大决定的同时,议决"上海临时政治委员会应改为政治会议上海临时分会"。① 虽然该会的合法性仍受质疑,但仅就上海临时分会来看,其委员中出席南京第七十三次和第七十四次中央政治会议的有吴稚晖、陈果夫、蔡元培3人,在第七十三次会议加委的政治会议委员中,上海临时分会的委员有蔡元培、何应钦、白崇禧。至此,上海临时分会委员中,5人为政治会议委员,其中吴稚晖、白崇禧先后为上海临时分会代理主席。可见,上海临时分会对此时的南京中央政治会议有重要意义。所以,虽然南京中央政治会议第七十三次会议的合法性存疑,但该会已拟遵照其关于"上海临时政治委员会应改名政治会议上海临时分会"② 的决议,"改名政治会议上海临时分会"。③ 这是自然之举,正如上海临时分会在第二十五次会议讨论时,坚称"本会系中央政治会议之一部"。④

三 上海临时分会议决案之择析

正如前文所述,进取上海对蒋介石意义重大,尤其当南京国民

---

① 《中国国民党中央执行委员会政治会议第七十三次会议记录》,罗家伦主编《革命文献》(第22至24辑精装合订本),总第4211页。
② 《中国国民党中央执行委员会政治会议第七十三次会议记录》,罗家伦主编《革命文献》(第22至24辑精装合订本),总第4211页。
③ 《申报》1927年4月19日。
④ 《政治分会二十五次会议记》,《申报》1927年5月21日。

党中央政治会议议决国民政府在南京开府后,上海的地位更为重要。对于蒋介石及之后建立起来的南京国民政府而言,江浙无疑是重要根据地,而上海不仅是江浙的中心、南京的门户,还是财政税收的主要来源。因此,有效而稳固地控制上海,意义重大。无疑,此时蒋介石所委的作为上海最高指导机关的上海临时分会,必须承担起掌控上海的责任,其所议决事项,不仅关系着上海地区的稳定,且关系着南京国民政府统治的稳固。

上海临时分会自4月8日正式开始办公,按其条例规定,"以会议方式决定上海市一切军事、政治、财政之权",① 至7月7日,共召开38次会议,4次谈话会,② 即平均两天一次会议,开会频繁。出席的委员计有杨树庄(后李景曦代)、陈果夫、杨杏佛、蒋尊簋、陈其采(后钱永铭代,又改沈泽春代)、叶楚伧、白崇禧(后潘宜之代,又改陈群代,陈群当选委员后,继由潘宜之代)、何应钦(仅4月8日一次参会)、吴忠信、郭泰祺、蔡元培、林焕廷、吴稚晖、潘公展、孟心史、陈群、张性白、欧阳格、褚民谊③等,聚集了中国国民党第二次全国代表大会所选中执监委员④及军政要员。据1927年6月留存的一份题名录,当时委员有16人,为蔡元培、杨树庄、蒋尊簋、陈其采、何应钦、郭泰祺(常务委员)、杨铨、白崇禧、吴忠信、褚民谊、孟心史(常务委员)、潘公展(常务委员)、吴倚沧、陈群(常务委员)、欧阳格、张性白。⑤ 从《申报》公布的不完整的会议记录来看,在其存续期间通过的议决案达300项以上,涉

---

① 《委员会条例》,《申报》1927年4月9日。
② 以上数据根据《申报》1927年4月8日至7月7日的报道整理。
③ 委员出席情况根据《申报》可见的会议记录整理。
④ 1926年1月中国国民党第二次代表大会选出中央执行委员36名,候补中央执行委员24名,中央监察委员12人,候补中央监察委员8人。上海分会中何应钦、褚民谊为候补中央执行委员,吴稚晖、蔡元培、陈果夫为中央监察委员,李宗仁为候补中央监察委员。《中国国民党历次代表大会及中央全会资料》(上),第172—173页。关于政治会议委员情况前文已做分析,此处不再赘述。
⑤ 《中国国民党政治会议上海临时分会题名录》(1927年6月13日),上海市档案馆藏,档案号:Y4-1-0000929。

及上海政治、党务、教育、财政、卫生等方面,本节择析一二。

1. 制定《上海解决劳资纠纷暂时条例》及《上海劳资调节条例临时执行委员会组织大纲》

自20世纪以来,上海成为中国的工商业中心,资本和劳动力日益集中,劳资关系日趋紧张。据统计,1918—1926年,上海罢工次数为534次,① 约占全国罢工总次数的48.63%。另据上海市政府社会局统计,1918—1932年,上海共发生罢工停业案件1121件,仅1925年9月至1927年4月即达356次,② 占总数的31.76%,而1927年罢工停业涉及工厂11698家,③ 占总数的55.47%。可见上海已进入"市内纠纷,劳资为多"的时代。

1927年2月24日,北伐军底定上海之前,中央执行委员会曾训令上海特别市党部,称:"上海为中外人民生命财产集中之地,亦即帝国主义者在远东最后根据地,若上海一隅处理不当,则将牵动大局,故吾军队势力到沪后之种种对外对内方略似宜预为计画,以免临时步骤错乱,故特呈请迅速指示具体方略,庶几职部方可按照办理,再在军队势力未到以前,职部应筹备各种方法,如组织劳资问题委员会,外交委员会等。"④ 北伐军进入上海后,蒋介石"因鉴上海工潮澎涨,无法平息,殊为社会不良之现象,军事后方之障碍",于4月18日以国民革命军总司令命令的形式颁布《上海劳资调节条例》。⑤ 该条例属纲领性指令,为了有效地解决劳资纠纷,政治会议上海临时分会经过讨论,于5月12日第二十次会议上,以《上海劳资调节条例》为指导原则,修正通过《上海解决劳资纠纷暂行条

---

① 陈达:《中国劳工问题》,商务印书馆,1929,第150页。在统计中,1925年有两组统计数据,第一组:全国罢工1098次,上海为534次;第二组:全国罢工1232次,上海为638次。本书以第一组数据计算百分比,若按第二组数据,百分比约为51.79%。
② 上海市政府社会局编《近十五年来上海之罢工停业》,中华书局,1933,第61页。
③ 《近十五年来上海之罢工停业》,第61页。
④ 《申报》1927年4月10日。
⑤ 《申报》1927年4月19日。

例》草案及《上海劳资调节条例临时执行委员会组织大纲》草案，并邮奉南京中央政治会议，"请迅予核准公布"。①

《上海劳资调节条例》颁布的目的在于"俾得劳资双方，均有裨益"，②但从其内容，及以其为基础的《上海解决劳资纠纷暂行条例》来看，在劳资双方发生纠纷时，对工人利益有所倾斜。如《暂行条例》③规定："商店工厂当劳动者罢工时，只准东家自行操作，不得雇用其他工人制造货品及帮同工作营业"，"凡劳动者要求加薪，罢工解决时，罢工期内之工资照新定旧定工资之平均数发给，如经劳资委员会裁决罢工确在雇主方面，政府得令雇主照新定工资发给"，"雇主不得无故开除工人，如商店工厂歇业时，应先一月通知劳动者，并须补给一个月工资，如无故忽行歇业，须补给两个月之工资"等。并在"劳"、"资"之外，引入"政府"的作为，规定"本条例专为解决上海区域内劳资纠纷而设，凡工商业之雇主及劳动者，必须绝对遵守"，"工商业之劳资，双方发生纠纷，如不能自行解决时，必须呈请上海劳资调节条例临时执行委员会（简称劳资委员会）"，"经劳资委员会裁决后，双方签订条件，必须从速切实履行，否则由政府强制执行之"。

同时在《上海劳资调节条例临时执行委员会组织大纲》中对"劳资委员会"做详细规定。根据总司令公布的《上海劳资调节条例》，劳资委员会以处理上海一切劳资纠纷，而定名为"上海劳资调节条例临时执行委员会"，简称"上海劳资委员会"。其人员构成由上海临时政治分会所委任之委员九人组织，这九人中，"（甲）党及政府代表三分之一；（乙）工商业雇主代表三分之一；（丙）工商业之劳动者代表三分之一"。并设常务委员三人，由甲、乙、丙三项代表各推一人任之；其任务为："（甲）遇劳资双方发生纠纷时本会依据《上海劳资调节条例》办理之；（乙）凡经本会仲裁之事件有不

---

① 《申报》1927 年 5 月 13 日。
② 《申报》1927 年 4 月 19 日。
③ 《申报》1927 年 5 月 13 日。

第四章 政治分会（1926—1929）

遵守者得强制执行之。"①

可见，此时国民政府尝试以"权威"的形象出现于"劳"、"资"双方之间，力图将"劳"、"资"双方纳入其政治控制体制下，但在实际运作中，这种"权威"的建立是极其艰难的。

2. 接收上海总商会

上海总商会系由清末成立的上海商务总会改组而来，不仅是上海商界的中枢，且为各地商会所服膺，执全国商会之牛耳。

北伐军进入上海后，于4月13日由上海临时分会第五次会议做出接收上海总商会的决议。② 在接收上海总商会时，上海临时分会主要有两个关键性的策略，一是"上海总商会由上海商业联合会接收"；③ 二是"通令缉拿正会长傅宗耀"。④ 上海商业联合会是"总商会发生纠纷"⑤ 的产物，而纠纷的白热化又是由傅宗耀当选总商会会长引发的。

傅宗耀，字筱庵，浙江镇海人，曾任通商银行经理、招商轮船局董事、上海总商会会长。傅出任上海总商会会长之职，是以孙传芳为后台，使用各种手法而当选的。因其出任上海总商会会长一职，已引发冯少山⑥等人的不满，总商会内部矛盾激化。加之，在国民革命军攻入江西之际，傅曾调来招商局轮船九条，供孙传芳作军运之用，后因轮船发生爆炸，引发海员罢工，抵制军运。1927年3月，傅召集上海银钱业认购孙传芳发行的1000万元库券，遭到反对后，

---

① 《申报》1927年5月13日。
② 《中国国民党上海临时政治委员会函》（4月13日），《一九二七年的上海商业联合会》，上海人民出版社，1983，第19页。
③ 《中国国民党上海临时政治委员会函》（4月13日），上海市档案馆编《一九二七年的上海商业联合会》，第19页。
④ 《政治分会派员接收总商会》，《申报》1927年4月27日。
⑤ 《上海商业联合会结束宣言》，《一九二七年的上海商业联合会》，第30页。
⑥ 冯少山亦为总商会会员，与傅宗耀同时竞选会长，落选后，曾对傅选举舞弊事宜提出诉讼，但因该诉讼不了了之，遂退出总商会，另组沪商正谊会，与以傅为首的总商会对抗，后出任上海总商会接收委员、上海总商会临时委员会常务执行委员。

傅竟从中国通商银行准备金中拨款，捐赠给孙传芳 200 万元。① 在这种情况下，上海工商界在虞洽卿、王一亭、吴蕴斋等的倡导下，联合除上海总商会以外②的上海工商界各团体组成上海商业联合会，以取代上海总商会。是会于 1927 年 3 月 22 日成立，4 月 7 日、11 日分别呈请国民革命军总司令蒋介石和上海临时政治委员会立案。③ 4 月 13 日，上海临时分会议决"在商会法未颁布以前，准予暂行备案，并由本会随时指导进行"。④ 该会一经成立，便秉承"与蒋总司令释嫌修好"⑤的宗旨，先后多次为蒋筹措饷项。

4 月 26 日，上海临时分会召开第八次会议，指称："上海为全国商业重心，中外互市巨埠，而商权之枢纽端在上海总商会"，而总商会现任职员系非法产生，令钱永铭、虞和德、冯少山、王震、潘宜之、郭泰祺、吴忠信等"剋日前赴上海总商会，暂维会务"。⑥ 并通令缉拿正会长傅宗耀，"照得上海总商会现任非法会长傅宗耀，助逆扰乱，挟会营私，前经结合私人，以非法选举之手续，把持上海总商会，藉以献媚军阀，迨本军北伐之时，傅逆曾以多数金钱，供给敌饷，复将众商血本组织之招商轮船局多数船舶，为孙逆运输之用，阻扰义师，确鉴有据，而本军到沪之后，胆敢阳示归顺，阴谋

---

① 参见李新总主编《中华民国史·人物传》第 2 卷，中华书局，2011，第 866—869 页；徐鼎新、钱小明：《上海总商会史（1902—1929）》，上海社会科学院出版社，1991，第 361—369 页。
② 在小科布尔的《上海资本家与国民政府》中，他认为商业联合会是"把上海所有主要商业、银行业和工业的团体都包括在内"，并在注释中表明组成团体中包括上海总商会。见〔美〕小科布尔《上海资本家与国民政府》，杨希孟、武莲珍译，中国社会科学出版社，1988，第 33 页。但从档案上看，在"上海商业联合会"的会员录上并未见"上海总商会"，《上海商业联合会成立公告及结束宣言》，上海市档案馆藏，档案号：Q80-1-22，第 24—28 页。可见此时上海商业联合会的成立是另立于上海总商会的团体。
③ 《上海商业联合会申请立案呈文》（1927 年 4 月 7 日），《一九二七年的上海商业联合会》，第 17 页。
④ 《上海商业联合会成立公告及结束宣言》，上海市档案馆藏，档案号：Q80-1-5。
⑤ 《上海商业联合会宣言》，《一九二七年的上海商业联合会》，第 15 页。
⑥ 《中国国民党上海临时政治委员会第八次会议议事录》，台北，"党史馆"藏，档案号：会 00.3/1。

反对，不独投机，实为叛逆，不亟严缉惩治，无以昭垂炯戒，为此令迅予缉拿傅宗耀，押解戒严司令部讯办，毋得延误，切切此令"。① 在缉拿傅宗耀的同时，对其财产进行清查。6月15日，上海临时分会发出布告，称："查傅逆宗耀罪大恶极，业经本会严令通缉，该逆财产并经分令查封各在案，自通缉之日起，所有该逆产，如有过户转卖等情事，一律无效。"② 后"查得中国通商银行、宁绍商轮公司、招商局、华兴水火保险公司、汉冶萍公司、丰盛实业公司、祥大源五金号"均有傅宗耀股份，所以上海临时法院"分别饬将所有股份悉数扣留，不得私擅移转"。③

实际上，上海临时分会对傅宗耀的清查及对其控制下的上海总商会的强制接收，标志着官方力量直接控制上海总商会的开始。1929年1月1日，上海总商会改为上海特别市总商会，④ 并根据上海特别市政府训令，"上海县、上海闸北商会及银行公会、钱业公会等均系著名商业团体，尚未呈请注册，应请通令该会等遵照注册规则办理"。⑤

3. 筹建上海特别市政府

前文述及，在上海克复时，上海市民代表会议曾议决成立上海特别市临时市政府，这一上海特别市临时市政府的合法性得到武汉方面的承认，却为蒋介石所不许，不久即被查封，从而奠定了上海临时分会最高权力机关的地位。但上海临时分会，之所以称为临时分会，即表明其具有临时过渡性质。早在上海克复之前，蒋介石已经在筹划成立上海特别市政府。因此，筹设上海特别市政府亦为上海临时分会一个重要议项。

---

① 《中国国民党中央政治会议上海临时分会训令》（1927年4月），上海市档案馆藏，档案号：Q179-1-7。
② 《中央政治会议上海临时分会布告》，《申报》1927年6月16日。
③ 《临时法院查封傅筱菴财产之告布》，《申报》1927年7月24日。
④ 《上海市总商会改称特别市总商会及抄送该会委员表的通知》，上海市档案馆藏，档案号：S173-1-196。
⑤ 《上海特别市政府训令第3342号》（1929年1月15日），上海市档案馆藏，档案号：S173-1-196。

4月23日，上海临时分会开第六次会议，蒋尊簋为主席，会上报告了南京中央政治会议决议，上海市政府委员由上海临时分会物色介绍。① 5月6日，上海临时分会开第十五次会议，出席委员有褚民谊、潘公展、陈其采（沈泽春代）、吴忠信、孟心史、杨杏佛、杨树庄（李景曦代）、蒋尊簋、白崇禧（陈群代）、郭泰祺等，由蒋尊簋任主席，记录员为徐佩璜。是会决议"通过审查上海特别市暂行条例草案委员会报告及修正案，并议决备函请褚委员民谊，出席中央政治会议说明一切"。②

与此同时，蒋介石等亦在南京筹备上海特别市政府成立事宜，并于5月7日南京中央政治会议第八十九次会议上通过《上海特别市暂行条例》。该条例共6章37条，规定："本市为中华民国特别行政区域，定名为上海特别市"，"直隶中央政府，不入省县行政范围"，"区域以上海、宝山两县所属原有之淞沪地区为特别市行政范围"，"设市长一人，由中央政府任命之，任期三年"，市行政事务设财政、工务、公安、卫生、公用、教育、土地、港务、工商、公益等10局专管，但"遇事务必要时，市长得呈准政府设立特别机关办理"，"市长为统筹市政事务得召集各局局长组织市政联席会议"。③ 所以，当褚民谊于5月9日出席南京中央政治会议第九十次会议欲报告上海临时分会第十九次会议所通过的《上海特别市暂行条例草案》时，"因中央政治会议，业已通过一上海特别市暂行条例草案，故不必报告，惟对于该条例第二十三条中土地问题之第五项，不过为字句之修改而已，其他大致与本会所通过者相同"。④

由上不难看出，关于筹设上海特别市政府事宜，虽然上海临时分会接到南京中央政治会议的函令，但实际运筹帷幄此事的，仍为蒋介石。早在2月1日，蒋与黄郛、张人杰等在庐山度岁时，即密

---

① 《政治会议上海临时分会会议纪》，《申报》1927年4月24日。
② 《政治分会昨开十五次会议》，《申报》1927年5月7日。
③ 《国民政府公报》（1927年5月11日宁字第四号），第12—21页。
④ 《政治分会昨开十九次会议》，《申报》1927年5月12日。

商在"底定东南后,所重者为经济与外交,尤须预作未雨绸缪之谋"。① 是月初,又在南昌与黄郛、张群等研商:"克复京沪后财政金融之规划,外交之部署,机关之接收,人员之支配,绅商之联席,以及浙省之策动等等",并认为非黄郛赴沪主持不可,黄郛遂受命东下赴沪。② 所以在南京中央政治会议通过《上海特别市暂行条例》后,又于18日任黄郛为上海特别市市长,③ 但被黄郛婉拒。④

6月,陈果夫等在中央执行委员会政治会议第一〇二次会议上称:"自我国民革命军达到江苏以来,已历数月,政治上之建设迄无头绪,种种措施亦未能收指臂之效,推原其故,无非由于军务政治之机关名目繁多,权限未清,政令不能一律所致,非将各地军政各务切实整理不为功,兹先就上海一地为始",⑤ 提出"既有上海市政府之设立,自应及时将该地方切实整理,去其重复之职,归并其相同之处",由此提出整理办法21条,含上海党、政、军各务。⑥ 经中央政治会议决议,"俟上海市政府成立后,将政治会议上海临时分会即行取消",于6月16日训令上海市政府即遵照办理。⑦

24日,上海临时分会举行第三十六次会议,做出"拟于本月底结束,所有未了事件,拟移交市政府接办"的决议,呈报中央政治会议核准。⑧ 7月2日,发表布告称:

> 为布告事:本会前以上海市政府成立在即,曾于第三十六次会议议决于本月底结束,所有未了事件,拟移交上海特别市市政府接

---

① 沈云龙编著《黄膺白先生年谱长编》(上),台北,联经出版事业公司,1976,第267页。
② 沈云龙编著《黄膺白先生年谱长编》(上),第268页。
③ 沈云龙编著《黄膺白先生年谱长编》(上),第272页。
④ 沈云龙编著《黄膺白先生年谱长编》(上),第272页。
⑤ 《中央执委会修正政治会议暂行条例益抄送议案文书》(上海特别市工务局1927年7月13日收),上海市档案馆藏,档案号:Q215-1-6723。
⑥ 提案原文详见《国民政府公报》(1927年7月1日宁字第7号),第22—26页。
⑦ 《国民政府公报》(1927年7月1日宁字第7号),第22页。
⑧ 《中国国民党上海临时政治委员会第36次会议议事录》,台北,"党史馆"藏,档案号:会00.3/1。

办,经呈准中央政治会议在案。兹遵于本日第三十八次会议议决:(一)本会所有案卷尽于本月七日以前赶办结束,关于上、宝两县移交上海特别市市政府,其他各件及印信等一律移送中央政治会议;(二)本会附设之上海教育委员会、上海卫生委员会移交上海特别市市政府;(三)实业国体条例起草委员会移交中央法制局;(四)接收改组扬子江技术委员会及浚浦局委员会,除业经呈请中央加委外,嗣后改隶中央政治会议直接办理;(五)上海市各地方机关调查委员会应于本月四日前结束具报;(六)清查接收游民模范工厂委员会移交劳动大学筹备会;(七)本会自通告日起一切公文概不受理,为此除呈报中央并分别函知外,仰各机关商民人等一律遵照,此布。中华民国十六年七月二日。①

7月7日,上海特别市正式成立,至此上海临时分会结束,其未完成之议案,移交上海特别市政府,并分会各处(会)职员,特别市政府酌量任用。②

上海临时分会不仅是中国国民党北伐时期借以接收上海的重要机关,还是中国国民党中央分裂时争夺的焦点。正如黄郛在就职上海特别市市长时发表的演讲词所称,"上海为中外通商巨埠,轮轨辐辏,商贾云集。近且密迩首都,资为屏蔽。于军事、政治、外交、金融各端,莫不居全国中心而为之枢纽。中外观瞻所系,关系实至重要"。③亦如蒋介石的致辞:"上海为特别市,非普通都市可比。

---

① 《中央政治会议上海临时分会布告》,《申报》1927年7月2日。上海临时分会曾组织上海卫生委员会、上海教育委员会、实业团体条例起草委员会、宣传委员会、接收及改组上海总商会委员会、讨论接收及改组扬子江技术委员会及浚浦局、上海市内各地方机关调查委员会、会计师公会改组委员会、改组律师公会筹备委员会、清查招商局委员会等,详见《中国国民党政治会议上海临时分会题名录》(1927年6月13日),上海档案馆藏,档案号:Y4-1-0000929。

② 7月12日,上海特别市工务局就收到请任用中央政治会议上海临时分会所派方思九等四员的函件。参见《上海特别市工务局收文第陆号上海特别市市政府秘书处公函一件》(1927年7月12日收),上海市档案馆藏,档案号Q215-1-5。

③ 沈云龙编著《黄膺白先生年谱长编》(上),第286页。

这个特别市,乃东亚第一特别市,无论中国军事、经济、交通等问题,无不以这个特别市为依据。"① 上海地位显要,对于赣、汉争议时期的蒋介石及之后宁、汉对峙中的南京国民政府,其意义不可小觑。所以,当上海建立起以中央政治会议为圭臬、受蒋介石节制的上海临时分会作为上海地方权力机关来掌控上海政治、军事、财政等权,并指导当地党务时,这标志着蒋介石在与中国国民党左派及中共的博弈中,成功地占据了上海,并为以后的政治博弈,赢得头彩。在对上海临时分会完成接收、筹建后,它在历史大变局中的使命即告终结。

小　结

最初,政治分会为国民党在势力未及的重要地区所设的政治先行机关,后在北伐过程中转变为军事所达地区的政治、党务等最高指导机关。此后,其权限不断扩大,甚至囊括数省,致使客观上形成地方与中央分权的局面。从政治分会的设立到裁撤,有国民党政治理论的争议,如李石曾等人所提的"分治合作论",② 亦参杂了国民党内权力之争、派系之争、中央与地方权力之争,遂在裁撤政治分会时几经纠葛。

按照蒋介石在编遣会议上的解读,"我们是大国,幅员既广,交通又不便,省在国家的地位很重要,外重内轻,已有了多年历史的根据,我们应该参考联邦国的情形,一切政权分配,应采比较的地方分权制,以为过渡,就是总理的建国大纲,也有地方均权的规定,若是一味梦想集权,效颦学步,就要慕虚名而蒙实害,不知这种主张,分析未清,是根本错误,不但违反现代国家的通例,尤误解总理手定建国大纲的精神,因为现代国家无论是单一国还是联邦国,

---

① 王正华编注《蒋中正总统档案:事略稿本》第 1 册,第 574 页。
② 1927 年 11 月 19 日,李石曾在上海晤谈蒋介石、谭延闿时提出了"分治合作论"。"分治合作论"遂成为政治分会存在的重要理论依据。

也无论是大国小国，军权和外交都是专属国家，由中央政府整个管理的，找不出什么例外，所谓集权论分权论，乃专指财政权、司法权及其他种种内政权等三项而言，也专就这三项行政与立法划分中央地方的权限，谁多谁少，这便是集权分权所由生，至军权与外交权，就不在分权集权之列，这是现代国家成立的要件，是唯一不可分的，妄行划分，就不能成为现代国家"。"总理最反对地方分权，才斟酌本国的实情，主张均权制，以救当年联省自治说的流弊。"[①] "中央所求者，惟在确立中央之政权，完成国家之统一，厉行中央之命令，实施中央之决议；中央之所求者，余必以全力促其实现。个人之地位权力与生命，皆可以牺牲，而国家之法令，决不能废弛；本党之主义，决不能违反，保障统一。"[②] 蒋的发言主要是针对"分治合作论"。实际上，虽然张静江、褚民谊、魏道明等[③]赞成"分治合作论"，但"总理政策，非中央集权，亦非地方分权，乃均权主义，政分会介乎省与中央之间，为适当，今大会不顾事实，主张取消，故静江、石曾诸人不大满意也"。[④] 反对之声，亦是迭起，如章乃器、于右任等。[⑤] 章乃器认为"分治合作的动机和背景"和"联省自治的动机和背景一致"，[⑥] 继而提出要"根本反对地盘思想"，"反对用武力割据做背景的分治合作"。[⑦]《检阅》上亦有《政治分会与时局前途》一文，称："打破割据，必须立即撤销政治分会，并反对代替政分会的一切制度。"[⑧] 李则纲在《革命评论》上发表《与李

---

① 吴淑凤编注《蒋中正总统档案：事略稿本》第5册，第40—44页。
② 黄自进、潘光哲编《蒋中正总统五记：困勉记》（上），第186页。
③ 张静江：《论分治合作》；褚民谊：《分治合作即分工合作》；魏道明：《分治合作与和平统一》，收录于毕修勺编《分治合作问题讨论集》。
④ 《上海张天枢中密元电》，台北，"国史馆"藏"阎锡山档案"，微卷号：131000007772M。
⑤ 如章乃器的《分治合作如何》和《不可以同时反对专政集权么？》，于右任的《分治合作质疑》等，均收录于毕修勺编《分治合作问题讨论集》。
⑥ 章乃器：《分治合作如何》，毕修勺编《分治合作问题讨论集》，第44页。
⑦ 章乃器：《不可以同时反对专政集权么？》，毕修勺编《分治合作问题讨论集》，第56页。
⑧ 《检阅》第8期，1928年。

石曾先生论政治分会书》,对李的分治合作论一一回应,谓政治分会"为军事时期不得已之组织",统一后,"深恐政治分会为梗,驯成割据之势"。而孙中山的"均权制度"是指"凡事务有全国一致之性质者,划归中央,有因地制宜之性质者,划归地方,不偏于中央集权,或地方分权",① 由此对"分治合作论"进行了批判。

虽然理论上存在争议,但随着中国国民党中枢力量的整合,军事上的推进,政权的统一,建立集权式的中央政府成为大势所趋,裁撤政治分会为必然之举。"湘变"的发生,加快了这一进程。政治分会的争论,由此落下帷幕。

---

① 《与李石曾先生论政治分会书》,上海市档案馆藏,档案号:D2-0-1576-337。

结　语

一　中政会与中国国民党的党国体制

党国体制是政党政治的特殊形态，"它在理论上源于卢梭人民主权原理。为实现卢梭的'道德理想国'诞生了一种自信掌握着人类社会的必然规律并试图以此改造社会的总体党，总体党按照一种理想模式创造了党国体制，在这种政体中国家权力归属于唯一的执政党，执政党按照权力统一于党的方式行使权力"，① 这与"党"（Party）所含"部分"的内涵矛盾。按照西格蒙德·纽曼对政党的解读，"政党的定义预设了一种民主的氛围，因此在任何一种独裁制度下政党是一种误称"。② 但不可忽视的是，"在进行现代化的国家中，一党体系往往比多元政党体系更稳定"，③ 党国体制成为传统社会建立现代国家的一种政体选择。

中国国民党的创始人孙中山按照知觉将人分为三种类型："先知先觉者"、"后知后觉者"和"不知不觉者"。这种认知可能就是他坚信需要一个由精英组成的政党来改造国家的思想来源，无疑这个精英的政党就是中国国民党。"要改造国家，非有很大力量的政党是做不成功的；非有很正确共同的目标，不能够改造得好的。我从前见的中国太纷乱，民智太幼稚，国民没有正确的政治

---

① 付春杨：《民国时期政体研究（1925—1949）》，法律出版社，2007。
② 转引自〔美〕戴维·E. 阿普特《现代化的政治》，陈尧译，上海人民出版社，2010，第137页。
③ 〔美〕塞缪尔·P. 亨廷顿：《变动社会的政治秩序》，张岱云等译，上海译文出版社，1989，第455页。

思想，所以便主张'以党治国'"，①"一切军国庶政，悉归本党负完全责任"。② 在"以党治国"的理念下，中国国民党逐渐建构起"党国体制"，由中国国民党"领导国民，扶植中华民国之政权治权"。③

按照党国体制的设计，中政会处于党、政之间，为转承枢纽。按吴铁城的说法，"中政会是中央执行委员会特设的政治最高指导机关，也就是政策决定机关，同时又是党政联系的枢纽，所以党与政府的分际虽严，但彼此联络，极为密切"，④ 实现"党与政，是一体的，是整个的，党不能离开政，政也不能离开党。党是政的灵魂，政是党的躯体。党是政的动力，政是党的手段。党的意志，党的政策，党的决议，都是经过政府，然后分别实行。政府的措施，政府的命令，必须符合党的主义，依照党的政策，然后才有意义。党与政府，有了适当的配合，适当的关协，适当的运用，然后才能发生伟大的力量"。⑤

从国民政府创制与运作中可以清楚地看到，中政会是"以党治国"理念的体现和实施者。

第一，国民政府的创制。"以党治国"中，"国"的含义很多，可以指政府，也可以指国家政权，还可以指社会或地缘意义上的国家。孙中山在提出"以党治国"时指出："既取得政权树立政府之时，为制止国内反革命运动及各国帝国主义压制吾国民众胜利之阴谋，芟除实行国民党主义之一切障碍，更应以党为掌握政权之中枢。"⑥ 可见，孙中山对"国"的理解是指"国家政权"。同时，孙中山亦指出，取得国家政权的先决条件是"树立政府"，而创设国民

---

① 《国民党第一次全国代表大会开幕词》，荣孟源主编《中国国民党历次代表大会及中央全会资料》（上），第4页。
② 孙中山：《中华革命党总章》，《孙中山全集》第3卷，第97页。
③ 《中华民国史档案资料汇编》第5辑第1编政治2，第95页。
④ 吴铁城：《党政制度及其关系》，独立出版社，1944，第32页。
⑤ 吴铁城：《党政制度及其关系》，第42、43页。
⑥ 《孙中山全集》第9卷，第122页。

政府这一重要使命，即是由中政会完成的。① 除成立广州国民政府外，武汉国民政府和南京国民政府的设立，从法理上讲，均出自中政会决议。中政会通过的《国民政府组织法》，也就是中国国民党关于国民政府的第一个组织法，明确规定："国民政府受中国国民党之指导及监督，掌理全国政务"，② 实行"党治"原则。至《中国国民党训政纲领》规定，由中国国民党领导国民行使政权、国民政府总揽治权的同时，"指导监督国民政府重大国务之施行，由中国国民党中央执行委员会政治会议行之"，③ 也即将国民政府置于中政会之下。

第二，国民政府的运作。任何政府的运作必须遵循根本组织法，从《国民政府组织法》出台，到《中国国民党训政纲领》规定"《中华民国国民政府组织法》之修正及解释，由中国国民党中央执行委员会政治会议决行之"，④ 中政会掌控国民政府运作所依原则的制定和修订权。与此同时，政府运作的实际操作者——国民政府委员的选任，亦由中政会决议。按中政会条例规定，中政会议决事项含"国民政府主席及委员、各院院长、副院长及委员，及特任特派官吏之人选"。⑤ 而国民政府所有政纲与政策的制定推行，必须由中政会议决，"盖一切政纲政策，由国民党发源，中政会灌输，国民政府执行"，⑥ 如"立法原则"、"施政方针"、"军政大计"、"财政计划"等事项都由中政会讨论议决。⑦ 按照胡汉民的说法，政府"凡所接受之政策与方案，皆有负责执行之义务，有政必施，

---

① 关于广州国民政府创设的过程，在本书第一章第二节中已有详细论述，此处不再赘述。
② 《中华民国国民政府组织法》（1925年7月1日中国国民党中央执行委员会议决交国民政府公布），《革命文献》（第19至21辑精装合订本），总3805—3806页。
③ 《中华民国史档案资料汇编》第5辑第1编政治2，第94页。
④ 《中华民国史档案资料汇编》第5辑第1编政治2，第94页。
⑤ 荣孟源主编《中国国民党历次代表大会及中央全会资料》（上），第797页。
⑥ 钱端生等：《民国政制史》（上），第167页。
⑦ 《中国国民党第五届中央执行委员会常务委员会会议记录汇编》（上），第9页。

结　语

有令必行"。[①]

由上可知，中政会与国民政府是决策者与实施者的关系，时人称中政会为"太上政府"[②]亦不为过，在本书第三章第二节中所探讨的中政会对立法权的掌控、上海停战协定商讨过程及因顾孟余被弹劾案而引发《关于监察院弹劾案等三项办法》的出台等，均可看出国民政府的疲软之态。

在探讨中政会与中国国民党的"党国体制"构建时，除了必须关注其与国民政府的关系外，还要反观中政会与中国国民党的关系，而这层关系可以透过中政会与中央执行委员会或其日常执行机关中常会的关系来探讨。

第一，中政会与中央执行委员会的关系，经历了从并行到隶属的过程。正如本书第一章第一节中所述，中政会在成立之初，并非隶属中央执行委员会，而是逐渐取代中央执行委员会，成为新的权力中心所在，所以在考察中政会初设的地位、职权时，必须将其视为含"总理"在内的决策机关。孙中山逝世后，随着中国国民党党政体制发生巨大变化，中政会在政党制度和政治制度中不断演变，与中央执行委员会隶属关系开始明确，法理上中政会地位有所下降，但在实际运作中，其与中央执行委员会的关系很难简单划清，仅从成立广州国民政府一例来看，有关广州国民政府成立的决议，均出自中政会，中央执行委员会多属事后追认。

第二，中政会与中常会的关系，仅从制度文本来看，中政会与中常会并不存在直接从属关系，但因中常委在中央执行委员会闭会期间执行其职务，中政会对中央执行委员会负责，在中央执行委员会闭会期间，中政会对中常会负责。在实际运作中，中政会与中常会关系更是变动不居，复杂难辨。总体上讲，中政会与中常会职权经常发生混淆，如汪精卫之语："政治委员会已经议决，凡政治委员

[①]《再造》第17期，1928年。
[②]《中国国民党中央执行委员会政治会议第129次会议记录》，台北，"党史馆"藏，档案号：中央0129。

会已经议决之件，等于常务委员会议决之件，即行发稿可也，何必如此展转函达，耽误时机，屡经戒饬，仍不注意，可怪已极。"① 这主要是出于中政会与中常会人员重叠，在中国国民党第二届中央执行委员会第一次全体会议所选九名中央常务委员中，即有五人兼中政会委员，而后中政会委员"由中央执委会就中央执行委员、中央监察委员中推定"，② 演变成"以中央执行委员、中央监察委员组织之"，③ 后改组为"就中央执行委员、中央监察委员中推定主席一人、副主席一人，委员十九人至二十五人组织之"，开会时"中央常务委员会主席、副主席，国民政府主席，五院院长、副院长，军事委员会委员长、副委员长，均应出席"。④ 从形式上讲，中政会更似扩大了的中常会。中常会一般采用常委制，常委缺席的情况屡见不鲜，"例如在二十四年七月中旬，蒋委员长远在成都主持剿匪军事；胡汉民氏方作海外养疴之游，且更不与闻中央之事；孙科氏身兼立法院长，因该院适放暑期例假，故赴青岛避暑，于右任、顾孟余两氏在上海养病，陈果夫氏则兼为江苏省政府主席，常在镇江，不能时时入京出席会议；故留在首都者只余居正、叶楚伧二氏；所以即有常委九人之多，也有不敷之感"。⑤ 中常会常委的缺席，对中常会正常运行的影响显而易见。因中常会常委均为中政会委员，当中政会为此讨论时，却有"党里的常务委员，不过是大家尊重他的领袖的地位，开会时偶有未到，也没有什么妨碍，倒不用递补，至于行政负责人员，确是很重要的"⑥ 言论，可见时人对中常会的轻视。

---

① 《广州和武汉国民政府》，中国第二历史档案馆藏，全宗号：19，缩微号：16J0010。
② 《中央执行委员会政治会议条例》，中国第二历史档案馆编《中国国民党中央执行委员会常务委员会会议录》第8册，广西师范大学出版社，2000，第105页。
③ 《决定中央政治会议组织原则并推举中央政治会议常务委员案》，荣孟源主编《中国国民党历次代表大会及中央全会资料》（下），第119页。
④ 《中央执行委员会组织大纲案》，荣孟源主编《中国国民党历次代表大会及中央全会资料》（下），第385页。
⑤ 陈之迈：《中国政府》第1册，第101页。
⑥ 《中国国民党中央执行委员会政治会议第467次会议速记录》，台北，"党史馆"藏，档案号：中央0467。

如王子壮所记,"近日政治会议人多,而常会寥寥,是注重政治之趋势,亦党逐渐没落之象也",① 中常会"无甚要案"等情形,② 均可看出时人对中政会的重视,对中常会兴趣索然,中常会逐渐演变至"可怜朝起虚前席,不问苍生问鬼神"③之境况,职能和地位日趋虚化。

在中国国民党"党国体制"中,作为连锁机关的中政会突破指导地位,成为最高政治决策机关,按照中国国民党第三届中央执行委员会第四次会议通过的"刷新政治案"所称,"在宪政未行之时期中,欲运用政治俾与本党的政策方略相贯注,自唯有政治会议作中枢"。④ 理论上,国民党全国代表大会和国民党中央执行委员会是党政联系机关的上级权力机关,但事实上依历来惯例,它们从未否决过其决议或者用其他方式限制过其权力。⑤ 可见,中国国民党苦心建构的党国体制存在极大的缺陷。

二 中政会与中国国民党的党政军集议

政党作为民主政治的产物,其民主的内涵是通过"建立某些会议机制,从而对独断、善变的权力实现有效的、常规的制约"。⑥ 在以往的讨论中,中国国民党所建立起的会议机制,视域多投射于它的党内机制,如中国国民党全国代表大会、中央执行委员会等,实际上,作为欲建立党国体制的中国国民党,曾试图在更大的层面实现更为广泛的集议,虽然这种努力最终归于失败,但其作为政党政治的经验是需要总结的。

第一,中政会成为集议机关。

按照中政会成立之初的权限规定,"一、关于党事,对中央执行

---

① 《王子壮日记(手稿本)》第 1 册,第 418 页。
② 关于中常会"无甚要案"的记载,在《王子壮日记》中经常出现,如第 1 册的第 347、365、368、440、454 页等。
③ 《王子壮日记(手稿本)》第 2 册,第 310 页。
④ 陈之迈:《中国政府》第 1 册,第 110 页。
⑤ 王世杰、钱端生:《比较宪法》,中国政法大学出版社,1997,第 436 页。
⑥ 〔美〕戴维·E. 阿普特:《现代化的政治》,第 157 页。

委员会负责，按照性质由事前报告，或事后请求追认；二、关于政治及外交问题，由总理或大元帅（即孙中山——引者注）决定办理"。① 可见中政会权限涉及党事、政治与外交各项。在中政会召开的第一次会议上，由孙中山亲任主席，除委员谭平山因辞职（旋改为瞿秋白）未出席外，胡汉民、汪兆铭、廖仲恺、伍朝枢及顾问鲍罗廷出席，② 会上决定成立军事委员会，"派许崇智、杨希闵、刘震寰、谭延闿、樊钟秀、胡汉民、廖仲恺、蒋中正、伍朝枢为军事委员，高和罗夫为顾问"，③ 其中胡汉民、廖仲恺、伍朝枢即为中政会委员。以中政会委员分任党、政、军要员，或将党、政、军要员延揽在中政会内，自此成为中政会的常规模式。这种党、政、军要员的集中，应为孙中山在中政会成立之初，意欲将党、政、军进行集议。

需要注意的是，这种集议制的建立是与党首制相结合的。孙中山在经历护法运动和陈炯明叛变后，深刻体认到"只有党务进行，是确有把握的，有胜无败的"。④ 俄共（布）的组织模式成为其仿行模本，用孙中山的话讲，"非言主义，乃言组织"，⑤ 所以在引入委员制的同时，又创造性地加入了党首制，即在《中国国民党党章》中列有"总理"一章。"总理对于全国代表大会之议决，有交复议之权；总理对于中央执行委员会之议决，有最后决定之权"，⑥ 这就充分肯定了孙中山的权威地位。而中政会的原型应为俄共（布）的中央政治局（鲍罗廷一直称中政会为政治局⑦）。俄共（布）中央政

---

① 《第四十三次会议》（1924年7月14日），《中国国民党第一届中央执行委员会会议记录汇编》，第85页。
② 《中央政治委员会第1至100次会议记录》，台北，"党史馆"藏，档案号：00.1/29。中政会成立之初，委员由孙中山指派，不限中执委员，兼有跨党人员。
③ 《中央政治委员会第1至100次会议记录》，台北，"党史馆"藏，档案号：00.1/29。
④ 孙中山：《在上海中国国民党改进大会的演说》（1923年1月2日），《孙中山全集》第7卷，第6页。
⑤ 转引自李玉贞《孙中山与共产国际》，台北中研院近代史研究所，1996，第277页。
⑥ 《中国国民党党章》（1924年1月28日第一次全国代表大会通过），荣孟源主编《中国国民党历次代表大会及中央全会资料》（上），第25页。
⑦ 《鲍罗廷给瞿秋白的信》（1924年7月18日于广州），〔俄〕《联共（布）、共产国际与中国国民革命运动（1920—1925）》，第510页。

结 语

治局，成立之时隶属中央委员会，主要负责政治，但不久后与其一同成立的组织局便取代了中央委员会，而且政治局的权力又逐渐超乎组织局之上，最终成为俄共中央的最高权力机构。① 从孙中山与苏俄的接触来看，"莫斯科给其驻华代表、中共中央乃至国民党中央和国民党人的电报、信函，绝大多数直接出自于联共（布）中央政治局；另外有一部分是经联共（布）中央政治局决定后，再以共产国际的名义发出的；真正由共产国际执委会直接发出的指示，只有一小部分"。② 有学者做过一个统计：从 1923 年至 1927 年，俄共（布）和后来的联共（布）中央政治局为讨论中国革命问题共召开过 122 次会议，做出了 738 个决定。这些决定包括大的决策（如令中共党员加入国民党，对于国民革命的总方针等）和小的决定（何时结束五卅罢工，何时找蒋介石谈话以及谈话时注意什么问题等），"指导中国革命的最高决策机关是以斯大林为首的联共（布）中央政治局"。③ 孙中山通过接触现实，对联共（布）中央政治局的决策能力有着切身感受，在创设的中政会又亲任主席，可见其成立中政会意义深远。所以在对中政会成立原因和职权探究时，认为孙中山成立中政会，是为了实现"军、政、党务须分工办理"，④ 是值得商榷的。

"如果政治要成为一种整合机制，那么权威是领导人所面临的首要问题。"⑤ 从中政会所含党、政、军集议的性质，又与党首制相结合的情况来看，中政会自成立之日，就已经暴露出中国国民党政党体制和欲建立的党国体制的先天缺陷。

第二，中政会中的"人"。

孙中山逝世，"总理"的缺失，对中国国民党而言，其意义不仅是失去了"领袖"，更失去了法理上和实际上的最高权力机关，党政

---

① 〔英〕伦纳德·夏皮罗：《一个英国学者笔下的苏共党史》，徐葵等译，东方出版社，1991，第 269 页。
② 姚金果、苏杭、杨云若：《共产国际、联共（布）与中国大革命》，第 10 页。
③ 唐宝林：《重评共产国际指导中国大革命的路线》，《历史研究》2000 年第 2 期。
④ 《政治总报告》（1929 年 3 月 15 日），上海市档案馆藏，档案号：D4-0-331。
⑤ 〔美〕戴维·E. 阿普特：《现代化的政治》，第 29 页。

体制发生重大变革。中国国民党由"党首制"向"委员制"过渡，并实践它的政党政治理念，"党独负全责，党内分权"。从政党政治运行方式的角度看，"党内民主是政党党内关系的基本运行方式"，"党内民主是民主的基本原则和精神在政党组织和政党党内生活中的具体体现，是政党存在和发展的内在要求"，"党内民主发展的过程可以看做是党内关系秩序化、整体化和现代化的过程"。① 正如"政党声称自己能够做军队和官僚机构所无法做的事情，即在自己内部的成员中间实现平等"。② 集议制的本质是在党内分权的形态下打造统一有力的政党，其运行基础即是党内民主。中政会成为这种分权、集议理念的外化，但在实际运作中，中政会始终无法摆脱"人"的因素，客观上形成理论上分权和实践上威权路径的现实背离。

中政会自成立就采主席制，孙中山逝世后，仍沿用，先后由胡汉民、汪精卫（三二零事件后，汪隐匿不出，谭延闿一度代理）、蒋介石担任中政会主席。虽在二届三中全会时改为主席团制，但由于此时处于"政治委员会"与"政治会议"争议期，"政治会议"仍采用主席制，由蒋介石任主席，谭延闿代理。在经特委会短暂取消后，中政会在蒋介石的力主下，重新恢复，由于考虑到是过渡办法，所以当蒋介石提议推谭延闿为主席时，谭延闿表示"不固定的好"，③ 从会议记录来看，此时多由谭延闿和蒋介石交叉主持。二届四中全会再次明确中政会采主席制，由蒋介石任主席，④ 多由谭延闿代理，但在议决重大事件时，蒋也亲自出席并主持，如议决《取消各政治分会案》。⑤ 在蒋胡合作初期，蒋有意推让胡汉民担任主席，但胡汉民表示："请主席（指蒋介石——笔者注）不要再推，因本席对于各种方案恐怕定不好，如蒋先生太忙时，可以另请委员代

---

① 王韶兴主编《政党政治论》，第373页。
② 〔美〕戴维·E.阿普特：《现代化的政治》，第106页。
③ 《中国国民党中央执行委员会政治会议第124次会议速记录》，台北，"党史馆"藏，档案号：中央0124。
④ 黄自进、潘光哲编《蒋中正总统五记：困勉记》（上），第139页。
⑤ 《中国国民党中央执行委员会政治会议第179次会议速记录》，台北，"党史馆"藏，档案号：中央0179。

理。"蒋介石表示:"以后还是请胡先生担任,在总理奉安以前由我担任。"① 从此后的会议记录来看,此时中政会由蒋介石、胡汉民、谭延闿交叉主持,胡汉民是否真正出任过中政会主席,未见明确记录。但在蒋胡分裂前后,中政会均由蒋介石任主席,1931年6月17日在重新推定中政会主席时,仍推蒋介石为主席。② 四届一中全会改中政会主席制为常委制,由蒋介石、汪精卫、胡汉民任常务委员,③此时胡汉民拒不合作,基本上形成蒋汪合作的局面。因蒋多在"剿匪"前线,中政会多为汪负责。当汪因故离职时,中政会就会陷入负责无人的状态,后虽议决由中常会常委轮流主席,但也无法改善这种状况。五届一中全会中政会改组时,改常委制为正副主席制,由汪精卫任主席,蒋介石任副主席,④ 但汪此时并不在京,后又出走,基本上主席之职为虚置。这种状况延续至1937年11月中政会暂行停止职权,由国防最高会议代行。⑤

从中政会的主席制、主席团制、常委制、正副主席制的演变不难看出,中政会的运作始终受权威人物影响。如1933年11月8日中政会召开会议,由居正任主席,吴稚晖、邵元冲等17名委员出席,邓家彦、黄慕松等20人列席,在对华北外交案件进行讨论时,蒋、汪、胡等权威人物均缺席中政会,委员们感慨中政会"数月以来,奄奄无生气",即使"讨论的问题很重要",鉴于"负责任的人又不在",也无法直接做出决议。⑥ 1935年7月24日,面对华北事变后的危机,中政会召开会议,由居正任主席,叶楚伧、朱家骅等

---

① 《中国国民党中央执行委员会政治会议第180次会议速记录》,台北,"党史馆"藏,档案号:中央0180。
② 《中国国民党中央执行委员会政治会议第267次会议速记录》,台北,"党史馆"藏,档案号:中央0267。
③ 荣孟源主编《中国国民党历次代表大会及中央全会资料》(下),第119页。
④ 荣孟源主编《中国国民党历次代表大会及中央全会资料》(下),第389页。
⑤ 《国防最高会议代行中政会职权》,台北,"国史馆"藏"国民政府档案",档案号:001-070000-0044。
⑥ 《中国国民党中央执行委员会政治会议第382次会议速记录》,台北,"党史馆"藏,档案号:中央0382。

17名委员出席，王懋功、陈树人等23人列席，在对华北方面"又将有自治政府出现"的消息，大家只能感慨中政会是"空城"，"计却没有"。叶楚伧派蒋作宾、黄绍竑赴成都见蒋介石，并电询陈布雷，得到复电："（一）方针不变更；（二）回京须俟轮廓确实后；（三）蒋委员长请黄、蒋赴青岛一行（时汪精卫在青岛——引者注）。"① 至8月14日，中政会再次开会，叶楚伧报告了赴青岛见汪精卫的情况，提出两点："在汪蒋孙三先生未会面前，对于一切问题，本会暂时不要有重大的决定；本会对于汪先生辞职事，应去电慰留。"委员在听到蒋、汪、孙等人要会面的消息后，表示：三位会面"一定要商量到国家大计，所以一切变更，不妨等他们商得办法后，再来讨论"。② 可见，当权威人物缺席时，重要决策并不是在中政会会议上做出的，而是通过"电报往返"，③ 以权威人物的意见为决断。

第三，中政会中的"军"。

中国国民党自其以革命党面目出现起，至完成北伐，成为执政党，最后退守台湾，军事行动始终是首要的事务。中政会在1924年7月11日举行的第一次会议上，议决成立军事委员会，应为孙中山为了解决"无庞大之党军"④ 的困境，以在"推进和监督军队改组"的基础上最终成为"统一的最高战略机关"⑤ 而设。四日后，军事委员会成立，以孙为主席。⑥ 此后，"军事大计"，⑦ 后改为"军政大计"，⑧ 一直是中政会讨论和议决的重要事项。"以党统军"，将"军

---

① 《中国国民党中央执行委员会政治会议第467次会议速记录》，台北，"党史馆"藏，档案号：中央0467。
② 《中国国民党中央执行委员会政治会议第470次会议速记录》，台北，"党史馆"藏，档案号：中央0470。
③ 《中国国民党中央执行委员会政治会议第323次会议速记录》，台北，"党史馆"藏，档案号：中央0323。
④ 陈锡祺主编《孙中山年谱长编》（下），第1707页。
⑤ 徐有礼：《广州国民政府军事委员会溯源》，《近代史研究》1989年第2期。
⑥ 《谭延闿日记》（1924年7月15日），台北中研院近代史研究所藏。
⑦ 《中央执行委员会政治会议暂行条例》，台北，"党史馆"藏，档案号：会00.1/31。
⑧ 《中央执行委员会政治委员会组织条例》，《中国国民党第五届中央执行委员会常务委员会会议记录汇编》（上），第9页。

权"限制在"党权"之内,是中国国民党建立党国体制的内涵要求。但在实际中,"党权"与"军权"之间的紧张,始终存在。

中政会成立后发生的较大的一次分裂,即在北伐过程中,发生的迁都之争,中政会一分为二,发生"政治会议"与"政治委员会"争议。正如本书在第二章中探讨的,当蒋亲自主持召开的南昌中央政治会议做出"中央党部与国民政府于三月六日迁往武汉"①之决议,随着国民党二届三中全会在武汉召开,政治会议失去依据。但二届三中全会重新改选并组成了新的党、政领导机构,这使蒋不仅失去了中政会主席之职,更在军事委员会改主席制为主席团制中,无形中失去了军权,蒋对此是无法接受的。对于武汉"执委会提高党权,改组军委会,缩小蒋力,好在军界多国民中坚",蒋只能"顾全大局,忍耐接受,欲先统一兵事,再整内部"。② 所以当蒋攻克上海,进据南京之后,续开政治会议,并决议奠都南京,遂有南京国民政府的成立,从而形成南京、武汉并立。至蒋因战事失利,面对来自不同方面的压力宣布下野,宁、汉以特委会的成立实现合流。为了消除"政治会议"与"政治委员会"的争议,特委会做出取消中政会的决议。不久随着蒋介石的复出,并在蒋的力主下,中政会重开,仍采"政治会议"名称,历史进入怪圈,原本已失其根据的"政治会议",重新具有了法理依据,直至1935年中政会改组前,中政会始终采"政治会议"名称,而由"政治会议"议决成立的南京国民政府,亦成为中国国民党第一个具有全国性政权的政府。党权、政权以军权而转移,成为现实需要。

除如迁都之争所暴露出的中政会受军权裹挟情事外,在中政会中,对"军事大计"或"军政大计"亦无法进行有效讨论。这种情形,随着中日战事的紧张,越发突出。尤其是当国防委员会成立后,虽按《国防委员会条例》规定,"为全国国防最高决定机关,对于

---

① 《第六十六次政治会议议事录》,台北,"党史馆"藏,档案号:会00.1/32。
② 《汉口赵芷青致阎锡山电》(1927年4月11日),台北,"国史馆"藏"阎锡山档案",微卷号:131000007769M。

中央执行委员会政治会议负其责任",① 但因其成员包括了党政军三方面的负责人，并按蒋的主张，"其委员名额应加入军事委员会各委员"，② 所以虽然原拟"以军事委员会委员长为主席"，③ 由蒋介石出任，后蒋为羁縻汪精卫，改"以责任内阁制为主"，④ 并推汪精卫为国防委员会执行委员长，⑤ 但在运作上，仍以蒋为重。此后，竟有华北事变后，对于中日之间的交涉，"政治会议对于外交案件，完全没有听说要怎么办"，"然则国防委员会，总是知道的"，"把政治会议弄得没有办法"。⑥ 汪精卫明白表示：国防委员会"处理事件在性质上是不适宜于中央政治会议来讨论决定的，换句话说，行政处理，军事处理，若取决于中央政治会议，将不胜其烦了"。⑦ 可见，虽然按照规定"军事大计"（后改为"军政大计"）始终为中政会讨论和议决事项，但实际上，中政会在应对军事及国防事宜时，处于疲软状态。

当然这种状况的出现，是与中政会人员扩大、机关臃肿、负责无人等状况相关，更是因时局的紧迫，"非有中心组织不可"，⑧ 至"作战期间关于党政军一切事项应统一指挥之"，⑨ 经中政会议决成立国防最高会议，以军事委员会委员长为主席，由蒋出任，⑩ 职权规定"在作战期间，关于党政军一切事项，国防最高会议主席，得不

---

① 《国防委员会条例》，台北，"党史馆"藏，档案号：政 7/28。
② 《朱培德唐生智电蒋中正外患日迫设国防委员会共决应敌方案拟具条例呈核》（1933 年 2 月 1 日），台北，"国史馆"藏"蒋介石档案"，档案号：002-020200-00023-007。
③ 《国防委员会条例》，台北，"党史馆"藏，档案号：政 7/28。
④ 高明芳编注《蒋中正总统档案：事略稿本》第 19 册，第 233 页。
⑤ 《中国国民党中央执行委员会政治会议第 350 次会议速记录》，台北，"党史馆"藏，档案号：中央 0350。
⑥ 《中国国民党中央执行委员会政治会议第 382 次会议速记录》，台北，"党史馆"藏，档案号：中央 0382。
⑦ 《中政会谈话会之报告》，台北，"党史馆"藏，档案号：一般 240/1235。
⑧ 周美华编注《蒋中正总统档案：事略稿本》第 23 册，第 473—474 页。
⑨ 《国防最高会议组织条例案》，台北，"党史馆"藏，档案号：政 3/1。
⑩ 《国防最高会议组织条例案》，台北，"党史馆"藏，档案号：政 3/1。

依平时程序以命令为便宜之措施",后军事委员会被授权"对于党政统一指挥",① 从而中政会"职权准由国防最高会议代行"② 是可想而知的。

实际上,无论是最初成立的国防委员会、国防会议,还是代行中政会职权的国防最高会议,都是党政军集议机关。但此时的党政军集议,是以军事为主导,并与领袖制逐渐结合的过程。至1938年"总裁"的出现,即是党政军关系紧张的结果。

---

① 参见陈之迈《中国政府》第1册,第117—118页。
② 《中政会职权由国防最高会议代行案》,台北,"党史馆"藏,档案号:政6/58。

中政会大事记（1924—1937）

1924年	7月11日	中央政治委员会在广州大元帅大本营召开第1次会议，孙中山主持，出席人员有胡汉民、汪精卫、廖仲恺、伍朝枢、鲍罗廷，议决：（一）指定伍朝枢为秘书；（二）谭平山辞职不准；（三）决定关于摒除排外宣言之大旨；（四）派胡汉民、廖仲恺、伍朝枢审查省行纸币计划，本月十六日报告本会；（五）派许崇智、杨希闵、刘震寰、谭延闿、樊钟秀、胡汉民、廖仲恺、蒋介石、伍朝枢为军事委员，俄人高和罗夫为顾问；（六）派古应芬、甘乃光、彭湃为农务调查委员，鲍罗廷为顾问；（七）派廖仲恺、汪精卫、伍朝枢为商务调查委员。是会标志着中政会正式成立。
	7月14日	中央执行委员会第43次会议通过胡汉民所报告的"政治委员会对中央执行委员会之权限案"，规定："一、关于党事对中央执行委员会负责，按照性质由事前报告或事后请求追认；二、关于政治及外交问题，由总理或大元帅决定办理。"
	7月16日	中央政治委员会召开第2次会议，孙中山主持，议决："（一）谭平山辞职照准；（二）派瞿秋白为政治委员会委员；（三）派邹鲁、宋子文、邓召荫、朱则为税制调查委员，鲍罗廷为顾问；（四）令国民党南下之国会议员回京奋斗；（五）将讨伐陈炯明理由编成小册，审定后发布，作为宣传资料。"
	7月30日	中央政治委员会召开第3次会议，孙中山主持，议决："（一）中央执行委员会移交日本对华侨苛例案，议决以本党名义拟宣言致日本国民；（二）中央执行委员会移交美国三藩市关于华侨人赴美案，候外交部调查报告；（三）沙面罢工事，着陈友仁复沙面领事罢工工人，不允西山巡捕，嗣后如彼来接洽，交由交涉署办理；（四）训令各军政治训练委员会拟具训练所计划，取党人百名入训练所。"

续表

1924 年	8月6日	中央政治委员会召开第4次会议,孙中山主持,决议设立统一训练处,将陆军军官学校、滇军干部学校、陆军部讲武堂、西江陆海军讲武堂、警卫军讲武堂、警卫军学兵营及航空局归训练处训练管理,孙中山任主席,委员为杨希闵、许崇智、蒋介石、宋子文、程潜及鲍罗廷。
	8月13日	中央政治委员会召开第5次会议,取消第4次会议设立统一训练案,决议设立联络部,由国民党、共产党、第三国际各推代表一人组成,以解决国民党内"共产派"纠纷问题。
	8月19日	中央执行委员会第二次全体会议在广州举行,讨论"国民党内之共产派问题"。
	8月20日	中央政治委员会召开第6次会议,孙中山主持,决议通过"国民党内之共产派问题"及"国民党与世界革命运动之联系问题"两案,前案之主旨,在以国民党之纪律约束共产分子,后案则主张设立国际联络委员会,直接与第三国际及各国革命组织联络。两案作为中央政治委员会的意见,提出于中央执行委员会第2次全体会议。
	8月21日	中央执行委员会全体会议继续讨论"国民党内之共产派问题",最终以中央政治委员会所提"国民党内之共产派问题"及"国民党与世界革命运动之联系问题"两案解决。
	9月3日	中央政治委员会召开第7次会议,由孙中山主持,决议以"反对帝国主义"、"反对北方军阀"为号召,展开北方行动。
	9月10日	中央政治委员会召开第8次会议,由孙中山主持,讨论北伐问题。
	9月19日	中央政治委员会召开第9次会议,决议设自治筹备会及决定《国民周刊》与《民国日报》(广州)合并发行,派汪精卫为总编辑,由党给予津贴;中央执行委员会实业部改为商人部。
	10月22日	中央政治委员会召开第10次会议,决议中政会为唯一讨论政治之机关,至于实行,则一方面于政府,一方面于中央执行委员会;任廖仲恺兼黄埔新组军队之党代表,另以孙中山名义公布《工会法草案》。
	10月30日	中央政治委员会召开第11次会次,通过拟向北方会议所提出之条件,提出后如会议不能通过,则国民党代表脱离会议。
	11月1日	中央政治委员会召开第12次会议,由孙中山主持,通过孙中山离粤北上宣言,谓"统一中国,事先往上海发表主义,如北方能同意,然后与之合作"。

续表

1925年	2月19日	中央政治委员会召开第13次会议，胡汉民为代主席，根据汪精卫来电，"北京政治委员会拟议，帅座若不讳，广州政府改合议制"等语，决议广州政府改为合议制。
	3月12日	孙中山于北京逝世。
	6月14日	中央政治委员会召开第14次会议，胡汉民为代主席，决议："（一）在中国国民党中央执行委员会内设政治委员会，以指导国民革命之进行；（二）政府定名为'国民政府'，设内政、外交、财政、教育、建设、商务、农工、军事、关税各部，每部设部长一人，各部联席会议另推主席一人，关于政治之方针，由政治委员会决定以政府之名义执行之，其各部事务由各部联合会议主持之；（三）设军事委员会，由政治委员会派出委员三人暨高级委员四人共同组织之，政治委员之一为主席；（四）关于军队之命令，由军事委员会主席及军事部长发布之。是会首次明确中央政治委员会与中央执行委员会的隶属关系，按此决议，此后的中央政治委员会应称"中央执行委员会政治委员会"。
	6月17日	中央执行委员会政治委员会召开第15次会议，胡汉民为代主席。
	6月19日	中央执行委员会政治委员会召开第16次会议，胡汉民为代主席，决议设中央政府，定名"国民政府"，以委员若干人组织会议，并于委员中推举一人为主席，关于政治之方针由政治委员会决定，以国民政府之名义执行之；国民政府设军事、财政、外交各部，每部设部长一人，以委员兼之，如将来有添部之必要，经委员会议决行之；新政府成立日期定为7月1日。
	6月22日	中央执行委员会政治委员会召开第17次会议，胡汉民为代主席，讨论国民政府、省政府、市政府人选问题，增选谭延闿、许崇智为政治委员会委员。
	6月23日	中央执行委员会政治委员会召开第18次会议，胡汉民为代主席，讨论沙基惨案。
	6月24日	中央执行委员会政治委员会召开第19次会议，胡汉民为代主席。
	6月24日	中央执行委员会政治委员会召开第20次会议，胡汉民为代主席，决议派汪精卫赴北方联合全国同情革命之人。
	6月25日	中央执行委员会政治委员会召开第21次会议，汪精卫临时主持，决议不承认不平等条约。

续表

	6月25日	中央执行委员会政治委员会召开第22次会议,胡汉民为代主席。
	6月27日	中央执行委员会政治委员会召开第23次会议,胡汉民为代主席,决议通过国民政府下令宣布在所辖境内废除一切不平等约。
	6月28日	中央执行委员会政治委员会召开第24次会议,胡汉民为代主席,通过国民政府及省政府组织法。
	6月29日	中央执行委员会政治委员会召开第25次会议,胡汉民为代主席。
	6月30日	中央执行委员会政治委员会召开第26次会议,胡汉民为代主席,决议推政治委员会主席为党代表行国民政府成立典礼;否决汪精卫辞国民政府委员职、胡汉民辞外交部长兼职。
	7月1日	中华民国国民政府在广州正式成立,汪精卫、胡汉民、谭延闿、许崇智、林森为常务委员,汪精卫为主席。
	7月2日	中央执行委员会政治委员会召开第27次会议,胡汉民主席,讨论广西加入国民政府问题,决议先派人前往指导监督其设施,6个月后再行决定。
	7月3日	中央执行委员会政治委员会召开第28次会议,胡汉民为主席。
1925年	7月5日	中央执行委员会政治委员会召开第29次会议,胡汉民为主席,决议政治委员会之议决如须以中央执行委员会名义行之者,须经中央执行委员会之通过,紧急时得先行之,然后请求追认,政治委员会之议决如径以政治委员会名义行之者,汇报于中央执行委员会。
	7月7日	中央执行委员会政治委员会召开第30次会议,推鲍罗廷、汪精卫拟定国民会议进行办法。
	7月8日	中央执行委员会政治委员会召开第31次会议,决议受政治委员会指导监督之机关对于政治委员会所决定之事件,文书不得于其重要之点有所更改,如临时发现有特殊之事实,许该机关提出疑义,由政治委员会审定之,其文字上不关重要而又限于时日执引者,得加修改,唯仍须报告于政治委员会以待追认。
	7月13日	中央执行委员会政治委员会推廖仲恺、鲍罗廷拟定工人代表大会组织法。
	7月15日	中央执行委员会政治委员会派林森、李济深赴南宁,商广西省政府改组事。
	7月17日	中央执行委员会政治委员会通过蒋介石所提"国民政府革命进行方针"。
	7月19日	中央执行委员会政治委员会决议派外交团北上,与北京政府建立联合战线,南北协力,一致对外,以孤立英国。

续表

	7月20日	中央执行委员会政治委员会通过全力维持并扩大省港罢工。
	7月21日	中央执行委员会政治委员会通过鲍罗廷所起草的《国民党目前政策宣传大纲》。
	7月22日	中央执行委员会政治委员会为对英事,派孙科赴上海。
	7月27日	中央执行委员会政治委员通过设立军事委员会政治训练部,以陈公博为主任。
	8月10日	中央执行委员会政治委员会推鲍罗廷、胡汉民、许崇智、谭延闿拟定联络湘闽浙具体办法。
	8月17日	中央执行委员会政治委员会通过以蒋介石、谭延闿、朱培德为第一、二、三军军长;粤军改为两军或三军,由许崇智拟具意见;准廖仲恺辞农民部长兼职,以陈公博继任。
	8月20日	中央执行委员会政治委员会召开临时会议,决议派许崇智、汪精卫、蒋介石组织特别委员会,授以政治、军事及警察一切全权,以处理廖仲恺被刺案。
1925年	8月26日	中央执行委员会政治委员会召开第50次会议,汪精卫临时主持,讨论可废除出入口特许证;通过由鲍罗廷、汪精卫、许崇智起草的处理内乱事件通电。
	8月31日	中央执行委员会政治委员会召开第51次会议,汪精卫为主席。
	9月2日	中央执行委员会政治委员会召开第52次会议,汪精卫为代理主席,通过决议:(1)以邓泽如为国民政府财政部长,李鸿基为广东财政厅长;(2)以许崇智监督广东财政;(3)组织财政委员会;(4)加派蒋中正、孙科、谭平山为政治委员会委员。
	9月7日	中央执行委员会政治委员会决议:(1)派谭平山、宋子文、苏绍曾(兆征)为调查广三铁路罢工委员会委员;(2)派胡汉民为国民党赴外国代表,并以李文范(国民政府秘书长)、朱和中(军事委员会秘书长)、孙科、邹鲁、陈友仁、傅秉常为北上外交代表,林森为代表团主席;(4)准林森、朱培德、古应芬、陈公博、甘乃光列席政治委员会会议(原拟派为候补委员);(5)以军事委员会全体委员及财政部长财政厅长为财政委员会委员;(6)通过总理纪念周条例。
	9月18日	中央执行委员会政治委员会召开第58次会议,汪精卫为代理主席,议决中央银行只对政治委员会负责,银行行长应每星期到会报告一次;中央银行设信托人5人,人选由政治委员会拟订之。

续表

1925年	9月20日	中央执行委员会政治委员会召开临时会议，汪精卫为主席，议决："（一）关于东莞、增城、宝安一带之军队，统归蒋介石分别处理；（二）派谭延闿、朱培德、李济深、宋子文、甘乃光组织审查委员会，审查粤军总司令部一切收支实数；（三）粤军总司令许崇智请假赴沪养疴，所有该部收束事宜，由该军参谋长蒋介石办理；（四）国民政府军事部长许崇智请假赴沪养疴，着谭延闿署理军事部长；（五）派谭延闿、朱培德、蒋介石、伍朝枢、李济深为中央银行信托人；（六）推宋子文为国民政府委员；（七）任命宋子文为广东财政厅长等。"
	9月21日	中央执行委员会政治委员会召开第59次会议，汪精卫为主席，命蒋介石与参谋团主任罗茄觉夫筹划出兵东江。
	9月22日	中央执行委员会政治委员会决议关于出兵东江临时战费问题，由中央银行行长宋子文，军事委员会委员蒋介石，参谋团主任罗加觉夫等筹议。同日，举行中政会与军委员会联席会议，商东征及终止省港罢工，任命宋子文为财政部长。
	9月23日	中央执行委员会政治委员会任命程潜、李济深为军事委员会委员。
	9月24日	中央执行委员会政治委员会召集省港罢工委员会，草订"香港罢工工人复工条件"及"沙面罢工工人复工条件"，以向香港及沙面两地的英当局，分别提出交涉。
	9月30日	中央执行委员会政治委员会召开第64次会议，汪精卫为主席，汪请辞国民政府委员会主席及军事委员会主席职，决议挽留。
	10月5日	中央执行委员会政治委员会决议：（1）聘俄人伊斯迈洛夫为预算委员会顾问；（2）派谭延闿、林祖涵、陈嘉祐、程潜等为湖南政治研究委员会委员；（3）令李济深电知广西李宗仁、黄绍竑不准自行组织党部。
	10月7日	中央执行委员会政治委员会召开第66次会议，汪精卫为主席，决议派汪精卫、谭延闿、古应芬组织委员会，策划派遣学生赴莫斯科孙文大学，以鲍罗廷为顾问。
	10月9日	中央执行委员会政治委员会召开第67次会议，推汪精卫、鲍罗廷起草中国国民党第二次全国代表大会案。
	10月12日	中央执行委员会政治委员会决议每日拨发省港罢工委员会8000元。
	10月23日	中央执行委员会政治委员会召开第73次会议，汪精卫为主席，讨论通过指定省党部各委员案。
	10月30日	中央执行委员会政治委员会决议：（1）拒聘日本理事为顾问及交换新闻；（2）派陈公博、陈孚木、甘乃光等为统一党报委员会委员。

续表

1925年	11月20日	中央执行委员会政治委员会召开第84次会议,决议:(1)不准林森等在北京开中央执行委员会,由中央执行委员会去电驳斥。(2)明年1月1日召开全国代表大会。(3)取消邹鲁北上外交代表名义,交北京执行部查办。
	11月30日	中央执行委员会政治委员会召开第88次会议,决议:(1)免去邹鲁之广东大学校长,以顾孟余继任,由陈公博代理;(2)赞成冯玉祥、徐谦、于右任、王宠惠等在北京组织临时政府委员会。
	12月2日	中央执行委员会政治委员会召回北上外交代表团主席林森,以徐谦继任。
	12月7日	中央执行委员会政治委员会召开第91次会议,议决将西山会议所发冬电提交中国国民党第二次代表大会,并宣布该会违法无效。
	12月9日	中央执行委员会政治委员会决定整军原则。
1926年	1月1日	中国国民党第二次全国代表大会在广州开幕。
	1月16日	中国国民党第二次全国代表大会通过《中国国民党总章》修订,新增条目:"中央执行委员会遇必要时,得设特种委员会(如政治委员会等)。"首次以党章的形式确定中政会地位,自此,中政会成为国民党中央常设机关。
	1月23日	中国国民党第二届中央执行委员会第一次全体会议通过《政治委员会组织条例》,这是中政会第一个组织条例。
	2月1日	中央执行委员会政治委员会推汪精卫为政治委员会主席,汪精卫、谭延闿、胡汉民、蒋介石、伍朝枢、孙科、谭平山、朱培德、宋子文为委员,陈公博、甘乃光、林祖涵、邵力子为候补委员;并决定推李宗仁、黄绍竑为国民政府委员;派周恩来、李富春、朱克靖为国民革命军第一、二、三军副党代表。
	3月10日	中央执行委员会政治委员会召开第120次会议,汪精卫为主席。
	3月15日	中央执行委员会政治委员会召开第121次会议,通过"两广统一案"。
	3月20日	"中山舰事件"发生。
	3月22日	中央执行委员会政治委员会召开临时特别会议,讨论"中山舰事件"发生后情势,决议:"本党应与苏俄同志继续合作,并增进亲爱关系,工作上意见不同之苏俄同志暂行离去,另聘其他为顾问;汪主席患病,应予暂时休假;李之龙受特种怀疑,应即查办。"

续表

	3月24日	国民政府主席、中政会主席汪精卫因"中山舰事件"辞职。
	3月29日	西山会议派在上海召开国民党第2次全国代表大会。
	4月7日	中央执行委员会政治委员会召开第128次会议,谭延闿为代主席,报告中央执行委员会决定5月15日召集中央执行委员会全体会议。
	4月16日	中央执行委员会政治委员会、军事委员会举行联席会议,谭延闿为代主席,推谭延闿为中政会主席,蒋介石为军事委员会主席;由蒋介石、朱培德、李济深筹备北伐计划;宋子文筹备北伐军饷;预征广东全省一年地丁钱粮及全省炮台经费,限两个月内一次征收,其已预征者仍再征一年。
	5月3日	中央执行委员会政治委员会召开会议,决议推蒋介石、胡汉民、陈友仁等拟具与国民军合作办法。
	5月5日	中央执行委员会政治委员会召开第139次会议,决议推胡汉民、伍朝枢、宋子文、鲍罗廷起草政治委员会议事规程。
1926年	6月4日	中央执行委员会政治委员会召开第150次会议,谭延闿为主席,决议特任蒋介石为国民革命军总司令。
	6月18日	中央执行委员会政治委员会召开会议,议决改组政治训练部,由国民党中央特设军事部接管该部工作,军事部内设政治训练委员会决定一切计划交国民革命军总司令部政治部执行。
	7月5日	国民党第二届中央执行委员会临时全体会议决议:"归并政治委员会于中央常务委员会。中央执行委员会政治委员会改组为中央执行委员会政治会议。"
	7月15日	中央执行委员会政治委员会改组为中央执行委员会政治会议后,举行第1次会议。
	7月17日	因蒋介石北伐在即,中常会主席推张静江代理;中央执行委员会政治会议主席由谭延闿代理。
	9月7日	中央执行委员会政治会议召开第16次会议,通过对时局宣言。
	11月3日	中央执行委员会政治会议议决,增任李济深、李烈钧、唐生智、蒋作宾为国民政府委员。
	11月8日	中央执行委员会政治会议召开会议,议决于短期内迁国民政府及中央党部于武汉。
	11月26日	中央执行委员会政治会议召开会议,正式决定迁都武汉。
	11月28日	中央执行委员会政治会议宣布:"自下月1日起,在广州的国民政府停收文件,5日停止办公。"

续表

1926年	12月13日	先行到武昌的中国国国民党中央执行委员及国民政府委员举行紧急会议决定：在中央执行委员会政治会议未迁至武昌开会之前，由国民党中央执行委员和国民政府委员组织临时联席会议，执行最高职权，处理决定各项重要问题。临时联席会议委员有宋庆龄、孙科、徐谦、蒋作宾、柏文蔚、吴玉章、陈友仁、王法勤、唐生智、邓演达、詹大悲、宋子文、董用威、于树德、叶楚伧等，推徐谦为主席，叶楚伧为秘书长
1927年	1月3日	中央执行委员会政治会议在南昌召开第6次临时会议，议决：中央党部与国民政府暂驻南昌，3月1日在南昌召开二届三中全会。同日，鲍罗廷等人在武汉决议以临时联席会议名义，通知在鄂立即召开国民党二届三中全会。
	1月7日	中央执行委员会政治会议在南昌召开第7次临时会议，决定中央党部与国民政府仍暂驻南昌，迁移问题，待3月间中央执行委员会全体会议解决，同时决定在武汉组织政治分会，以取代临时联席会议。同日，武汉临时联席会议召开，议决国民政府地点问题，待中央执行委员会全体会议决定，在未决定时期，武汉政局有维持必要。
	1月21日	蒋介石与张静江、谭延闿于21日及22日联名致电武汉，谓："前由中央议决武汉政治分会，于中央与政府未迁之前，武汉分会应即成立，联席会议毋庸继续。"旋武汉复谓："中央临时联席会议在南昌中央政治会议未开会以前，暂不取消。"
	2月8日	中央执行委员会政治会议在南昌召开，决议中央党部及国民政府迁至武汉，并以党部名义派徐谦为赴美代表，戴传贤为赴俄代表。
	2月21日	蒋介石在南昌总司令部纪念周发表演讲，斥责武汉联席会议在鲍罗廷及徐谦等操纵下，屡次违抗中央政治会议在南昌的决议，既不遵令停止开会，改设政治会议武汉分会，又复拒绝以党部名义派徐谦为赴美代表等决议。同日，徐谦、邓演达等召集在汉口的国民党中执会及国府委员举行扩大联席会议，宣布中央党部暨国民政府在武汉开始办公。
	2月22日	中央执行委员会政治会议在南昌举行第63次会议，议决：在党部与政府未迁以前，在武汉不得以中央党部暨国民政府名义另行办公。同日，武汉以中常会名义召集会议，决议于3月1日召开二届三中全会。
	2月23日	武汉国民党中常会增选唐生智、蒋作宾、宋庆龄、彭泽民、吴玉章为政治委员，在武汉组织中央执行委员会政治委员会。
	2月26日	中央执行委员会政治会议在南昌议决致电第三国际，请自动撤回鲍罗廷。

续表

1927年	3月3日	中央执行委员会政治会议在南昌召开第66次会议，议决："中央党部、国民政府于本月六日迁鄂，全体委员于是日起程赴汉，于十二日总理逝世二周年纪念日开中央执行委员会全体会议。"
	3月10日	中国国民党第二届中央执行委员会第三次全体会议在武汉开幕，通过"统一党的领导机关案"、"军事委员会组织大纲"、"对于临时联席会议决议案认为继续有效"等案。其中"统一党的领导机关案"规定："在中央执行委员会下，设政治委员会"，"以常务委员会全体委员及由中央执行委员会全体会议选举之中央执行委员及候补中央执行委员六人组织之"，"政治委员会对于政治问题议决后，交由中央执行委员会指导国民政府执行之"。实际上，是取消中央执行委员会政治会议，重新恢复中央执行委员会政治委员会。
	3月11日	国民党二届三中全会改选中央常务委员、各部部长暨政治委员会委员、军事委员会委员及国民政府委员。其中政治委员会委员除中央常务委员汪精卫、谭延闿、蒋介石、顾孟余、孙科、谭平山、陈公博、徐谦、吴玉章九人兼政治委员会委员外，宋子文、陈友仁、邓演达、林祖涵、王法勤、宋庆龄六人当选。
	3月13日	中国国民党二届三中全会举行第3次会议，修正政治委员会组织条例。
	3月14日	中央执行委员会政治委员会在武汉召开第1次会议，通过谭平山为农民部长，苏兆征为劳工部长，孔祥熙为实业部长，顾孟余为教育部长，刘瑞恒为卫生部长。
	3月30日	中央执行委员会政治委员会在武汉召开，修正公布《国民政府组织法》。
	4月1日	中央执行委员会政治委员会在武汉议决，通电蒋介石及各军事长官，须尊重二届三中全会决之《总司令条例》，以及外交、财政、交通统一各案，违者以反革命论。
	4月11日	中央执行委员会政治委员会在武汉召开第11次会议，议决电蒋介石等停止在南京召开中央执行委员会。
	4月14日	中国国民党中央执监委员胡汉民、吴稚晖、蔡元培、李石曾、张静江、邓泽如、萧佛成、柏文蔚、陈果夫、甘乃光、黄绍竑等在南京举行四中全会预备会议，胡汉民主席，决定全体会议于4月15日举行，并电催汪精卫等来宁。
	4月15日	中国国民党中央执监委员全体会议在南京举行，因武汉方面委员未到，改开谈话会。
	4月16日	中国国民党中央执监委员在南京再开谈话会，决定开中央执行委员会政治会议。

续表

1927年	4月17日	中央执行委员会政治会议在南京召开第73次会议，决议：加派萧佛成、蔡元培、李石曾、邓泽如、何应钦、白崇禧、陈可钰、陈铭枢、贺耀组九人为政治会议委员，推胡汉民为政治会议主席，国民政府于4月18日开始在南京办公，同时举行庆祝典礼。
	4月17日	中央执行委员会政治会议在南京召开第74次会议，决议国民政府之印文为"中华民国国民政府印"；国民政府于4月18日上午9时起在南京开始办公并举行庆祝礼；中央党部及国民政府委员全体参加市民庆祝大会。
	4月18日	南京举行国民政府奠都南京庆典。
	4月19日	中央执行委员会政治会议在南京开会，决议成立两部："一、财政部，推古应芬为部长；二、外交部，拟推伍朝枢为部长，伍未到任前，由代部长陈友仁负责，办理宁汉交涉。"
	4月26日	南京国民政府通电接受中央执行委员会政治会议决案："（一）对共产党首要危险分子经党部举发者由就近军警看管；其叛乱行为已昭著者照内乱罪承办。（二）所有汉口联席会议及中央执行委员会会议产生之机关所发之命令，一律否认。"
	4月29日	中央执行委员会政治会议在南京召开，通过《国民政府军事委员会组织大纲》。
	5月2日	中央执行委员会政治会议在南京召开，通过《国民革命军总司令部组织大纲》，要点为：凡作战之陆、海、空三军，均归总司令指挥统辖，未加入作战各军由军事委员会直辖，必要时总司令得咨请调遣之；战时政务委员会由政府特派民政、财政、交通、外交等部人员组成，受总司令指挥，处理作战区域内政务，并任作战上各种要素之筹备调节分配。
	5月21日	中央执行委员会政治会议在南京开会，通过胡汉民、蒋介石、邓泽如、阎锡山、王伯群为国民政府委员等决议案。
	5月24日	中央执行委员会政治会议在南京开会，议决加推冯玉祥为政治会议委员，以李鸣钟代表出席。
	6月1日	中央执行委员会政治会议在南京召开，议决加推古应芬为政治会议委员；南京改特别市等案。
	6月13日	中央执行委员会政治会议在南京召开，议决设立中华民国大学院，为全国最高学术教育行政机关，蔡元培为院长；设外交委员会，推胡汉民、蒋介石、吴稚晖、李石曾、伍朝枢为委员。
	6月24日	中央执行委员会政治会议在南京召开，议决任王宠惠为司法部长；改组广东省政府，省政务委员全体免职，另任李济深、邓泽如、李文范、陈可钰、陈融、古应芬、冯祝万、张难先、曾养甫、李禄超、朱家骅11人为委员。

续表

1927年	6月25日	中央执行委员会政治会议在南京召开，议决追认阎锡山为国民革命军北方总司令；在广州之监察院即日结束，全部迁宁；由中央监察委员会、中央清党委员会、司法部、总部军法处各派一人组织特别临时预审法庭，其组织法由中央法制委员会起草。
	6月27日	中央执行委员会政治会议在南京召开，议决将所辖各省盐务稽核分所一律停止职权；自8月起，所有粤、桂、苏、浙、闽、皖六省厘金及厘金性质相同之通过税一律裁撤；入口关税除特定物品烟酒等依特定税征收，奢侈品值百抽不过三十，普通值百抽一二点五，由财部切实进行，俟各省统一陆续仿照办理。
	6月29日	中央执行委员会政治会议在南京召开，决议推阎锡山为政治会议委员，先以赵丕廉代表出席。
	7月6日	汪精卫向武汉中央执行委员会政治委员会提出"东征"案。
	7月11日	中央执行委员会政治会议在南京召开，决议加推王宠惠为国民政府委员。
	7月14日	中央执行委员会政治委员会主席团在武汉秘密召开"分共会议"。
	7月15日	汪精卫以中央执行委员会政治委员会主席团名义报告《容共政策之最近经过》。
	7月16日	中央执行委员会政治委员会主席团在武汉发表声明，指称共产党破坏联合阵线。
	7月18日	中央执行委员会政治会议在南京召开，决议定于9月1日实行裁厘，同时宣布关税自主。同日，中央执行委员会政治委员会在武汉召开，议决所有国民政府领域内之佃农，自本年起一律照去年租额减租25%。
	7月23日	武汉中央执行委员会发表政治委员会之《统一本党政策案》。
	7月25日	武汉中政会通过汪精卫提议，决定对共产党中央再警告。
	8月8日	中央执行委员会政治委员会在武汉召开第44次会议，议决开除跨党共产党员之国民党党籍："一、由中央党部下令，凡列名南昌革命委员会之跨党员谭平山、林祖涵、吴玉章、恽代英、高语罕，开除党籍，并免职通缉拿办；二、列名国民党执监及候补执监委员之跨党党员杨匏安、毛泽东、董用威、邓颖超、许甦魂、韩麟符、于树德、江浩、夏曦等，一律开除党籍并免职。"
	8月10日	中央执行委员会政治委员会在武汉召开第45次会议，议决列名革命委员会之共产党徐特立、李立三、张国焘、彭湃、周恩来等一律通缉拿办，"其跨有本党党籍及任职者，并即开除党籍及免职"。

续表

1927年	8月15日	中央执行委员会政治委员会在武汉核准财政部整理国库券办法三项。
	8月17日	中央执行委员会政治委员会在武汉议决,以连声海署理中央海外部长。
	8月18日	中央执行委员会政治会议在南京议决,要求武汉继续清党,将中央党部、国民政府照在广州未迁移前状态改组。
	8月22日	中央执行委员会政治委员会主席团决议,设立武汉政治分会,以指导党务、政治、军事,并特派唐生智、顾孟余等为武汉政治分会委员。
	9月11日	宁、汉、沪三方国民党中央要员在沪连续召开三天谈话会,商统一党务及宁、汉政府合并改组办法。议决:"一、由宁、汉、沪三方各推委员六人(候补委员三人)及共推委员14人合组中央特别委员会,为行使党务政治之最高机关;二、中央执行委员会政治委员会及中央执行委员会政治会议暂撤销;三、宁、汉两政府合并改组,由特别委员会另选国民政府委员,并委派军事委员会委员暨各部部长;四、特别委员会除行使中央执行委员会职权外,应负责统一各地方之国民党党部,并于三个月内筹开第三次全国代表大会,解决党内纠纷;五、推汪精卫、谭延闿、蔡元培、谢持起草统一宣言;六、推张继、于右任、何香凝、李石曾、蔡元培五人代行监察委员职权。"
	9月19日	中央特别委员会召开第3次大会,张继为主席,决议中央执行委员会政治委员会(或称政治会议)及各地政治分会一律取消,其职权分别由中央党部、省党部、国民政府、省政府执行,各地政治分会限10月1日前取消。
	9月21日	中央执行委员会政治委员会武汉分会根据8月22日中央执行委员会政治委员会在武汉决议于是日成立,以与中央特别委员会相对峙。
	9月28日	武汉政治分会通电全国,否认中央特别委员会与中央执委会有同等权力,指摘南京特别委员会代行中央职权违反党章,不能承认;声明在党的合法机关未经恢复职权以前,吾人仍可视特别委员会所产生之政府为事实的政府,而在对外、对军阀、对共产党数种事件上与之作条件的合作,但特别委员会关于党务、政治上一般之决议,则不能承认其有效。
	10月11日	广州政治分会决定拒绝中央特别委员会取消该会的决议,并通过在该会下组织临时军事委员会。
	12月28日	中央特别委员会是日解散。

续表

1928年	1月11日	中央执行委员会政治会议召开第124次会议，谭延闿为主席，蒋介石等15名在京委员出席，议决：政治会议业经开始办公，应通知各机关，一切提案，均查照向例办理；任叶楚伧为政治会议秘书长；保留各地方政治分会应否恢复一案，第4次全体会议讨论；推于右任、易培基为政治会议委员，叶楚伧为秘书长。
	1月18日	中央执行委员会政治会议召开第125次会议，加推杨树庄为政治会议委员。
	1月25日	中央执行委员会政治会议召开第126次会议。
	2月1日	中央执行委员会政治会议召开第127次会议，蔡元培主席，蒋介石等17委员出席，决议设立建设委员会，通过建设委员会组织法，确定委员会人选等。
	2月2日	中国国民党二届四中全会决议政治委员会改组案，中央执行委员会政治会议及各地方分会仍可存在，候第3次全国代表大会决定；各分会应专理政治，不兼管党务；广州、武汉、开封、太原四处设立分会，其政治指导区域，广东、广西属广州分会，湖南、湖北属武汉分会，河南、陕西、甘肃属开封分会，山西、绥远、察哈尔属太原分会，其余各省概由中央政治会议处理之；《政治会议组织案》及《政治分会条例》交中常会修订。
	2月15日	中央执行委员会政治会议召开第128次会议，决定起草劳资仲裁条例等要案。
	2月22日	中央执行委员会政治会议召开第129次会议，议决："（一）设立国民政府内政、农矿、工商三部，特任薛笃弼、易培基、孔祥熙分别担任部长；（二）推黄郛为政治会议委员；（三）推方振武、孙岳、岳维峻为国民政府委员；（四）推李宗黄、吴忠信、刘纪文为建设委员会委员；（五）推于右任为审计院院长；（六）《立法程序法》修正通过，移送中央执行委员会交国民政府公布等10项议案。"
	2月29日	中央执行委员会政治会议召开第130次会议，议决："（一）内政、农矿、工商三部组织法草案付审查；（二）中央执行委员会请加派孔繁霱等12人为军事委员会委员，政治会议加推高桂滋等4人为军事委员会委员，又再加派刘汝明等6人为军事委员会委员，均决议加派；（三）通过《反革命治罪暂行条例》等12项议案。"
	3月1日	中央执行委员会公布《中央执行委员会政治会议暂行条例》及《政治会议分会暂行条例》。
	3月7日	中央执行委员会政治会议召开第131次会议，推蒋介石为主席，任李济深为广州政治分会主席，李宗仁为武汉政治分会主席，冯玉祥为开封政治分会主席，阎锡山为太原政治分会主席。

续表

1928年	3月14日	中央执行委员会政治会议召开第132次会议，决议加推王伯群、孔祥熙、薛笃弼等24人为政治会议委员；加推孔繁霨、方本仁等24人为军事委员会委员；决议各特任官、各省政府委员、各特别市市长之任免，归政治会议决定；又因蒋介石即将出发北伐，推谭延闿代理政治会议主席职等案。
	3月21日	中央执行委员会政治会议召开第133次会议，决议由财政部迅速拨款10万元，赶修被冲崩之直南河堤；推李景林、马麟、蒋鸿遇等7人为军事委员会委员；由谭延闿、蔡元培、于右任、张静江四委员会同法制局长王世杰审查法制局所提关于考试制度的基本问题及意见节略等案。
	3月28日	中央执行委员会政治会议召开第134次会议，议决李济深、戴季陶、陈铭枢、李文范、冯祝万、黄绍竑、林云陔为广州政治分会委员，以李济深为主席。
	4月4日	中央执行委员会政治会议召开第135次会议，议决冯玉祥、郭春涛、邓哲熙、凌勉之、李兴中、张吉墦、何其巩为政治分会开封分会委员；张励生、祁志厚为太原分会委员；朱家骅、陈可钰为广州分会委员。
	4月11日	中央执行委员会政治会议召开第136次会议，决定谭延闿、蔡元培、蒋中正、杨树庄、黄郛、宋子文、何应钦、李宗仁、薛笃弼、王伯群、孔祥熙为财政监理委员会委员；李宗仁、程潜、张知本、严重、张华辅、刘岳峙、陈绍宽、李隆建、白崇禧为武汉政治分会委员；修正通过《审计法》、《大学院组织法》等。
	4月18日	中央执行委员会政治会议召开第137次会议，任命刘郁芬、宋哲元为开封分会委员；胡宗铎为武汉分会委员；缪培楠为军事委员会委员；宋子文、易培基为外交委员会委员；通过张静江等提出的修正《省政府组织法草案》，送中央执行委员会交国民政府公布；决议制定训政时期行政纲领及施行次第与期限，由各部院会尽本年六月底以前提出草案联合开会讨论，将讨论结果送政治会议决议等。
	4月25日	中央执行委员会政治会议召开第138次会议，通过《劳资争议处理法》、《侨务委员会组织法》及裁撤华侨教育委员会等项。
	5月2日	中央执行委员会政治会议召开第139次会议，议决特任傅存怀、郭宗汾、周玳、南桂馨为军事委员会委员；嘉慰国民革命军总司令蒋介石克复济南等案。
	5月9日	中国国民党中央执监委员、政治会议委员、国民政府委员召开联席会议，决议国民革命军继续北伐，并将济案诉诸国联。

续表

1928年	5月16日	中央执行委员会政治会议召开第140次会议，特任李品仙、叶琪、周澜、陶钧、魏益三、廖磊、李燊、刘兴、何键为军事委员会委员；任命孙良诚、丁惟汾、蒋作宾、宋哲元、石敬亭、冷遹、陈雪南、魏宗晋、于恩波、阎容德、孔繁霨、何思源为山东省政府委员，孙良诚为主席。
	5月23日	中央执行委员会政治会议召开第141次会议，决议蒙藏委员会改主席制为常务委员制；程潜应即免职，听候查办；任命鲁涤平、李隆建、张定璠等为湖南省政府委员，鲁涤平为主席；湖北湖南临时政务委员会即行裁撤；任命于右任、薛笃弼、王世杰等为法官惩戒委员会委员，于右任为委员长等案。
	5月26日	中央执行委员会政治会议召开第142次会议，通过复日本觉书牒文。
	6月6日	中央执行委员会政治会议召开第143次会议，议决任命王正廷为外交部长。
	6月11日	蒋介石函中央执行委员会政治会议，请辞政治会议主席之职。
	6月13日	中央执行委员会政治会议召开第144次会议，决议慰留主席蒋介石。
	6月20日	中央执行委员会政治会议召开第145次会议，决议直隶改为河北省，北京易名北平，北平、天津为特别市。
	6月27日	中央执行委员会政治会议召开第146次会议，决议撤销战地政务委员会；修正通过《土地收用法》；指定李济深为广东省政府主席等案。
	7月4日	中央执行委员会政治会议召开第147次会议，通过《会计法》等案。
	7月11日	中央执行委员会政治会议召开第148次会议，议决通过《暂行特种刑事诬告治罪法》、《违警罚法》、《土地征收法》；议决省政府委员与特别市市长，不得由一人兼任，兼南京特别市市长何民魂，着免去兼职，专任江苏省政府委员，山西省政府委员兼民政厅厅长南桂馨，已被任命为天津特别市市长，着免去山西省政府委员及民政厅厅长之职；任命刘纪文为南京特别市市长等案。
	7月18日	中央执行委员会政治会议召开第149次会议，议决指定蔡元培、叶楚伧及法制局审查《共产党自首条例》等案。
	7月25日	中央执行委员会政治会议召开第150次会议，议决交国民政府核办山东孔林收回国有案；将阎锡山所提议的通令实行村政六大纲：（甲）整理村范。（乙）设村民会议。（丙）规定村禁约。（丁）设立息讼会。（戊）设立保卫团。（己）设立村监检委员会，交内政部法制局参考等案。

续表

1928年	8月14日	中国国民党二届五中全会召开第4次大会，通过议决，中央执行委员会政治会议委员应由中央执行委员会推定，政治会议议决案应由中央执行委员会交国民政府执行，推定汪精卫、谭延闿、蒋介石、胡汉民、甘乃光、陈公博、邵力子、伍朝枢、孙科、朱培德、张静江、丁惟汾、王法勤、吴稚晖、陈友仁、戴季陶、何香凝、顾孟余、宋子文、李济深、陈果夫、李烈钧、柏文蔚、李宗仁、宋庆龄、萧佛成、蔡元培、李石曾、邓泽如、何应钦、白崇禧、陈可钰、陈铭枢、贺耀组、叶楚伧、冯玉祥、古应芬、阎锡山、于右任、杨树庄、黄郛、孔祥熙、王伯群、薛笃弼、王正廷、易培基46人为政治会议委员；各政治分会限本年年底一律裁撤。
	8月22日	中央执行委员会政治会议召开第151次会议，议决政治会议委员分组案，通过分组名单：（一）政治保管组：古应芬、丁惟汾、叶楚伧、陈立夫、薛笃弼；（二）经济组：张静江、戴传贤、邵元冲、陈果夫、王伯群；（三）外交组：胡汉民、谭延闿、王宠惠、王正廷、孙科、孔祥熙、宋子文；（四）财政组：谭延闿、吴稚晖、赵戴文、宋子文、于右任；（五）军事组：阎锡山、何应钦、朱培德、杨树庄、陈肇英；（六）地方自治组（人民团体）：赵戴文、李煜瀛、方觉慧、吴铁城、刘纪文、桂崇基、方振武；（七）法律组：王宠惠、胡汉民、戴传贤、林森、李文范、焦易堂；（八）教育组：吴稚晖、蔡元培、戴传贤、朱家骅、邵力子、程天放。
	8月29日	中央执行委员会政治会议召开第152次会议，议决交内政部法制局会同审议《县组织法》；讨论国民政府转内政部呈送关于澄清吏治暨限期剿匪建议案，决议"澄清吏治及限期剿匪，皆属必要亟宜施行之要政"，交国民政府办理施行；加推李烈钧、宋渊源、钟荣元、陈嘉庚、陈季良、孔祥熙为侨务委员会委员，周启刚、丘莘昀为常务委员。
	9月5日	中央执行委员会政治会议召开第153次会议，通过热河、察哈尔、绥远、青海、西康等特别区改省等案。
	9月12日	中央执行委员会政治会议召开第154次会议，讨论北平冬赈问题；议决10月1日起实行关税等差税率；加入《非战公约》，推王正廷起草电文答复美政府等。
	9月19日	中央执行委员会政治会议召开第155次会议，通过挽留大学院院长蔡元培；维持故宫博物院等案。
	9月26日	中央执行委员会政治会议召开第156次会议，推定蒋介石、胡汉民、孙科、王宠惠、蔡元培、何应钦、王世杰、吴稚晖、张静江、李石曾、戴季陶、李济深、谭延闿、李烈钧为审查委员会委员，审查五院组织法，由蒋介石负责召集，限三日内审查结束，提交下次会议讨论。

续表

1928年	10月3日	中央执行委员会政治会议召开第157次会议，通过《中华民国国民政府组织法》，推蒋介石、胡汉民等为五院组织法起草委员会委员；特任蒋梦麟为大学院院长等。
	10月8日	中央执行委员会政治会议召开临时会议，谭延闿主席，通过修正通过国民政府行政、立法、司法三院组织法；孙科所提建设大纲草案，推胡汉民、戴传贤、蒋介石、张静江、李石曾审查。
	10月12日	中央执行委员会政治会议召开第158次会议，修正通过《国民政府考试院组织法》、《监察院组织法》、《共产党自首法》；正式发表察、绥两省政府委员名单等。
	10月17日	中央执行委员会政治会议召开第159次会议，议决甘肃省旧西宁道属各县，划入青海省，定西宁为青海省治；设宁夏省，以旧宁夏护军使所所辖及宁夏道属各县，为宁夏省管辖区域，定宁夏为省治；准内政部长薛笃弼辞本兼各职；任李锦纶为驻墨西哥全权公使等。
	10月19日	中央执行委员会政治会议召开临时会议，议决阎锡山为行政院内政部长，王正廷为外交部长，冯玉祥为军政部长，宋子文为财政部长，王伯群为交通部长，孙科为铁道部长，孔祥熙为工商部长，易培基为农矿部长，蒋梦麟为教育部长，薛笃弼为卫生部长；古应芬为国民政府文官长。
	10月24日	中央执行委员会政治会议召开第160次会议，决议宁夏、青海省政府委员等案。
	10月25日	中常会通过《中央政治会议暂行条例》，凡13条，规定：政治会议为全国实行训政之最高指导机关，对于中央执行委员会负其全责；中央执监委员及国民政府委员为政治会议当然委员；政治会议讨论及议决事项，计有建国大纲，立法原则，施政方针，军事大计及国民政府委员，各院院长、副院长及委员、各部部长、各委员会委员长、各省政府委员主席及厅长、各特别市市长，驻外大使、特使、公使及特任特派官吏之人选；政治会议之决议，直接交国民政府执行。
	10月31日	中央执行委员会政治会议召开第161次会议，通过《国立中央研究院组织法》、《立法院议事规则》、《铁道部组织法》，及立法院委员人选，并任命江苏、浙江、新疆、四川四省政府委员，更调陕西、山东、山西省政府委员。
	11月7日	中央执行委员会政治会议召开第162次会议，通过建设大纲及修改司法院组织条例；加推赵戴文、蒋梦麟为政治会议委员等案。
	11月14日	中央执行委员会政治会议召开第163次会议，通过《惩治绑匪条例》；任命蒋作宾兼驻奥地利特命全权公使等案。

续表

1928年	11月21日	中央执行委员会政治会议召开第164次会议,准李济深辞广东省主席职,指定陈铭枢为广东省主席;免去察哈尔省府委员兼主席赵戴文本兼各职,任命杨爱源继任。
	11月28日	中央执行委员会政治会议召开第165次会议,通过《行政院各部会组织法》等要案。
	12月5日	中央执行委员会政治会议召开第166次会议,讨论中比、中意、中挪商约问题;通过修正《禁烟委员会组织条例》第二条第二项;决定1929年在南京举行中华民国建国纪念博览会等。
	12月12日	中央执行委员会政治会议召开第167次会议,通过《考试院铨叙部组织法》;设立导淮委员会。
	12月19日	中央执行委员会政治会议召开第168次会议,通过《全国编遣会组织条例》及蔡元培提出民法总则编、立法原则审查报告等要案。
	12月26日	中央执行委员会政治会议召开第169次会议,通过指定戴传贤等10位委员审查胡汉民、林森所拟土地法原则案;指定冯玉祥等7位委员审查设立黄河水利委员会案等。
1929年	1月9日	中央执行委员会政治会议召开第170次会议,决议通过中德、中英、中法、中和、中瑞、中挪各关税条约;中葡、中西、中丹三约,交外交委员会审查;追认张作相、万福麟为东北边防军副司令官案。
	1月16日	中央执行委员会政治会议召开第171次会议,通过统一外交案,规定"所有各省对外交涉应归中央办理,由外部通告中外,无论何国凡与各省长官订立协定,中央不能承认,不能发生效力";通告土地法原则、《国民政府黄河水利委员会组织条例》等。
	1月23日	中央执行委员会政治会议召开第172次会议,议决通过中比、中意、中葡、中丹、中西五国商约;通过《国民政府财政委员会组织大纲》、编遣委员会常委及各部人选和孙科所提电饬广州政治分会执行铁道部施政方针,将广九、粤汉、广三各路局统归铁道部管理等。
	1月30日	中央执行委员会政治会议召开第173次会议,决议通过《蒙藏委员会组织法》、《蒙藏委会驻平办事处规则》;追认蒋介石、谭延闿、李济深、冯玉祥、何应钦、李宗仁、王正廷、宋子文为国防会议委员;推谭延闿为国府财政委员会委员长;奉天省改称辽宁省等。
	2月6日	中央执行委员会政治会议召开第174次会议,决议任万福麟为黑龙江省政府委员,并指定为主席;任杨树庄、赵戴文、阎锡山为国防会议委员,以中山县为全国模范县,组织中山训政实施委员会等。

续表

1929 年	2 月 13 日	中央执行委员会政治会议召开第 175 次会议，决议准甘肃省省委兼教育厅长马鹤天辞本兼各职，任命郑道儒为甘肃省省委兼教育厅长，李朝杰为甘肃省省委；各省政府委员兼厅长者，经任命后，应来京与主管部接洽；交立法院审议工商部长孔祥熙所拟《公司法草案》等。
	2 月 20 日	中央执行委员会政治会议召开第 176 次会议，通过驻意、比、荷、瑞典兼挪威，以及巴西等国公使人选。
	2 月 27 日	中央执行委员会政治会议召开第 177 次会议，决议派蔡元培、李宗仁、李济深、何应钦查明湖南事件，派何键暂代湘省主席。
	3 月 6 日	中央执行委员会政治会议召开第 178 次会议，通过设立海军部等议案，并决定和平解决湘省事件。
	3 月 13 日	中央执行委员会政治会议召开第 179 次会议，决议处分武汉分会张知本、胡宗铎、张华辅三委员，并通告取消各地政治分会。
	4 月 15 日	中常会修正通过《中央执行委员会政治会议条例》。
	5 月 6 日	中常会修正《中央政治会议条例》，在第三条后，增加"候补委员名额不得超过委员名额三分之一"；推定胡汉民、蒋介石等 24 人为中央执行委员会政治会议委员，李文范、朱家骅等 8 人为候补委员。
	5 月 8 日	中央执行委员会政治会议召开第 180 次会议，决议推定蒋介石为政治会议主席。
	5 月 15 日	中央执行委员会政治会议召开第 181 次会议，决议蒙藏行政制度未经确定前，所有名称官职暂准照旧，新疆各区行政长暂准留存。
	5 月 22 日	中央执行委员会政治会议召开第 182 次会议，通过《监察院弹劾法》；特任唐生智为军事参议院院长；任命冯玉祥、阎锡山、何应钦、陈绍宽、钮永建、张之江、熊式辉等 11 人为禁烟委员会常务委员。
	6 月 5 日	中央执行委员会政治会议召开第 183 次会议，通过《民法债权编》立法原则，《商会法》原则中关于商会组织单位各问题之解释；北平特别市市长何其巩辞职照准，以张荫梧继任。
	6 月 26 日	中央执行委员会政治会议召开第 184 次会议，决议推蒋介石等 11 位委员审查二中全会交议各案，任命韩复榘为河南省主席、马福祥为青岛市长等。
	7 月 3 日	中央执行委员会政治会议召开第 185 次会议。
	7 月 10 日	中央执行委员会政治会议召开第 186 次会议。
	7 月 17 日	中央执行委员会政治会议召开第 187 次会议。

续表

	7月24日	中央执行委员会政治会议召开第188次会议。
	7月31日	中央执行委员会政治会议召开第189次会议,恢复李济深自由。
	8月9日	中央执行委员会政治会议召开第190次会议。
	8月14日	中央执行委员会政治会议召开第191次会议,通过《修正公司法原则草案》,议决整顿电报办法。
	8月21日	中央执行委员会政治会议召开第192次会议,决议任命李培基为绥远省政府委员,并指定为主席。
	8月26日	中央执行委员会政治会议召开第193次会议。
	9月4日	中央执行委员会政治会议召开第194次会议。
1929年	9月11日	中央执行委员会政治会议召开第195次会议,议决交法律组审查胡汉民所拟具《工会法原则草案》;孙科、古应芬、赵戴文所提"关于中山县训政实施委员会各案"意见,再付审查;指定蒋中正、谭延闿、孙科、蔡元培、古应芬、张静江、王正廷、宋子文、马福祥为委员审查导淮委员会所呈请的拨发1/3英庚款作导淮公债基金案。
	9月18日	中央执行委员会政治会议召开第196次会议,决议通过《工会法原则》,送立法院;准蒙藏委员会副委员长赵戴文辞职,任命马福祥为蒙藏委员会副委员长;准蒙藏委员会委员白云梯辞职,任命石青阳为蒙藏委员会委员;准江西省政府委员刘芦隐辞去民政厅长兼职,任命王尹西为江西省政府委员兼民政厅长;任命沈士元为浙江省政府委员;修正通过《中山县训政实施委员会组织大纲》等。
	9月25日	中央执行委员会政治会议召开第197次会议。
	10月3日	中央执行委员会政治会议召开第198次会议。
	10月9日	中央执行委员会政治会议召开第199次会议。
	10月16日	中央执行委员会政治会议召开第200次会议,决议调任石友三为安徽省政府主席。
	10月23日	中央执行委员会政治会议召开第201次会议。
	10月30日	中央执行委员会政治会议召开第202次会议。
	11月6日	中央执行委员会政治会议召开第203次会议,改组广西省政府,任命吕焕炎为省政府主席,梁史、蒋继伊、雷沛鸿、吕沧隐分别兼民政、财政、教育、建设各厅厅长。
	11月13日	中央执行委员会政治会议召开第204次会议。
	11月20日	中央执行委员会政治会议召开第205次会议。

续表

1929年	11月26日	中央执行委员会政治会议召开第206次会议。
	12月4日	中央执行委员会政治会议召开第207次会议。
	12月11日	中央执行委员会政治会议召开第208次会议。
	12月18日	中央执行委员会政治会议召开第209次会议，决议特任考试院院长戴传贤兼考选委员会委员长，邵元冲为副委员长，刘芦隐、焦易堂、余井塘、桂崇基、陈立夫为委员。
	12月25日	中央执行委员会政治会议召开第210次会议。
1930年	1月8日	中央执行委员会政治会议召开第211次会议，通过任臧式毅为辽宁省主席等议案。
	1月15日	中央执行委员会政治会议召开第212次会议，通过财政部所拟救济金价暴涨、银价低落办法及实行海关税收采用金本位提案，工商部所拟取缔上海金业交易所标金投机交易具体方案，交国民政府明令公布。
	1月22日	中央执行委员会政治会议召开第213次会议，决议设立中央国际宣传局，隶属政治会议外交组；加推叶楚伧为外交组委员；加推孔祥熙为经济组委员；准广东省政府主席兼民政厅长陈铭枢呈请辞去民政厅长兼职；广东教育厅长许崇清调兼广东民政厅长；交财政部从速拟订整理币制、税制、财务行政、会计独立各方案。
	1月29日	中央执行委员会政治会议召开第214次会议。
	2月5日	中央执行委员会政治会议召开第215次会议，讨论伯力协定补救办法；决议改组湖北省政府，任命何成濬为省政府主席，吴醒亚、张贯时、黄建中、黄昌谷分兼民政厅长、财政厅长、教育厅长、建设厅长；安徽省政府委员吴醒亚另有任用，免去本职；准河南省政府委员兼教育厅长李敬齐辞职，任命张鸿烈兼河南教育厅长。
	2月6日	中央执行委员会政治会议召开临时会议，讨论对俄外交方案，以完成中国独立自主权为唯一标准。
	2月12日	中央执行委员会政治会议召开第216次会议。
	2月19日	中央执行委员会政治会议召开第217次会议，任命李禄超为驻墨西哥国特命全权公使；王之觉为安徽省政府委员兼民政厅厅长等。
	2月26日	中央执行委员会政治会议召开第218次会议，决定下令讨伐阎锡山，推邵力子拟稿，提交中常会或三中全会讨论后发表。
	3月19日	中央执行委员会政治会议召开第219次会议，议决准叶楚伧辞政治会议秘书长，推陈立夫继任。

续表

	3月26日	中央执行委员会政治会议召开第220次会议。
	4月2日	中央执行委员会政治会议召开第221次会议,讨论浙江省执委会呈请废止破产者剥夺公权之处分案,决定交立法院于起草破产法时加以注意;青岛党务指导委员会呈请修正共产党人自首法案交立法院;教育部所呈改进全国教育方案交教育组审查。
	4月9日	中央执行委员会政治会议召开第222次会议,通过审查农会组织原则等决议案。
	4月16日	中央执行委员会政治会议召开第223次会议,通过追认刘瑞恒特任案等案。
	4月23日	中央执行委员会政治会议召开第224次会议,决议以后政治会议及所属机构决议案除特别事项经会议议决发表者外,概不发表。
	4月30日	中央执行委员会政治会议召开第225次会议。
	5月7日	中央执行委员会政治会议召开第226次会议。
	5月14日	中央执行委员会政治会议召开第227次会议。
	5月21日	中央执行委员会政治会议召开第228次会议。
1930年	5月28日	中央执行委员会政治会议召开第229次会议。
	6月4日	中央执行委员会政治会议召开第230次会议。
	6月11日	中央执行委员会政治会议召开第231次会议。
	6月18日	中央执行委员会政治会议召开第232次会议,就晋方强行接收天津海关事决议办法三项:"一、照会英国公使驱逐辛博森出境;二、停闭津海关,调回华洋洋员;三、津海关税款由大连、青岛各海关代征。"
	6月25日	中央执行委员会政治会议召开第233次会议。
	7月2日	中央执行委员会政治会议召开第234次会议。
	7月16日	中央执行委员会政治会议召开第235次会议。
	7月23日	中央执行委员会政治会议召开第236次会议。
	7月30日	中央执行委员会政治会议召开第237次会议。
	8月6日	中央执行委员会政治会议召开第238次会议。
	8月13日	中央执行委员会政治会议召开第239次会议。
	8月20日	中央执行委员会政治会议召开第240次会议。

续表

	8月26日	中央执行委员会政治会议外交组以英方关于处置辛博森之复照,措辞多失礼貌,且对辛博森多所庇护,决交外交部驳复。
	8月27日	中央执行委员会政治会议召开第241次会议。
	9月3日	中央执行委员会政治会议召开第242次会议。
	9月10日	中央执行委员会政治会议召开第243次会议。
	9月17日	中央执行委员会政治会议召开第244次会议。
	9月25日	中央执行委员会政治会议召开临时会议,决议在蒋介石未返京前,国务会议主席暂由胡汉民、戴季陶、王宠惠三院长轮流担任,行政院长由副院长宋子文代理;通过谭延闿国葬案等。
	10月1日	中央执行委员会政治会议召开第245次会议,议决暂缓实行裁撤厘金案。
	10月8日	中央执行委员会政治会议召开第246次会议。
	10月15日	中央执行委员会政治会议召开第247次会议。
1930年	10月23日	中央执行委员会政治会议召开第248次会议。
	10月29日	中央执行委员会政治会议召开第249次会议。
	11月5日	中央执行委员会政治会议召开第250次会议,讨论整理中央大学及继任校长问题。
	11月26日	中央执行委员会政治会议召开第251次会议。
	12月3日	中央执行委员会政治会议召开第252次会议,决议改组国民政府,外交部部长王正廷、军政部部长何应钦、交通部部长王伯群、铁道部部长孙科、财政部部长宋子文、建设委员会委员长张静江、禁烟委员会委员长张之江均仍旧;农矿、工商两部合并为实业部,以孔祥熙为部长;教育部长蒋梦麟辞职照准,调驻法公使高鲁继任;内政部长钮永建调任考试院铨叙部长,以刘尚清继任;派陈其采筹备主计处;卫生部改为卫生署,隶行政院,仍以刘瑞恒为署长;另通过预算案多起。
	12月12日	中央执行委员会政治会议召开第253次会议。
	12月17日	中央执行委员会政治会议召开第254次会议。
	12月24日	中央执行委员会政治会议召开第255次会议。
1931年	1月7日	中央执行委员会政治会议召开第256次会议。
	1月14日	中央执行委员会政治会议召开第257次会议,将威海卫口岸暂定为自由商港,税收原则交行政院规划决定。

续表

1931年	1月21日	中央执行委员会政治会议召开第258次会议，议定革命有功者给勋办法，现任文官不给勋章，有功革命之老年或病废者，得给年金，交立法院根据上项原则，妥为议定；通过承认巴拿马新政府案，交外交部电巴国新政府知照。
	1月28日	中央执行委员会政治会议召开第259次会议，通过保障人民自由案及中央遴选工作人员交国民政府派赴各省指导地方自治工作暂行办法；通过戴季陶所提扩充医药卫生教育案。
	2月4日	中央执行委员会政治会议召开第260次会议，通过《严惩商店与政府机关交易私给回扣案》及《贪赃惩治法案》；《共产党自首法》因办理大赦案对自首范围发生疑义，交法律组审查。
	2月11日	中央执行委员会政治会议召开第261次会议，通过监察院院长于右任所提监察院监察委员人选。
	2月16日	中央执行委员会政治会议外交组胡汉民、王宠惠、孙科、王正廷、孔祥熙讨论对俄问题，莫德惠、李锦纶列席，决定东路、复交、通商三事交涉原则，交莫德惠作为赴俄交涉准则。
	2月18日	中央执行委员会政治会议召开第262次会议，讨论外交部长王正廷关于撤销领事裁判权问题的报告，决议由外交部与英、法两国交涉，由驻美公使伍朝枢与美接洽，务求短期内解决。
	2月25日	中央执行委员会政治会议召开第263次会议，通过《指导整理北平市文化委员简章》等。
	3月4日	中央执行委员会政治会议召开第264次会议，通过张景惠为军事参议院院长。
	3月11日	中央执行委员会政治会议召开第265次会议，议设立警察总监，并通过促成1931年度预算办法案等。
	3月18日	中央执行委员会政治会议召开第266次会议，原则通过财政部长宋子文所提修改现行出口税则草案，及发行1931年短期关税库券8000万元等案。
	3月25日	中央执行委员会政治会议召开第267次会议，通过各国退还庚款之拨用办法与孔祥熙所拟之开发矿产计划。
	4月1日	中央执行委员会政治会议召开第268次会议，通过关于特税税率及项目暨特税处组织法审查报告，交立法院审议等议案。
	4月8日	中央执行委员会政治会议召开第269次会议，通过监察院等机构1930年度预算等议案。
	4月15日	中央执行委员会政治会议召开第270次会议，通过各省征收营业税大纲及财政部所订补充办法原则，并决定在营业税法未颁行以前，已办营业税之各省，暂照财政部已核准者办理。

续表

	4月22日	中央执行委员会政治会议召开第271次会议,通过《蒙古盟旗组织法》草案交立法院审议等议案。
	4月29日	中央执行委员会政治会议召开第272次会议,将各省市商会及钱业公会所陈对于《银行法》意见并请另订《钱庄法》案,交立法院。
	5月27日	中央执行委员会政治会议召开第273次会议。
	6月3日	中央执行委员会政治会议召开第274次会议,决议各省市普设农、医、工三种专科学校实施方案,交教育、财政两组审查。
	6月10日	中央执行委员会政治会议召开第275次会议,决议设立测量设计委员,隶属参谋本部,以参谋总长为委员长。
	6月17日	中央执行委员会政治会议召开第276次会议,推蒋介石为政治会议主席。
	6月24日	中央执行委员会政治会议召开第277次会议,指定蔡元培、杨树庄、张学良等11人为国民政府常会出席人;决议设置卫生委员会,隶属行政院,设计全国卫生事宜。
	7月1日	中央执行委员会政治会议召开第278次会议。
	7月8日	中央执行委员会政治会议召开第279次会议。
1931年	7月15日	中央执行委员会政治会议召开第280次会议。
	7月22日	中央执行委员会政治会议召开第281次会议。
	7月29日	中央执行委员会政治会议召开第282次会议。
	8月5日	中央执行委员会政治会议召开第283次会议。
	8月12日	中央执行委员会政治会议召开第284次会议,推戴季陶、丁惟汾、方觉慧、朱家骅等12人为法制组委员,指定戴季陶、钮永建为召集人。
	8月19日	中央执行委员会政治会议召开第285次会议,通过以各省经济现状区分为"自给省区"、"不足省区"、"有余省区"三类等案。
	8月26日	中央执行委员会政治会议召开第286次会议,议决全国公务人员捐薪赈灾办法。
	9月2日	中央执行委员会政治会议召开第287次会议,通过国民政府函送1931年赈灾条例暨还本付息表及宋子文所提购运美麦赈灾案。
	9月9日	中央执行委员会政治会议召开第288次会议。
	9月16日	中央执行委员会政治会议召开第289次会议。

续表

1931年	9月23日	中央执行委员会政治会议召开第290次会议。
	9月30日	中央执行委员会政治会议召开第291次会议,通过特任施肇基为外交部长等案。
	10月7日	中央执行委员会政治会议召开第292次会议,加推罗文干、刘哲为特种外交委员会委员。
	10月12日	中央执行委员会政治会议召开临时会议,通过驳斥日本抗议照会、训令施肇基向国联声明中国忍耐情形及答复内容、任顾维钧为特种外交委员会委员。
	10月14日	中央执行委员会政治会议召开第293次会议。
	10月21日	中央执行委员会政治会议召开第294次会议,增派朱兆莘为特种外交委员会委员。
	10月28日	中央执行委员会政治会议召开第295次会议。
	11月4日	中央执行委员会政治会议召开第296次会议。
	12月2日	中央执行委员会政治会议召开第297次会议。
	12月9日	中央执行委员会政治会议召开第298次会议,设立特种教育委员会,并推于右任等筹备国难会议。
	12月16日	中央执行委员会政治会议召开第299次会议。
	12月29日	中央执行委员会政治会议召开第300次会议,决议国民政府各部会人员案:特任李文范为内政部长,陈友仁为外交部长,何应钦为军政部长,陈绍宽为海军部长,陈铭枢为交通部长,朱家骅为教育部长,罗文干为司法行政部长,陈公博为事业部长,蔡恭绰为铁道部长,黄汉梁署理财政部长;特任石青阳为蒙藏委员会委员长,朱培德为参谋本部总长,李济深为训练总监,唐生智为军事参议院院长。
1932年	1月2日	中央执行委员会政治会议召开紧急会议,决定敦请蒋介石返京共商大计;并结束特种外交委员会及特种教育委员会。
	1月27日	中央执行委员会政治会议召开第301次会议,议决成立外交委员会,蒋作宾为主席。
	1月28日	中央执行委员会政治会议召开临时会议,蒋介石主持,议决设立军事委员会,推选蒋介石、冯玉祥、何应钦、朱培德、李宗仁为常务委员;外交部长陈友仁辞职照准,特任罗文干为外交部长。
	3月6日	中央执行委员会政治会议召开第302次会议,议决任蒋介石为军委员会委员长,阎锡山、冯玉祥、李宗仁、张学良、陈铭枢、李烈钧、陈济棠为委员。

续表

	日期	内容
1932 年	3 月 14 日	中央执行委员会政治会议召开第 303 次会议。
	3 月 21 日	中央执行委员会政治会议召开第 304 次会议，讨论外交问题，外交部长罗文干报告沪停战会议谈判经过，及目前应付方针，议决仍照原定方针相机进行。
	3 月 28 日	中央执行委员会政治会议召开第 305 次会议，决定筹设民意机关，保障言论自由。
	3 月 31 日	中央执行委员会政治会议召开临时会议，决议任命吴忠信为安徽省政府主席，陈调元专任安徽省"绥靖"主任。
	4 月 2 日	中央执行委员会政治会议召开临时会议，讨论外交问题，集中讨论如何应付僵持之中日停战会议。
	4 月 18 日	中央执行委员会政治会议召开第 306 次会议，会商沪案应付办法，郭泰祺对上海停战会议表示难乐观。
	4 月 25 日	中央执行委员会政治会议召开第 307 次会议，决议特任居正兼中央公务员惩戒委员会委员长；内政部长冯玉祥辞职不就，特任黄绍竑为内政部长；特任陈树人为侨务委员会委员长。
	5 月 2 日	中央执行委员会政治会议召开第 308 次会议，通过《惩治贪官污吏办法》。
	5 月 9 日	中央执行委员会政治会议召开第 309 次会议，决定任居正为司法院长，覃振为副院长，邵元冲为立法院副院长，钮永建为考试院副院长，张继、伍朝枢为国民政府委员。
	5 月 16 日	中央执行委员会政治会议召开第 310 次会议，修正关于行政院呈送市、县参议会组织法及议员选举法各草案。
	5 月 23 日	中央执行委员会政治会议召开第 311 次会议，推军事委员会委员长蒋中正为豫鄂皖三省剿匪总司令，李济深为副司令。
	5 月 30 日	中央执行委员会政治会议召开第 312 次会议，议决修正《行政院组织法》部分条文；改革教育初步方案，交教育组审查。
	6 月 6 日	中央执行委员会政治会议召开第 313 次会议，讨论对苏复交问题，决定第一步缔结互不侵犯条约，第二步复交。
	6 月 25 日	中央执行委员会政治会议召开第 314 次会议，议决追认国民政府特派蒋光鼐为驻闽"绥靖"公署主任等多案。是会上，汪精卫详细报告东北情形，对日人在东省练兵窥伺关内及在东省之各种侵略措置，颇多陈述。
	6 月 29 日	中央执行委员会政治会议召开第 315 次会议。
	7 月 6 日	中央执行委员会政治会议召开第 316 次会议。
	7 月 11 日	中央执行委员会政治会议召开第 317 次会议，通过财政部整理产区盐税暂行税率案。

续表

	7月20日	中央执行委员会政治会议召开第318次会议，训令粤省办理琼崖善后案。
	7月27日	中央执行委员会政治会议召开第319次会议，议决设立惩戒委员会，审议政务官惩戒案件；准庄崧甫辞立法院委员职，慰留其导准委员职；任命贾士毅为立法院委员。
	8月3日	中央执行委员会政治会议召开第320次会议，议决北平政委会委员增加10人，常委由9人增至11人；故宫博物理事长李石曾辞职照准，聘任张群为指导整理北平市文化委员会副会长；故宫博物理事长由黄郛继任，在黄到任前，由张群代理；铁道部长顾孟余辞职慰留。
	8月17日	中央执行委员会政治会议召开第321次会议，议决撤销北平绥靖公署，改置军事委员会分会，由蒋介石兼任分会委员长，以王树翰等18人为委员；任于学忠为河北省主席，宋哲元为察哈尔省主席，王树常为平津卫戍司令。
	8月24日	中央执行委员会政治会议召开第322次会议，议决通过《中美公断公约》。
1932年	8月31日	中央执行委员会政治会议召开第323次会议，议决发行江、浙两省1932年度救济丝业公债300万元；鄂省府请发短期公债，交财政组审查。
	9月12日	国民党中央委员召开谈话会，讨论中央执行委员会政治会议常委代理问题，决定不另推人，在汪精卫未康复前，政治会议改开谈话会，重要议案电汪请示办理，次要者待汪病愈回京补行签署。
	9月21日	中央执行委员会政治会议召开第324次会议，议决准汪精卫续假两个星期，在请假期，政治会议主席由中常委轮流担任；准鄂省发行善后公债三百万；准皖省发行公路公债五百万；派江瀚暂代故宫博物院理事长等。
	9月28日	中央执行委员会政治会议召开第325次会议，议决设立研究"剿共"收复区善后委员会。
	10月5日	中央执行委员会政治会议召开第326次会议，讨论《国联调查团报告书》，以案关重要，决先交外交委员会详加研究，签注意见，再行集议。
	10月12日	中央执行委员会政治会议召开第327次会议，议决汪精卫因患病准续假三个月；通过"匪"区善后问题讨论会组织条例，推陈立夫、何应钦、黄绍竑负责主持；通过建设西北专门教育计划，推戴季陶、于右任等为筹备委员，交行政院饬教育部负责进行。

续表

1932年	10月19日	中央执行委员会政治会议召开第328次会议，通过监督地方财政暂行法原则五项、调节民食意见九项，交行政院办理。
	10月26日	中央执行委员会政治会议召开第329次会议，议决交通部长陈铭枢辞职照准，内政部长兼代交通部长黄绍竑呈辞兼职照准，任朱家骅为交通部长，翁文灏为教育部长。
	11月2日	中央执行委员会政治会议召开第330次会议，准上海市政府发行复兴市政府公债600万元。
	11月9日	中央执行委员会政治会议召开第331次会议。
	11月23日	中央执行委员会政治会议召开第333次会议，通过建设陪都西京、行都洛阳案，交行政院、军委会妥议办法进行，并通过保留行都中央党部及国民政府现有地址等案。
	11月30日	中央执行委员会政治会议召开第334次会议，决议以王用宾、陈大齐为考选委员会正副委员长；推定张静江、张继、叶楚伧、陈果夫、经亨颐、杨树庄、恩克巴图为政务官惩戒委员会委员。
	12月7日	中央执行委员会政治会议召开第335次会议。
	12月21日	国民党三中全会第四、第五次大会，通过以中央执行委员会常务委员为政治会议常务委员案。
	12月23日	中央执行委员会政治会议召开第336次会议，议决原则通过唐有壬等审查实业部所拟整理及发展实业计划案的报告，交主管机关参照成规酌量办理。
	12月28日	中央执行委员会政治会议召开第337次会议，决议西京设市，直隶行政院。
1933年	1月4日	中央执行委员会政治会议召开第338次会议，讨论日军侵榆事件，由军政部长何应钦报告事件经过，决定"交付各常委会同军事当局负责处理"。
	1月11日	中央执行委员会政治会议召开第339次会议，处理中国国民党三中全会交议各案；通过行政院呈据财政部呈为发展航空铸造公路拟请举办航空公路建设奖券案；任命马寅初、傅秉常、吕志伊、焦易堂等90人为立法院第三届立法委员；准监察院监察委员王士铎辞职；追认施肇基为驻美特命全权公使。
	1月18日	中央执行委员会政治会议召开第340次会议，通过《四川善后办法》，派张群赴川办理善后。
	1月25日	中央执行委员会政治会议召开第341次会议。
	2月1日	中央执行委员会政治会议召开第342次会议，决议设立行政法规整理委员会，由戴季陶任委员长，宋子文、孙科任副委员长。

续表

	日期	内容
1933年	2月8日	中央执行委员会政治会议召开第343次会议，外交部长罗文干在会中报告国联处置中日事件之经过。
	2月15日	中央执行委员会政治会议召开第344次会议，通过戴季陶等提议，设立建国奖学金委员会案。
	2月22日	中央执行委员会政治会议召开第345次会议，通过特任李元鼎为审计部长等案。
	3月1日	中央执行委员会政治会议召开第346次会议，原则通过行政院制定的《银本位币铸造条例》及施行办法。
	3月8日	中央执行委员会政治会议召开第347次会议，通过政治报告组、法制组两组审查澄清吏治办法一案审查报告；照准吕志伊辞监察委员职，以张华澜补任。
	3月15日	中央执行委员会政治会议召开第348次会议，议决通过行政法规整理委员会委员长戴季陶所请取消行政法规整理委员会每月经常费，准向各机关调用人员案，并加推邓家彦、陈树人、段锡朋、陈公博、覃振、张知本、吴经熊、林翔为行政法规整理委员会委员；通过关于飞机救国捐抽收办法之解释案：学校教职员可自由捐助，军队、警察一律免捐。
	3月22日	中央执行委员会政治会议召开第349次会议，通过设立救国飞机捐款筹备委员会，汪精卫任主席。
	3月29日	中央执行委员会政治会议召开第350次会议，委员兼行政院院长汪精卫销假视事。
	4月5日	中央执行委员会政治会议召开第351次会议，议决交立法院宪法起草委员会起草《国民大会组织法选举法案》；交立法院审议《修正县长任用法草案》；核准行政法规整理委员会组织条例；湖南省救国捐款案，交财政，军事、法制三组从速审查，在未经审查以前，先行电知湖南党政军各机关停止捐款；准财政部长宋子文辞中央银行总裁兼职，以该行理事孔祥熙兼任总裁；设立惩治贪污专庭；通过废两改元案。
	4月12日	中央执行委员会政治会议召开第352次会议，决议北平政务委员会应予裁撤；改善行政系统案，交行政院核办。
	4月19日	中央执行委员会政治会议召开第353次会议。
	4月26日	中央执行委员会政治会议召开第354次会议，由汪精卫报告组织农村复兴委员会名单；交常务委员会审查财政组报告审查湖南省救国捐款案；西北农林专门学校经费由原充劳动大学经常费5万元发之，校长人选由筹备委员会选派。
	5月3日	中央执行委员会政治会议召开第355次会议。

续表

1933年	5月10日	中央执行委员会政治会议召开第356次会议,议决参谋、内政、军政部三部会拟《保卫国法原则草案》及《保卫国法草案》,交付审查;大体通过陈果夫所提议借用庚款与治水利之变通办法;特许教育部长王世杰列席政治会议。
	5月17日	中央执行委员会政治会议召开第357次会议,通过任命戢翼翘等为军委会北平分会委员。
	5月24日	中央执行委员会政治会议召开第358次会议。
	5月31日	中央执行委员会政治会议召开第359次会议。
	6月3日	中央执行委员会政治会议召开临时会议,由行政院长汪精卫报告中日塘沽协定全文,各政治委员经沉痛表示意见后通过。
	6月7日	中央执行委员会政治会议召开第360次会议,通过中美棉麦借款协定。
	6月14日	中央执行委员会政治会议召开第361次会议,通过县自治筹备会组织原则草案。
	6月21日	中央执行委员会政治会议召开第362次会议,通过审查1932年、1933年两年度国家补贴岁入岁出总概算案。
	6月28日	中央执行委员会政治会议召开第363次会议,议决令财政部照拨长江防汛经费60万元;通过委员兼行政院长汪精卫提议,明令废止军法会审组织大纲及审判规则案;追认特派顾维钧为出席伦敦经济会议代表。
	7月5日	中央执行委员会政治会议召开第364次会议,通过核定各机关各省市概算等议案。
	7月12日	中央执行委员会政治会议召开第365次会议,通过国营招商局组织章程草案等议案。
	7月19日	中央执行委员会政治会议召开第366次会议,通过追认国民政府任免湖北、贵州两省委员等议案。
	7月26日	中央执行委员会政治会议召开第367次会议,通过准财政部续征关税5%附加税等议案。
	8月2日	中央执行委员会政治会议召开第368次会议。
	8月9日	中央执行委员会政治会议召开第369次会议,通过由国民政府明令各省关于刑事罪犯未决羁押者,依法保障,已决监犯酌量分别予以减刑;由国民政府重申刑讯禁令;追认盛世才兼新疆边防督办。
	8月16日	中央执行委员会政治会议召开第370次会议,汪精卫报告在庐山与蒋介石商经过及察、新近况;通过新疆省府委员名额遇特殊情形时可增至13人;黄河水利委员会改由行政院直辖;通过《巩固邮基方案实施纲要》建议案,将邮政储汇局改隶邮政总局;派罗文干赴新疆视察司法、外交,在离京期间由汪精卫兼署外长,郑天锡代司法行政部长。

续表

	8月23日	中央执行委员会政治会议召开第371次会议,通过核筹豫鄂皖赣剿共善后经费等议案。
	8月30日	中央执行委员会政治会议召开第372次会议,设立黄河水灾救济委员会。
	9月6日	中央执行委员会政治会议召开第373次会议,通过核定各机关概算等议案。
	9月13日	中央执行委员会政治会议召开第374次会议,交法制组审查行政院复修改故宫博物院组织法及理事会条例意见;准外交部常务次长唐有壬请辞立法院立法委员兼职;任命谷正纲为立法院立法委员;加派江苏、安徽两省建设厅长为黄河水利委员会当然委员;全国经济委员会组织法交立法院审议;棉麦借款用于生产事业及复兴农村,交经济委员会依次原则处理,另组织监督与保管机关。
1933年	9月20日	中央执行委员会政治会议召开第375次会议,原则通过《全国经济委员会组织条例》之修正;加聘邵力子为西京筹备委员会委员;准军事委员会北平分会委员张华辞职。
	9月27日	中央执行委员会政治会议召开第376次会议,决议颁发勋章除赠给各国元首及外国官民外,在国难期间只国民政府主席得予佩戴;任段宏纲为监察院监察委员。
	10月4日	中央执行委员会政治会议召开第377次会议,原则通过行政院请准发行1933年开税库券1亿元;全国各级公务人员,非奉有决议,或长官命令,不得以个人名义,或代表某一机关随便发表谈话;选任黄复生、陈立夫为国民政府委员;特派何玉书为导淮委员会委员。
	10月11日	中央执行委员会政治会议召开第378次会议,通过全国经济委员会委员人选,汪精卫、孙科、宋子文为常务,黄绍竑、顾孟余、朱家骅等32人为委员。
	10月18日	中央执行委员会政治会议召开第379次会议。
	10月25日	中央执行委员会政治会议召开第380次会议,原则通过赣省发行玉萍铁路公债案,数额1200万元,年息6厘,指定以中央拨还地方盐税为还本付息基金,1934年1月发行,1943年6月底偿清。
	10月29日	中央执行委员会政治会议召开临时会议,讨论通过准财政部长兼行政院副院长宋子文辞去本兼各职案,由孔祥熙继任。
	11月1日	中央执行委员会政治会议召开第381次会议。
	11月8日	中央执行委员会政治会议召开第382次会议。

续表

1933年	11月15日	中央执行委员会政治会议召开第383次会议，讨论行政院有关部所拟之通车、通邮、设关等方案，交付审查；通过《修正行政院驻平政务整理委员会暂行组织大纲》。
	11月20日	中央执行委员会政治会议召开第384次会议，为"闽变"通电各省、市政府，着各军政机关迅予处置，"务使叛乱克日敉平"。
	11月22日	中央执行委员会政治会议召开第385次会议，派何应钦、朱培德、唐生智、陈绍宽、贺耀组为军事长官惩戒委员会委员，指定朱培德为常务委员。
	11月29日	中央执行委员会政治会议召开第386次会议，通过罗文干辞外交部长兼职，专任司法行政部长。
	12月6日	中央执行委员会政治会议召开第387次会议，决议"此后凡有泄露外交或捏造谣言致妨害国家政策者，当由常委查究，严厉处置"。
	12月13日	中央执行委员会政治会议召开第388次会议，决议出发陈铭枢、李济深、蔡廷锴，明令将其本兼各职褫职。
	12月20日	中央执行委员会政治会议召开第389次会议。
	12月27日	中央执行委员会政治会议召开第390次会议。
1934年	1月10日	中央执行委员会政治会议召开第391次会议，通过财政部准备发行1934年关税库券1亿元等议案。
	1月17日	中央执行委员会政治会议召开第392次会议，通过《内蒙古自治办法》。
	1月31日	中央执行委员会政治会议召开第393次会议。
	2月7日	中央执行委员会政治会议召开第394次会议，议决由经委会、内政部、财政部合组土地委员会，于六个月内将全国土地做有系统之调查；全国水利机关暂归全国经济委员会统辖。
	2月14日	中央执行委员会政治会议召开第395次会议。
	2月21日	中央执行委员会政治会议召开第396次会议，通过地方自治原则三条。
	2月28日	中央执行委员会政治会议召开第397次会议，原则通过1933年7月22日中国与印度、西班牙、美国等九国在伦敦签订的《白银协定》，交立法院审议。
	3月7日	中央执行委员会政治会议召开第398次会议，议决设立蒙古地方自治政务委员会，特派何应钦、赵戴文为正、副指导长官，任命云端旺楚克为委员长。
	3月14日	中央执行委员会政治会议召开第399次会议。

续表

1934年	3月21日	中央执行委员会政治会议召开第400次会议。
	3月28日	中央执行委员会政治会议召开第401次会议,决议修正《赣粤闽湘鄂"剿匪"军各路总司令部组织大纲》。
	4月4日	中央执行委员会政治会议召开第402次会议。
	4月11日	中央执行委员会政治会议召开第403次会议。
	4月18日	中央执行委员会政治会议召开第404次会议。
	4月25日	中央执行委员会政治会议召开第405次会议。
	5月2日	中央执行委员会政治会议召开第406次会议。
	5月9日	中央执行委员会政治会议召开第407次会议,批准补助山东曲阜孔庙及曾参、颜回、子思、孟轲等各庙修建费10万元。
	5月16日	中央执行委员会政治会议召开第408次会议。
	5月23日	中央执行委员会政治会议召开第409次会议。
	5月30日	中央执行委员会政治会议召开第410次会议,通过由蒋介石提议,汪精卫、顾孟余、叶楚伧附议的通车案。
	6月6日	中央执行委员会政治会议召开第411次会议。
	6月13日	中央执行委员会政治会议召开第412次会议。
	6月20日	中央执行委员会政治会议召开第413次会议。
	6月27日	中央执行委员会政治会议召开第414次会议。
	7月4日	中央执行委员会政治会议召开第415次会议,通过《民国二十三年度国家总概算》,共7.77亿元。
	7月11日	中央执行委员会政治会议召开第416次会议,补订弹劾案件办法三条。
	7月18日	中央执行委员会政治会议召开第417次会议。
	7月25日	中央执行委员会政治会议召开第418次会议。
	8月1日	中央执行委员会政治会议召开第419次会议。
	8月8日	中央执行委员会政治会议召开第420次会议。
	8月15日	中央执行委员会政治会议召开第421次会议,发出召开国民党五权大会通知。
	8月22日	中央执行委员会政治会议召开第422次会议。
	8月29日	中央执行委员会政治会议召开第423次会议,通过江苏省发行1934年水利建设公债2000万元。
	9月5日	中央执行委员会政治会议召开第424次会议。

续表

	9月12日	中央执行委员会政治会议召开第425次会议。
	9月19日	中央执行委员会政治会议召开第426次会议。
	9月26日	中央执行委员会政治会议召开第427次会议。
	10月3日	中央执行委员会政治会议召开第428次会议,决议司法行政部改隶司法院、中意使馆升格等案。
	10月17日	中央执行委员会政治会议召开第429次会议。
	10月24日	中央执行委员会政治会议召开第430次会议。
	10月31日	中央执行委员会政治会议召开第431次会议,通过《补订弹劾案件办法》三条。
	11月7日	中央执行委员会政治会议召开第432次会议。
1934年	11月14日	中央执行委员会政治会议召开第433次会议,讨论华北对日交涉问题,出席委员多数表示不再迁就日本,以交通部长朱家骅为首坚持反对通邮协定。
	11月21日	中央执行委员会政治会议召开第434次会议。
	11月28日	中央执行委员会政治会议召开第435次会议。
	12月5日	中央执行委员会政治会议召开第436次会议,特任朱培德代理参谋总长,唐生智为训练总监,陈调元为军事参议院长;内政部长黄绍竑辞职照准,遗缺由行政院驻平政务整理委员会委员黄郛兼任;追任国民政府明令特派顾祝同为驻赣绥靖主任,蒋鼎文为驻闽绥靖主任,并裁撤剿闽粤湘鄂剿匪军东西南北各路穗司令部及预备军总司令部;盗窃及偷运故宫古物案,交该管机关严厉究办。
	12月19日	中央执行委员会政治会议召开第437次会议,特任王用宾为司法行政部长,陈大齐为考选委员会委员长。
	12月26日	中央执行委员会政治会议召开第438次会议,任命焦易堂、陈璧君、梁寒操等86人为第四届立法委员。
	1月9日	中央执行委员会政治会议召开第439次会议。
	1月16日	中央执行委员会政治会议召开第440次会议。
	1月23日	中央执行委员会政治会议召开第441次会议。
1935年	1月30日	中央执行委员会政治会议召开第442次会议。
	2月6日	中央执行委员会政治会议召开第443次会议,议决军委会所拟《剿匪省份县府裁局改科办法大纲》准予备案。
	2月13日	中央执行委员会政治会议召开第444次会议。

续表

1935年	2月20日	中央执行委员会政治会议召开第445次会议，汪精卫报告外交方针，"中国愿意与任何友邦保持友谊与和平，中日两国所发生的纠纷，可用诚意来解决。广田外相的演说，与我们素来主张大致吻合"；特许行政院各部、会长官列席政治会议。
	2月27日	中央执行委员会政治会议召开第446次会议，通过《保护人民生命财产及营业自由案》等六案。
	3月6日	中央执行委员会政治会议召开第447次会议，成立《预算计划委员会》，通过划分中央与地方权责纲领等案。
	3月13日	中央执行委员会政治会议召开第448次会议。
	3月20日	中央执行委员会政治会议召开第449次会议，通过发行金融公债1亿元，救济工商业，充实中央、中国、交通三银行资本。
	3月27日	中央执行委员会政治会议召开第450次会议，通过《特级上将受任条例》等案；决议特任蒋介石为特级上将，阎锡山等8人为一级陆军上将。
	4月3日	中央执行委员会政治会议召开第451次会议，派丁超五等7人为苏皖赣等区监察使。
	4月10日	中央执行委员会政治会议召开第452次会议。
	4月17日	中央执行委员会政治会议召开第453次会议。
	4月24日	中央执行委员会政治会议召开第454次会议。
	5月1日	中央执行委员会政治会议召开第455次会议。
	5月8日	中央执行委员会政治会议召开第456次会议。
	5月15日	中央执行委员会政治会议召开第457次会议。
	5月22日	中央执行委员会政治会议召开第458次会议，通过1935年度国家总预算，共9.57亿元；对偷运银币、银类出洋，或运往不行使银本位币地方之人犯，一律按《危害民国紧急治罪法》处以死刑、无期徒刑或五年以上有期徒刑，并科币额或价额五倍罚金。
	5月29日	中央执行委员会政治会议召开第459次会议，决议裁撤禁烟委员会，改由军委会委员长蒋介石兼任禁烟总监。
	6月5日	中央执行委员会政治会议召开第460次会议。
	6月12日	中央执行委员会政治会议召开第461次会议。
	6月19日	中央执行委员会政治会议召开第462次会议。
	6月26日	中央执行委员会政治会议召开第463次会议，特任刘瑞恒为行政院卫生署长。

续表

1935年	7月3日	中央执行委员会政治会议召开第464次会议。
	7月10日	中央执行委员会政治会议召开第465次会议。
	7月17日	中央执行委员会政治会议召开第466次会议，决议通过以焦易堂为最高法院院长。
	7月24日	中央执行委员会政治会议召开第467次会议，通过以孔祥熙代理行政院院长及取缔出版品标准等议案。
	7月31日	中央执行委员会政治会议召开第468次会议，议决将上海、南京、北平、天津、广州、济南等地新闻界要求修改新《出版法》意见交付审查。
	8月7日	中央执行委员会政治会议召开第469次会议。
	8月14日	中央执行委员会政治会议召开第470次会议，慰留行政院院长汪兆铭。
	8月21日	中央执行委员会政治会议召开第471次会议，通过《行营剿匪期内处理盗匪案件办法》等案。
	8月28日	中央执行委员会政治会议召开第472次会议，决议撤销行政院驻平政务整理委员会。
	9月4日	中央执行委员会政治会议召开第473次会议，通过《中央公务员捐俸助赈办法》。
	9月11日	中央执行委员会政治会议召开第474次会议。
	9月18日	中央执行委员会政治会议召开第475次会议。
	9月25日	中央执行委员会政治会议召开第476次会议，通过地方公务员捐薪助赈照中央公务员捐赈办法办理。
	10月2日	中央执行委员会政治会议召开第477次会议，通过重订《漏纳国税处罚条例》原则六条及《全国稻麦改进办法大纲》。
	10月9日	中央执行委员会政治会议召开第478次会议，通过发行赈灾公债2000万元。
	10月16日	中央执行委员会政治会议召开第479次会议，通过禁烟禁毒治罪条例。
	10月23日	中央执行委员会政治会议召开第480次会议，交付经济组审查《土地村公有办法大纲》。
	10月30日	中央执行委员会政治会议召开第481次会议，决议盗匪案件及禁烟禁毒案件等，由普通司法机关审理终结。
	12月6日	中央执行委员会政治会议按国民党五届一中全会第4次会议通过《中央执行委员组织大纲》，改组为中央执行委员会政治委员会。

续表

1935年	12月7日	国民党五届一中全会第5次会议通过中央执行委员会政治委员会委员名单,主席为汪精卫,副主席蒋介石。
	12月12日	中央执行委员会政治会议改组政治委员会后召开第1次会议,通过行政院各部会首长人选及政治委员会各专门委员会主任委员人选。
	12月18日	中央执行委员会政治委员会召开第2次会议,通过程潜为参谋总长等案。
	12月25日	中央执行委员会政治委员会召开第3次会议,决议追认湖北省政府主席张群辞职,杨永泰继任等案。
1936年	1月8日	中央执行委员会政治委员会召开第4次会议,决议因高等考试试题错误,第一典试委员长钮永建罚俸1个月。
	2月11日	中央执行委员会政治委员会召开会议,通过发行民国25年铁路建设公债1.2亿元,全案交法院审议。
	2月19日	中央执行委员会政治委员会主席汪精卫离上海赴德疗养。
	3月11日	中央执行委员会政治委员会召开会议,通过发行四川善后公债;通过营业预算暂行标准等案。
	4月1日	中央执行委员会政治委员会召开会议,通过《国民工役法原则》;通过《城市公有土地清理规则》;任命喇世俊、童冠贤、梁建章、王新令为监察院监察委员;追认四川省政府委员兼教育厅厅长李为纶辞职,委员谢培筠免职,并任命蒋志澄、嵇祖祐为四川省政府委员,蒋志澄兼教育厅长。
	4月15日	中央执行委员会政治委员会召开会议,通过国民工役法原则。
	4月29日	中央执行委员会政治委员会召开会议,特派孔祥榕为黄河水利委员会委员长,核准浙江省发行公债6000万元,及交由教育、铨叙两部会拟教育人员铨叙办法等案。
	5月20日	中央执行委员会政治委员会召开会议,通过《惩治偷漏关税暂行条例》;通过修改《沪杭甬铁路借款合同》;修正《滇越铁路合同章程》等案。
	6月3日	中央执行委员会政治委员会召开会议,通过1936年度国家普通岁入岁出总概算;通过《修正惩治偷漏关税暂行条例》。
	6月17日	中央执行委员会政治委员会召开会议,通过创办所得税原则等议案。
	7月22日	中央执行委员会政治委员会召开会议,通过地方自治法规原则等案。
	8月12日	中央执行委员会政治委员会召开会议,通过四川省发行建设公债3000万元等案。

续表

1936年	9月2日	中央执行委员会政治委员会召开会议，决议函国民政府通令全国各机关不得滥行酬酢等案。
	9月16日	中央执行委员会政治委员会召开会议，通过选任汪精卫、黄郛为国民政府委员；中希友好条约交立法院审议；追特任白崇禧为军事委员会常务委员，特派李宗仁为广西绥靖主任，任命黄绍竑为浙江省政府委员兼主席；通过中央各机关设置荐任科员办法；蒙藏边区人员任用资格暂行标准，交立法院审议。
	10月28日	中央执行委员会政治委员会召开会议，通过任命沈士远为考选委员会副委员长，王子壮为铨叙部政务次长等案。
	11月18日	中央执行委员会政治委员会召开会议，通过会计年度历年制及上年度国库收支结束办法等案。
	12月2日	中央执行委员会政治委员会召开会议，通过遗产税原则及发行京赣路建设公债等案。
	12月12日	国民党中常会及政治委员会召开紧急会议，处理西安突发事变。
	12月16日	中央执行委员会政治委员会，会议决议处置张学良叛变及延长本届立法委员任期等案。
	12月23日	中央执行委员会政治委员会召开会议，决议责成讨逆总司令督率部队迅平叛逆，并优恤陕变死难官兵。
	12月29日	中央执行委员会政治委员会召开会议，议决张学良交军事委员会依法办理。
1937年	1月12日	中央执行委员会政治委员会主席汪精卫回国。
	1月14日	中央执行委员会政治委员会主席汪精卫抵沪。
	2月3日	中央执行委员会政治委员会召开会议，准蒋介石续假两周。
	2月10日	中央执行委员会政治委员会召开会议，决议致送林主席森七秩奖学金国币20万元。
	3月10日	中央执行委员会政治委员会召开会议，通过中央准备银行法草案。
	3月24日	中央执行委员会政治委员会召开会议，通过卷烟加税。
	3月25日	中央执行委员会政治委员会召开会议，通过《中央准备银行法（原则）草案》。
	4月21日	中央执行委员会政治委员会召开会议，修正《土地法原则》。
	5月12日	中央执行委员会政治委员会召开会议，通过1937年度国家总概算。
	6月9日	中央执行委员会政治委员会召开会议，通过钱泰为首任驻比利时特命全权大使。

续表

1937年	7月21日	中央执行委员会政治委员会召开会议,议决追认特派何应钦为川康军事整理委员会主任委员,顾祝同、刘湘为副主任委员。
	8月11日	中央执行委员会政治委员会召开第51次会议,议决设置《国防最高会议》,为全国国防最高决策机构。
	8月26日	中央执行委员会政治委员会召开会议,提议解雇海关日籍官员,取消日在华治外法权,并请国联对日本以武力经济制裁。
	11月17日	中央执行委员会政治委员会召开会议,遵照中常会决议"中央政治委员会暂行停止,其职权由国防最高会议代行",即日办理结束。

主要参考文献

一 未刊档案

上海市档案馆藏"国民党政府时期党政军及司法机构档案"。

中国第二历史档案馆藏"广州国民政府时期和武汉国民政府时期档案"。

台北"国史馆"藏"蒋中正总统文物"、"国民政府"、"汪兆铭史料"、"外交部"、"特交档案"等。

台北"党史馆"藏"中政会会议记录"、"速记录"、"工作报告"等及"一般档案"、"吴稚晖档案"、"特种档案"、"汉口档案"等。

武汉市档案馆藏"国民党党务机构档案"。

斯坦福大学胡佛研究所藏"中国国民党档案"。

斯坦福大学胡佛研究所藏"张嘉璈日记手稿"。

斯坦福大学胡佛研究所藏"蒋介石日记手稿"。

二 已刊档案及文献资料集

查建瑜编《国民党改组派资料选编》,湖南人民出版社,1986。

陈红民辑注《胡汉民未刊往来函电稿》,广西师范大学出版社,2005。

黄彦、李伯新编《孙中山藏档选》,中华书局,1986。

季啸风、沈友益主编《中华民国史史料外编》,广西师范大学出版社,1996。

《蒋中正"总统"档案:事略稿本》,台北"国史馆",2003—2007。

蒋永敬编《北伐时期的政治史料——1927年中国》，台北，正中书局，1981。

林泉编《中国国民党临时全国代表大会史料专辑》，中国国民党党史会，1991。

彭明主编《中国现代史资料选辑》，中国人民大学出版社，1987—1989。

秦孝仪主编《中华民国重要史料初编》，中国国民党党史会，1981。

荣孟源主编《中国国民党历次代表大会及中央全会资料》（上、下），光明日报出版社，1985。

上海市档案馆编《上海工人三次武装起义》，上海人民出版社，1983。

孙子和编《民国政党史料》，台北，正中书局，1981。

万仁元、方庆秋编《中华民国史史料长编》，南京大学出版社，1993。

张注洪等编《鲍罗廷在中国的有关资料》，中国社会科学出版社，1983。

郑自来、徐莉君主编《武汉临时联席会议资料选编》，武汉出版社，2004。

"中华民国"史料研究中心编印《中国国民党第一次全国代表大会史料专辑》，1984。

"中华民国"史事纪要编辑委员会编《中华民国史事纪要（初稿）》（1924—1937，各册），台北，"中华民国"史料研究中心、"国史馆"等印行。

中共中央党史研究室编译《共产国际、联共（布）与中国革命文献资料选辑（1917—1925）》，北京图书馆出版社，1997。

中共中央党史研究室编译《共产国际、联共（布）与中国革命文献资料选辑（1926—1927）》，北京图书馆出版社，1998。

中共中央党史研究室编译《联共（布）、共产国际与中国国民革命运动（1920—1925）》，北京图书馆出版社，1997。

中共中央党史研究室编译《联共（布）、共产国际与中国国民革命运动（1926—1927）》，北京图书馆出版社，1998。

中国第二历史档案馆编《国民党政府政治制度档案史料选编》，安徽教育出版社，1994。

中国第二历史档案馆编《中国国民党第一、二次全国代表大会会议史料》，江苏古籍出版社，1986。

中国第二历史档案馆编《中国国民党中央执行委员会常务委员会会议记录》，广西师范大学出版社，2000。

中国第二历史档案馆编《中华民国史档案资料汇编》第4辑，江苏古籍出版社，1986。

中国第二历史档案馆编《中华民国史档案资料汇编》第5辑，江苏古籍出版社，2000。

中央档案馆编《中共中央文件选集》，中共中央党校出版社，1989。

三　报刊类

《大公报》（天津），1934；《时报》（上海），1926—1928；《中央日报》（上海），1928；《中央日报》（南京），1932—1934；《中央周刊》；《中央周报》；《中央党务月刊》；《中央党部公报》；《东方杂志》，1927；《申报》，1926—1935；《民国日报》（上海），1925、1937；《民国日报》（广州），1927；《民国日报》（汉口），1927；《国民政府公报》，1927；《国闻周报》，1927、1934—1935。

四　回忆录、日记、文集类

A. B. 巴库林：《中国大革命武汉时期见闻录》，郑厚安等译，中国社会科学出版社，1985。

《白崇禧访问录》，台北中研院近代史研究所，1989。

《陈布雷回忆录》，东方出版社，2009。

《陈克文日记》，台北中研院近代史研究所，2012。

陈公博：《苦笑录》，东方出版社，2004。

程思远：《政坛回忆》，广西人民出版社，1983。

冯玉祥：《我的生活》，岳麓书社，1999。

公安部档案馆编注《在蒋介石身边八年——侍从室高级幕僚唐纵日记》，群众出版社，1991。

郝盛潮主编《孙中山集外集》，上海人民出版社，1990。

郝盛潮主编《孙中山集外集补编》，上海人民出版社，1994。

《胡汉民自传》，台北，传记文化出版社，1981。

《蒋介石言论集》（未刊稿），中华书局，1964。

《李宗黄回忆录》，台北，中国地方自治学会，1972。

李宗仁口述，唐德刚撰写《李宗仁回忆录》，广西人民出版社，1988。

全国政协文史资料委员会编《中华文史资料文库》（1—20），中国文史出版社，1996。

《邵元冲日记》，上海人民出版社，1990。

台北"国防研究院"、中华大典编印会编印《蒋总统集》，1968。

《王世杰日记》，台北中研院近代史研究所，1990。

《王子壮日记》，台北中研院近代史研究所，2001。

亚·伊·切列潘若夫：《中国国民革命军的北伐》，中国社会科学院近代史研究所翻译室译，中国社会科学出版社，1981。

《张溥泉先生回忆录日记》，沈云龙主编《近代中国史料丛刊》第3编第3辑，台北，文海出版社，1985。

张国焘：《我的回忆》，东方出版社，2004。

张其昀编《先总统蒋公全集》，台北，中国文化学院出版部，1984。

中国社会科学院近代史研究所编《冯玉祥日记》，江苏古籍出版社，1992。

五 传记、年谱、年表类

《陈果夫的一生》，吴相湘，台北，传记文学出版社，1960。

《国父年谱》（增订本），罗家伦主编，台北，中国国民党党史会，1969。

《国民政府建制职名录》，许师慎，台北，"国史馆"，1984。

《胡汉民先生年谱》，蒋永敬，台北，中国国民党党史会，1978。

《蒋介石年谱初稿》，万仁元、方庆秋编，档案出版社，1992。

《蒋介石全传》，张宪文主编，河南人民出版社，1996。

《近代中国史事日志》，郭廷以编，中华书局，1987。

《民国十五年以前之蒋介石先生》，毛思诚，龙门书店，1936。

《民国吴稚晖先生敬恒年谱》，杨恺龄，台湾商务印书馆，1981。

《中国国民党职名录》，李云汉，台北，中国国民党党史会，1994。

《中国国民党职名录（1894—1994）》，刘维开，中华书局，2014。

《中华民国大事记》，韩信夫、姜克夫编，中华书局，2011。

《中华民国国民政府军政职官人物志》，刘国铭，春秋出版社，1989。

《总统蒋公大事长编初稿》（1—8），秦孝仪主编，台北，中国国民党党史会，1978。

六 专著

陈茹玄：《民国宪法及政治史》，政治学社，1928。

陈瑞云主编《现代中国政府》，吉林文史出版社，1989。

陈之迈：《中国政府》，商务印书馆，1946。

储考山等编《中国政治制度史》，三联书店，1993。

董霖：《战前之中国宪政制度》，台北，世界书局，1968。

董霖：《中国政府》，商务印书馆，1947。

费正清主编《剑桥中华民国史》，章建刚等译，上海人民出版社，1992。

冯自由：《革命逸史》，中华书局，1981。

古屋奎二：《蒋总统秘录》，台北，"中央日报社"译，台北"中央日报社"，1977。

桂林圃：《中山先生的国家本体讲》，出版社不详，1935。

郭绪印：《国民党的派系斗争史》，上海人民出版社，1992。

黄季陆：《中国国民党的组织问题》，中国国民党广东省党部宣传部，1928。

黄仁宇：《从大历史角度读蒋介石日记》，台北，时报文化出版公司，1994。

家近亮子：《蒋介石与南京国民政府》，社会科学文献出版社，2005。

蒋永敬：《鲍罗廷与武汉政权》，台北，传记文学出版社，1972。

蒋永敬、杨奎松：《中山先生与莫斯科》，台北，中山学术文化基金会，2001。

孔庆泰等：《国民党政府政治制度史》，安徽教育出版社，1998。

李剑农：《最近三十年中国政治史》，太平洋书店，1932。

李新总编《中华民国史》，中华书局，2011。

李云汉：《从容共到清党》（上、下），台北，中华学术著作奖助委员会，1966。

刘继曾、毛磊、袁继成等：《武汉国民政府史》，湖北人民出版社，1986。

刘曼容：《孙中山与中国国民革命》，广东人民出版社，1996。

陆光宇：《民国史要》，台北，文海出版社，1987。

吕芳上：《革命之再起——中国国民党改组前后对新思潮的回应》，台北，《中央研究院近代史所专刊（57）》，1989。

罗志田：《乱世潜流：民族主义与民国政治》，上海古籍出版社，2001。

彭怀恩：《中华民国政治体系的分析》，台北，时报文化出版事业有限公司，1984。

钱端升、萨师炯等：《民国政制史》，商务印书馆，1945。

秦孝仪主编《中华民国政治发展史》，台北，近代中国出版社，1985。

萨孟武：《宪法提要》，台北，大东书局，1946。

施存统：《中国国民党的组织及训练》，广州中山大学政治训教部，1927。

宋宜山：《现行党务人事制度》，出版地不详，1944。

田湘波：《中国国民党党政体制剖析1927—1937》，湖南人民出版社，2006。

汪荣祖、李敖：《蒋介石评传》，中国友谊出版公司，2000。

王奇生：《党员、党权与党政——1924—1949年中国国民党的组织形态》，上海书店出版社，2003。

王奇生：《革命与反革命：社会文化视野下的民国政治》，社会科学文献出版社，2010。

王世杰、钱端升：《比较宪法》，商务印书馆，1946。

王永祥：《戊戌以来的中国政治制度》，南开大学出版社，1991。

韦庆远主编《中国政治制度史》，中国人民大学出版社，1989。

吴涧东：《党治考察记》，泰东书局，1928。

小科布尔：《江浙财阀与国民政府（1927—1937）》，蔡静仪译，南开大学出版社，1987。

谢彬：《民国政党史》，学术研究总会，1926。

谢瀛洲：《中国政府大纲》，韶关大光报，1942。

谢幼田：《联俄容共与西山会议》，香港，集成图书有限公司，2001。

谢振民编著《中华民国立法史》，正中书局，1948。

徐矛：《中华民国政治制度史》，上海人民出版社，1992。

许崇灏：《中国政制概要》，商务印书馆，1943。

杨鸿年、欧阳鑫：《中国政制史》，武汉大学出版社，2005。

杨奎松：《国民党的"联共"与"反共"》，社会科学文献出版社，2008。

杨天石：《找寻真实的蒋介石——蒋介石日记解读》（上、下），山西人民出版社，2008。

杨幼炯：《近代中国立法史》，商务印书馆，1936。

杨幼炯：《中国政党史》，商务印书馆，1937。

姚金果、苏杭、杨云若：《共产国际、联共（布）与中国大革命》，福建人民出版社，2002。

袁继成等主编《中华民国政治制度史》，湖北人民出版社，1991。

曾庆榴：《广州国民政府》，广东人民出版社，1996。

张海鹏等主编《中国近代通史》，江苏人民出版社，2009。

张厉生：《党务实施上之问题》，中央训练团，1939。

张其昀：《党史概要》，台北，"中央改造委员会"，1951。

张宪文：《中华民国史》，南京大学出版社，2006。

张瑛：《蒋介石"清党"内幕》，国防大学出版社，1992。

张玉法：《近代中国民主政治发展史》，台北，东大图书公司，1999。

张玉法：《中国现代史》，台北，东华书局，1988。

张玉法：《中华民国史稿》，台北，联经出版事业公司，1998。

邹鲁：《中国国民党史稿》，商务印书馆，1947。

七　论文

陈惠芬：《北伐时期的政治分会——中央与地方的权力纠葛》，《台湾师范大学历史学报》1996年第24期。

陈雷：《1980年以来国民党"中政会"研究述评》，《高校社科动态》2006年第2期。

陈雷：《国民党"中政会"：1924—1928》，《安庆师范学院学报（社会科学版）》2002年第3期。

陈雷：《试论国民党训政时期的中政会》，《阜阳师范学院学报（社会科学版）》2003年第1期。

陈瑞云：《关于中政会在国民党中央体制中地位的探讨》，《史学集刊》2008年第4期。

关志钢：《1927—1937年国民党"中政会"刍议》，《近代史研究》1990年第4期。

关志钢：《国民党"中政会"述评》，《深圳大学学报（人文社会科学版）》1995年第1期。

李起民：《国民党中政会》，《历史教学》1983年第8期。

刘维开：《训政前期的党政关系（1928—1937）——以中央政治会议为中心的探讨》，中国社会科学院近代史研究所民国史研究室等编《1930年代的中国》（上），社会科学文献出版社，2006。

彭厚文：《国民党中央政治委员会的演变述略》，《湖北大学学报（哲学社会科学版）》1993年第4期。

彭厚文：《国民党中政会若干问题的订正与商榷》，《湖北大学学报（哲学社会科学版）》2010年第3期。

斯彦：《国民党中央政治委员会简介》，《历史教学》1987年第4期。

王建科、刘守仁：《国民党"中政会"辨析》，《江海学刊》1994年第4期。

王劲松：《初析国民党训政时期的中政会》，《益阳师专学报》1992年第2期。

王奇生：《中政会与国民党最高权力的轮替（1924—1927）》，《历史研究》2008年第3期。

于之伟：《对国民党中央政治委员会的几点思考》，《重庆交通学院学报（社会科学版）》2006年第2期。

袁继成：《大革命时期的国民党中央政治委员会》，《党史研究资料》1994年第9期。

张皓：《国民党政治分会之设置与存废之争》，《首都师范大学学报（社会科学版）》2011年第4期。

张皓、田成刚：《论政治分会的存在和撤销》，《中学历史教学参考》1995年第7期。

张秀华：《国民党政治委员会》，《党史研究资料》1996年第11期。

图书在版编目(CIP)数据

中国国民党中政会研究:1924~1937/卢艳香著.—北京:社会科学文献出版社,2016.1
 ISBN 978-7-5097-7627-8

Ⅰ.①中… Ⅱ.①卢… Ⅲ.①①中国国民党-研究-1924~1937 Ⅳ.①D693.74

中国版本图书馆 CIP 数据核字(2015)第 279190 号

中国国民党中政会研究（1924—1937）

著　　者 / 卢艳香

出 版 人 / 谢寿光
项目统筹 / 宋荣欣
责任编辑 / 李丽丽

出　　版 / 社会科学文献出版社·近代史编辑室(010)59367256
　　　　　　地址：北京市北三环中路甲29号院华龙大厦　邮编：100029
　　　　　　网址：www.ssap.com.cn

发　　行 / 市场营销中心（010）59367081　59367090
　　　　　　读者服务中心（010）59367028

印　　装 / 三河市尚艺印装有限公司

规　　格 / 开　本：787mm×1092mm　1/16
　　　　　　印　张：19　字　数：272千字

版　　次 / 2016年1月第1版　2016年1月第1次印刷

书　　号 / ISBN 978-7-5097-7627-8

定　　价 / 75.00元

本书如有破损、缺页、装订错误，请与本社读者服务中心联系更换

▲ 版权所有 翻印必究